河北省教育厅人文社会科学研究重大课题攻关项目
（课题编号：ZD201401）资助

JINGJINJI ZHENGFU XIETONG ZHILI
JIZHI CHUANGXIN YANJIU

京津冀
政府协同治理机制创新研究

王凤鸣　袁　刚　等／著

人民出版社

目　录

前　言

京津冀位于环渤海区域的中心位置，地缘相接、人缘相亲，地域一体、文化一脉，历史渊源深厚，经济社会联系密切。改革开放以来，京津冀区域经济快速发展，与长三角、珠三角一起被公认为我国三大人口和社会经济活动的聚集地带，是我国最重要的政治、经济、文化、科技和对外交往中心，也是建设创新性国家的主要支撑区域。伴随着京津冀区域经济快速增长的同时，也带来了“大城市病”、发展不平衡、生态环境污染等一系列问题。为了应对这些公共问题，20 世纪 80 年代以来，环渤海区域一些地方城市启动了区域合作的进程，但受制于“行政区经济”发展模式和科层制管理体制的惯性制约，京津冀三地总体上处于一种局部、松散的合作模式，带有较强的随机性，合作机制不健全，治理绩效不明显。

党的十八大以来，以习近平同志为核心的党中央作出了京津冀协同发展的重大战略部署，京津冀三地开启了全面深化改革的“加速度”，努力破除制约协同发展的障碍和羁绊，原本各自为政的改革逐步向协同化、系统化稳步推进。习近平总书记深刻地指出，实现京津冀协同发展，是面向未来打造新的首都经济圈、推进区域发展体制机制创新的需要，是探索完善城市群布局和形态、为优化开发区域发展提供示范和样板的需要，是探索生态文明建设有效路径、促进人口经济资源环境相协调的需要，是实现京津冀优势互补、促进环渤海经济区发展、带动北方腹地发展的需要，是一个重大国家战略，要坚持优势互补、互利共赢、扎实推进，加快走出一条科学持续的协同发展路子来。

京津冀协同发展的关键是加快破除京津冀协同发展存在的体制机制障碍，按照优势互补、互利共赢、区域一体的原则，促进区域协同体制机制改革和创新。习近平总书记就推进京津冀协同发展提出了“七个着力”要求，其中第二条、第七条分别是“着力加大对协同发展的推动，自觉打破自家‘一亩三分地’的思维定式，抱成团朝着顶层设计的目标一起做，充分发挥环渤海地区经济合作发展协调机制的作用”；“着力加快推进市场一体化进程，下决心破除限制资本、技术、产权、人才、劳动力等生产要素自由流动和优化配置的各种体制机制障碍，推动各种要素按照市场规律在区域内自由流动和优化配置”。随着京津冀协同发展的深入推进，三地经济社会的联系将更加紧密，各种生产要素的流动将更加快捷，各种活动主体的利益关系将更加复杂，也由此导致各类公共问题愈加凸显。这就要求破除不合时宜的思想观念和体制机制弊端，突破利益固化的藩篱，打破政府“单中心”治理模式，强化市场在资源配置中的决定性作用，发挥社会力量在区域治理中的重要作用。唯有重塑政府、市场与社会的关系，通过政府协同治理才能及时应对和解决区域发展面临的复杂多元的社会公共问题，实现对社会事务的善治。

笔者认为，京津冀政府协同治理就是为了实现和增进区域公共利益，在政府主导或引导下，政府、企业、公民、社会组织等各种活动主体，通过制度资源、组织载体和运行机制的安排来保证集体行动和合作行为，以解决区域公共问题的综合治理过程。京津冀政府协同治理至少包含两个方面，一是体制内的府际协同，涉及不同层级政府和部门的协同；二是跨域或跨界协同，包括政府与市场、社会组织以及公民等活动主体的协同。政府协同治理机制研究的核心是寻求协同治理的制度、机构和理念的变革，达成协同行动的规则和意识，本质上是通过制度安排使各类活动主体在权力、权利和利益等层面得到合理确认和配置，并且采取联合和协同行动，以实现善治的良好目标。

党的十九大报告指出：以疏解北京非首都功能为“牛鼻子”推动京津冀协同发展，高起点规划、高标准建设雄安新区。京津冀协同发展的关键是破除各自“一亩三分地”的思维定式，在区域协同体制机制上进行创新。本书采用政治学、史学、经济学、法学、公共管理学等学科理论和方法，探讨了京津冀政府协同治理机制构建问题，力图为京津冀区域公共治理提供可行性的工作思路、运作规则和行动框架。全书分为五个部分：一、对治理理论、协同理论和政府协同治理理论的基本内涵和理论变迁进行了学术梳理，提出了政府协同治理的政策分析、过程分析和综合分析模型。二、对元明清以来京津冀政治与经济关系变迁进行了历史梳理，以洞悉风云变化中河北的政治和经济地位之嬗变。三、对美国大都市区整合治理、欧盟多层次治理进行了个案分析，以总结西方政府协同治理的典型经验和启示。四、以制度创新为视角，探究了政府体制和政府制度创新在促进京津冀区域协同发展中的作用。五、结合京津冀区域合作和协同治理的困境和障碍，提出了完善京津冀政府协同治理的组织保障、政策过程、利益协调和法治协调机制的理路和建议。

本书由王凤鸣、袁刚共同讨论拟定结构框架，然后由各执笔者承担相应章节的写作。前言由袁刚执笔；第一章由陈恺、袁刚执笔；第二章由孙经纬、袁刚执笔；第三章由周紫君、袁刚执笔；第四章由袁刚、李小龙执笔；第四章由袁刚、董鹏程、戴其超执笔。最后全书由王凤鸣、袁刚统稿。

本书的出版得到了河北省教育厅人文社会科学研究重大课题攻关项目（课题编号：ZD201401）的资助。课题的研究，得到了河北大学历史学院张殿清教授、衣长春教授，中央财经大学王志锋教授、天津市政府胡弼华、河北省廊坊市鲍世博等同志的帮助。本课题的完成也得到了河北大学国家治理法治化研究中心的帮助。人民出版社赵圣涛编辑对本书出版给予了大力支持，特此致谢！

本书写作时参考、借鉴了学界前辈和同人的学术成果，并引介了国家、地方有关部门、相关学术团体的资料和媒体的报道，在行文中尽可能进行了注释，谨向学术研究者和实际工作者表示诚挚的谢意和敬意！限于理论水平和实际经验，本书难免存在肤浅和不足，诚恳希望得到广大读者的批评指正。

第一章　政府协同治理的研究框架和分析模型

从国家形成伊始，一直到经过数千年历史演变的今天，关于国家权力配置问题的讨论从未停止过。早在上古时代，尧、舜、禹便在一直思考这个问题，他们选择了大胆放权于地方的做法，或说上古帝君有超前的民主意识，或说当时能力不足实属无奈做法，但这终究是权衡利弊之后的权力配置之举。到了封建社会，各朝各代的帝王无一例外地采取了中央集权的做法，又把大权收回中央政府。而到了近现代，我国大有放权地方之势，地方政府有了更多的权力，也提高了地方政府的工作积极性。直到今天，我国的区域经济体层出不穷，如“长江三角洲”“珠江三角洲”“环渤海经济区”等，不仅是改革开放的前沿前哨，而且是当今中国经济发展的重要引擎。

从国家的历史演变过程可以看出，国家权力的配置一直是伴随国家历史变迁的主线，不管到了何朝何代，国家都必须解决好权力的配置问题。那么时至今日，我国的经济状况和综合国力已不同往日，用以往的做法肯定不能适应现在多变的环境，因此，在权力配置的问题上我们必须用发展的眼光来寻找答案。①

对于今天的国家而言，一个国家的发展需做到既能充分调动地方政府的积极性，又能打破地方政府之间的挡板，使以往支离破碎的地方管理变

① 何增科:《治理、善治与中国政治发展》,《中共福建省委党校学报》2002 年第 3 期。

得协同一致、相互配合。要想解决这个难题，就不得不构建和实施区域协同治理机制，其理论指导是治理理论，而治理理论又引申出了协同治理理论和政府协同治理理论，这便是打破地方挡板，实现各地方资源共享的理论根源。[①]

第一节　政府协同治理的研究框架

一、治理理论概述

（一）治理思想的沿革

1. 统治阶段

在统治阶段的国家，治理国家的主要形式和手段就是统治。所谓统治，即为了满足统治阶级的内外部利益和行使统治权力而设立的机制和制度安排。[②]“统治”一词体现了行为主体的主动性，而行为客体则是被动的对象，这种行为是建立在暴力的基础之上的。那么对于国家而言，行为主体当然非政府莫属了。政府凭借暴力对受众进行统治，这样就形成了统治阶级和被统治阶级，统治阶级对内部实行片面的民主，对外部则实行专制统治，用残酷的手段使被统治者按照统治阶级的意图办事，最终达到利益分配和解决矛盾的目的。

在此阶段的国家政府把统治思想贯彻到经济和社会生活的方方面面，以统治阶级的意志作为国家的最高意志，严厉打击不同于国家意志的声音出现，国家上下只有一种声音，那就是国家的意志不容违抗。践行统治思

① 李风华：《治理理论：渊源、精神及其适用性》，《湖南师范大学社会科学学报》2003 年第 5 期。

② 转引自［印］哈斯·曼德、穆罕默德·阿斯夫：《善治：以民众为中心的治理》，国际行动援助中国办公室编译，知识产权出版社 2007 年版，第 8 页。

想的政府，会采取高压暴力的手段进行管理，打击违背统治阶级意志的行为，从而巩固统治阶级的社会地位和经济利益，他们在解决内外冲突时也会把这种统治思想贯彻到底，以维护专制统治。总之，对于这个阶段的国家来说，中心只有一个，那就是政府，政府具有绝对的权威和权力，不容置疑，对国家事务采取强硬的政治手段进行管控和处理。

2. 管理阶段

世界经济的飞速发展，使得民主思想深入人心，人们更加渴望民主、平等的生活，以往那种由政府独断一切，不考虑民众意愿的行为模式已经不再适应时代的发展需求，如果国家想要获得长效的发展，就必须破除只容纳一方之言的统治模式。因此，管理模式应运而生，迎来了管理阶段。在这个阶段当中，政府的行为发生了很大的改变。由于政府具有强大的政治力量，那么在国家的经济领域加之政治手段便是常事了，这也是统治阶段的惯用方法，即通过政府命令、政府管制等政治手段，来达到预期的目的。但是管理阶段的治理思想有别于统治阶段，它们的区别就在于管理阶段的政府除了直接利用政治工具外，还参与到国家活动当中，通过其他的方式有效的管理国家。例如，管理阶段的政府拥有巨额的财政收入，它除了能利用政治手段进行强硬统治外，还可以国家投资、市场引导等方法间接地影响经济发展。

可以看出，管理阶段的政府扮演着两个角色，一个是“裁决者”，即政府通过自己固有的政治力量，制定相应的政策法规来干预国家事务，扮演的是国家秩序的稳定者和裁决者的角色，这也是统治阶段政府所一以贯之的手段。另一个是“参与者”，即政府通过参与到国家行为当中，利用自己在经济上的优势对收益和财产进行资源配置，从而控制国家行为，这里扮演的是国家行为的参与者，通过参与国家行为间接地调节和处理国家事务。

政府在管理阶段的治理思想是有所进步的，它所扮演的“裁决者”和“参与者”的角色，不但不矛盾，而且还是相辅相成的，有些时候单单依靠政府制定政策来治理国家是不够的，在某些领域是行不通的，如在经济领域，单纯依赖于政府政策管制并非明智之举，因为一味地政策管制会使市场失去自由，失去健康发展的活力，因此，政府有必要参与其中，通过潜移默化的行为来引导国民的经济行为，这也就是前面所说的“参与者”角色。所以，现代化政府要想取得经济上进一步的突破，不但要做好“裁决者”，更要做好“参与者”。

3. 治理阶段

伴随着经济全球化步伐的加快，各种社会环境发生了巨大的变化，人们的思想观念也日益多元，以往公共管理的理论也有待进一步发展来适应新时期的状况，自从行政国家的扩张造成的治理危机，是时候该出现一个新的处理公共事务的理论了。况且信息化飞速发展，使得人们对公共事务和民主治理更加关注，希望能够参加到公共管理当中，自治的思想尤为突现，此时治理理论应运而生。治理理论顺应了世界的发展潮流——多元化发展，它主张公共管理的主体是多元的，不是单一的，它认为公共管理不是只有政府才能做好的，其他非政府组织照样可以做好，而且可以达到政府所不能达到的灵活高效。但是，这并不是说非政府组织就可以完全替代政府，两者是可以联合治理的，并且在很大程度上可以采取深度合作，最终实现公共管理的效益最大化。在治理理论看来，公共管理是一种上下联合互动的过程，不是单向地管理，需要各个社会管理主体通过协调合作，才能实现最终的管理目标。可以看出治理理论也渗透了一些协同的思想。①

4. 协同治理阶段

协同学的兴起为治理理论的完善和发展提供了新的研究方向。在协同学领域当中，不得不提到赫尔曼·哈肯（Hermann Haken），他在《高等协同学》一书中提出“协同学是研究由完全不同性质的大量子系统（诸如电子、原子、分子、细胞、神经原、力学元、光子、器官、动物乃至人类）所构成的各种系统”。协同学“将研究这些子系统是通过怎样的合作

① 孙萍、闫亭豫：《我国协同治理理论研究述评》，《理论月刊》2013 年第 3 期。

才在宏观尺度上产生空间、时间或功能结构的。我们尤其要集中研究以自组织形式出现的那类结构，从而寻找与子系统性质无关地支配着自组织过程的一般原理。”① 他所研究的协同学最初虽然是针对物理领域的，但是他的协同学思想得到广泛传播，并逐渐应用于治理理论，从而发展成为协同治理理论。之后，注重各个系统之间相互协调、相互配合的协同治理阶段拉开帷幕。

（二）治理的内涵

“治理”一词最早出现在20世纪80年代末，是由世界银行最先提出的，世界银行概括非洲情形为“治理危机”，从此“治理”一词诞生，并应用于政治学等诸多学科。② 之前谈到治理思想的沿革，其中经历了“统治”和“管理”的阶段，那么在20世纪80年代末提出的“治理”一词肯定是有别于“统治”和“管理”。“治理”去除了前两者的权威性，使各个机构和个人都拥有了管理公共事务的权利，不仅限于政府。但是“治理”又达到了前两者的行为效果，甚至更好。这样一来，能够使传统的与权力结构相对应的管理行为有了更为广泛的参与和互动。③

一般认为，全球治理委员会对治理概念的认识最具权威性。全球治理委员对治理概念界定如下：“治理是各种公共的或私人的个人和机构管理其共同事务的诸多方式的总和。它是使相互冲突的或不同的利益得以调和并且采取联合行动的持续的过程。这既包括有权迫使人们服从的正式制度和规则，也包括各种人们同意或以为符合其利益的非正式的制度安排。”④

这个界定已十分明确，意思就是说治理已经去除了“统治”和“管理”的权威性，改变了以往政府独揽统治和管理大权的格局，各种公共的

---

① ［德］H.哈肯：《高等协同学》，郭志安等译，科学出版社1989年版，第1页。

② Thomas G. Weiss，“*Governance*，*good governance and global governance: conceptual and actual challenges*”，*Third World Quarterly*，Vol. 21（5），2000，pp. 795–814.

③ ［法］让-皮埃尔·戈丹：《何谓治理》，钟震宇译，社会科学文献出版社2010年版，引言第4页。

④ 俞可平：《治理与善治》，社会科学文献出版社2000年版，第4页。

或私人的机构和个人都能够管理公共事务，扩大了治理的行为主体，在治理过程中会利用政治手段和经济手段，以及其他的手段。①

英国公共管理学家格里·斯托克（Gerry Stoke）对治理的特征作了进一步的提炼和总结，对治理概念有了更深一层的探究，他从治理主体、治理参与者、治理过程等方面做出了明确阐释。他认为在所有的治理主体当中，政府的作用是不容忽视的，但绝不是说只有政府才能治理好公共事务，如果没有政府，没有政府强制力和政府权威，社会公共机构也会把社会治理得很好，并且参与治理者会形成自治网络。他还强调，在治理经济和社会问题当中，没有明晰的界限和责任，各社会结构需要相互依赖、相互配合。②

通过梳理治理的概念我们不难发现，"治理"与以往的"统治"和"管理"的思想取向不同，但有所相通。"统治""管理""治理"三者都强调处理好公共事务，可以说目标是相同的，但论其手段就有所差异了，"统治"主要依靠政府的行政命令、硬性条文保障实施，"管理"在前者的基础上加上了亲自参与、间接调控的手段，"治理"在前两者的基础之上扩大了行为主体，丰富了治理手段。"治理"与前两者的最大不同在于它们的行为主体不同，"统治"和"管理"的行为主体是政府，而"治理"的行为主体则是政府和各社会机构。治理强调的是一种网络式的、公开式的工作形式，社会公众都可以参与公共政策的制定和执行当中，使治理的主体更加广泛，有助于促进决策的科学性和民主性。治理需要社会各方面的相互帮助，协同努力成为一个相互配合的网络，并且向社会大众公开，并减少政府的干预和控制。这是由于政府在公共服务方面不能兼顾，办事效果不明显，并且有些事务不宜由政府负责，但是社会公众又对这些方面提出了要求，期望政府能提高办事效率，所以政府为了使社会资源得到最

① ［法］让-皮埃尔·戈丹：《何谓治理》，钟震宇译，社会科学文献出版社2010年版，第15页。

② ［英］格里·斯托克：《作为理论的治理：五个论点》，载俞可平主编：《治理与善治》，社会科学文献出版社2000年版，第34—35页。

佳的配置，为社会大众提供更优质的服务，就需要调动和依靠各组织、机构的积极参与，使其与政府相互配合。因此，治理不是一整套规则，也不是一种活动，而是一个过程。治理的基础不是控制，而是协调，治理就是各个组织和机构相互配合、相互协调，完成公共目标的过程。①

治理理论借鉴了很多现代企业的经营思想，对于一个企业来说，追寻企业的最大效益是其最终目标，而治理理论也正是吸取了这一思想，它倡导把公共服务的质量最大化，因此，要想实现这一目标，必然会联合一些非政府组织加入其中，合理的利用各非政府组织的功能，使社会资源得到优化配置。由于非政府组织的介入，使得处理公共事务不再是靠政府就能解决的事情了，政府和非政府组织需要相互沟通，相互配合，协调一致，才能使公共服务的效率和效益获得最大值，正是因为如此，协同治理才有了它存在的空间和价值，协同治理也随即成为了重要的治理模式之一。

二、协同理论的内涵

协同一词古已有之，而协同思想更是贯穿古今。《虞书·尧典》曾说过“协和万国”，这是我国古代对协同思想的表述，在那个时候古人就看到了协调合作的重要性。西方国家同样也对协同思想有所研究，并广泛应用于社会各个领域，前面提到赫尔曼·哈肯，他在物理学领域提出了协同理论，以后协同理论便很快地应用于政治学、经济学等领域。②

在国外协同理论的研究当中，协同可以用 Coordination、Cooperation 和 Collaboration 来表示，翻译成汉语时，与之一一对应的是协调、合作、

① Agranoff Robert & Michael McGuire, *Collaborative Public Management: New Strategies for Local Governments*, Washington, DC: Georgetown University Press, 2003, p.21.

② ［德］赫尔曼·哈肯:《协同学：大自然构成的奥秘》，凌复华译，上海译文出版社2001年版，前言。

协作。有很多学者认为它们并无太大的区别，通常不做区分，但仍有不少学者把它们区分开来，认为它们虽有相同之意，但也有不同之处。

大卫·斯特劳斯（David Straus）将协作与合作区分开来，他认为合作和协作有相通之处，它们都需要多方共同努力才能付诸实施。两者的不同之处在于，合作的侧重点在结果，强调各方通过共同努力取得较好的结果；而协作的侧重点是过程，各方在共同的规则和组织当中一起工作，有没有好的结果并不是协作的关键。①

库伊曼（Kooiman）又从不同的方面对协作与合作做出了界定，他认为协作的重点是实证细节和实务经验，具有行动研究传统，正式化程度比较低；而合作具有政治经济传统，正式化程度比较高，演绎分析推理较差。②

罗伯特·阿格拉诺夫（Robert Agranoff ）等人在对协作治理的研究中认为，协作是指共同协力，合力达成共同目标，跨越组织与部门边界，在多重部门关系中工作；合作则是以互惠价值为基础。③

格林（Green）等人依据组织结构的自治程度、扁平程度，以及沟通强化的倾向，将组织间关系分成合作、协作、竞争、协调和控制五种，这些关系构成了连续光谱，其中合作位于这个连续光谱的较低一端，而协作则在较高一端。④

格雷（Gary）认为，尽管协调和合作会在协作早期过程中出现，但协作却是一种相对更加长期的复杂过程，通过协作我们会发现不同的政治力量对同一个问题会建设性地探寻相互间的不同，以寻求超出其个人能力范

---

① David Straus，*How to Make Collaboration Work*，San Francisco：Berrett-koehler Publisher，Inc.，2002，p.5.

② J.Kooiman，*Governaning as Governance*，London: Sage，2003，pp. 97–100.

③ Rosemary O' Leary，*Catherine Gerard and Lisa Blomgren Bingham*，" *Intorduction to the Symposium on Collaborative Public Management*"，*Public Administration Review*，Vol. 66（Supplement s1），2006，pp.6–9.

④ A.Green，A.Matthias，*Non-governmental organizations and health in developing countries*，London: Macmillan Press Ltd.，1997，p.67.

围的解决方案，最终达成共同实施该方案的共识。①

在国内协同治理的研究中，因为没有翻译上的差异，所以对于协同与协调、合作、协作的争议就不像西方国家讨论的那样热烈。郑巧等人的观点最具代表性，他们认为，所谓“协同”，既不是一般意义上的合作，也不是简单的协调，是合作和协调在程度上的延伸，是一种比合作和协调更高层次的集体行动。“协同治理”是指在公共生活过程中，政府、非政府组织、企业、公民个人等子系统构成的整体系统，货币、法律、知识、伦理等作为控制参量，借助系统中诸要素或子系统间非线性的相互协调、共同作用，调整系统有序、可持续运作所处的战略语境和结构，产生局部或子系统所没有的新能量，实现力量的增值，使整个系统在维持高级序参量的基础上共同治理社会公共事务，最终达到最大限度地维护和增进公共利益之目的。②

通过上述国内外学者对协同理论的探究，可以从中发现协同治理的几个特征：

（1）主体的多元性。即协同治理的主体是多样的。以往的管理结构是呈现单一局面的，由政府管理社会各项事务，其他社会组织都不能参与其中，但是协同治理理论倡导主体应该具备多样性，不能单单依靠政府，单一主体不但有违民主思想，而且不能充分利用资源，使效益最大化。因此，协同治理理论强调治理主体应该向其他组织开放，除了政府之外，非政府组织和企业等主体都可以参与公共事务的治理。

（2）权威的分散性。即协同治理的权威是分散的。以往管理的权威都集中在政府，政府可以强势地压倒一切，只有政府所做的才是最有说服力的。而协同治理的权威是分散在诸多行为主体上，也就是说在遇到矛盾时，没有一方可以依靠权力强势地压倒另一方，各个行为主体可以凭借自

① B.Gray，*Collaboration: Finding Common Ground for Mutli-Party Problems*，San Francisco，CA: Jossey-Bass，1989.

② 郑巧、肖文涛：《协同治理：服务型政府的治道逻辑》，《中国行政管理》2008 年第 7 期。

己所掌握的资源来获取新的权威，以得到自己想要的结果，这样各个行为主体依靠各自掌握的不同资源，把权威从单一的政府手中分散到了各个行为主体手中，有利于使各个行为主体获得平等的谈判能力。

（3）关系的对等性。即协同治理的主体关系是对等的。协同治理改变了以往统治框架和管理框架下的主体关系，统治框架和管理框架下的主体关系是统治和被统治、管理和被管理的关系，都是一方占据绝对的有利地位，另一方则是被动的调遣对象，只能服从。而协同治理的主体关系是对等的，不存在绝对的优势地位和服从地位，各个行为主体之间是相互对等的，没有上下高低之分。它们的对等关系，既是地位上的对等，又是利益上的对等。所谓地位上的对等，就是说各个行为主体之间地位是平等的，没有上下级、命令与服从的关系；所谓利益上的对等，就是各个行为主体都可以按照自己的利益要求参加到公共事务的治理当中，可以为自己的利益考虑，而不是以往的为了某些利益而牺牲自己的利益。只有使各个行为主体的利益对等，各自为各自的利益努力，实现各个行为主体所代表的群体的利益，才能实现更大程度上的社会民主。

（4）目标的一致性。即协同治理的目标是一致的。各个行为主体在协同治理的情况下，渐渐地摆脱了相互敌对的态度，达成了相互合作、相互协调的共识，各个行为主体都知道单凭哪一方的力量都无法使公共服务的效益最大化，因此他们都选择了合作与协调。在这种情况下，不管哪一方的损失都不再是随机的和无计划、无补偿的，这种损失会在合作与协调中得到弥补，使得各个行为主体愿意为共同的利益而努力，最终形成一个共同的目标。

（5）自组织的协调性。即协同治理具有自组织的协调性。协同治理的各个行为主体之间相互依赖、相互合作，他们彼此之间有着密切的联系。既然是有着密切关系的各个行为主体，那么他们之间必然会产生利益冲突，而协调这种利益冲突较合理的方式就是自组织。因为在某种条件下，各个行为主体对社会环境有着比较好的适应能力，他们可以通过信息的反馈和相互的协调，自己改变策略达成共识，进而弥补政府调控和市场交换的不足，达到协同治理效益最大化的目标。

三、政府协同治理的内涵

政府协同治理就是为了实现和增进公共利益，在政府的主导或引导下，政府、企业、公民、社会组织等多个主体通过相互合作、相互协调，达成一定的规则和共识，并遵循这些规则和共识，来治理一定范围内公共事务的实践过程。在协同治理过程中，政府扮演着船长和引航员的角色，发挥着宏观调控市场和社会的主要作用。但协同和治理的过程表明，政府的单极治理无法应对复杂多元的社会公共问题（如流域治理、扶贫济困、区域发展、环境保护、空间开发等），需要政府在体制内有效协同的基础上向外拓展和深化，寻求与市场、非营利组织和公民之间的有效协同，也就是“跨域协同”。[①] 因此，政府协同治理包含两个方面，一是体制内的府际协同，既包括中央与地方政府或其部门的协同、各级地方政府或其部门的协同，也包括同级地方政府或其部门的协同；二是跨域或跨界协同，包括政府与市场的协同、政府与非营利组织的协同，以及政府与公民的协同。如果把协同治理比作一部汽车的话，府际之间的良好协作和互动是协同治理的发动机和方向盘，而良性的跨域协同则是协同治理的轴承和润滑剂。没有良好的沟通和合作机制，协同治理的运行就会缺失动力或跑偏，而没有良性的互动和协调机制，协同治理的运行就会阻力重重。

在社会公共事务的治理过程中，政府、企业、公民社会等行为主体之间通过相互协商、相互合作，来整合各个行为主体的社会资源，它们合作的交点是共同的利益，实施规范是现有的规章制度和伦理道德，在此基础之上形成一个高效的治理联合体，并使社会公共事务平稳、有序地发展，创造出单个行为主体都不能实现的理想结果，使公共利益得到最大限度的

① 刘伟忠:《我国地方政府协同治理研究》，山东大学 2012 年博士学位论文。

满足。①

从上述对政府协同治理的表述当中，可以发现政府协同治理有几个要素，这几个要素涵盖和构成了政府协同治理的一般过程，分别是协同主体、协同客体、协同形式（机制）、协同环境、协同目的。协同主体是指相互协调、相互合作并达成一定共识的实施公共事务治理的组织，协同主体是由多个组织所构成的管理机构，其中包括政府、企业等。协同客体就是协同治理的对象，是与协同主体相对应的，是协同主体在践行治理职能时影响和支配的事物（务），也就是被协同主体所影响和控制的事物（务）。协同形式或协同机制是协同行为的承载方式，就是以何种方式来实施协同行为，完成协同目标。协同环境就是各个组织为了生存和发展与外界相联系的事物的总和，协同环境的优劣决定着协同效果的好坏，因为任何一个协同治理的过程都离不开协同环境而独自进行，如果没有一个有利于协同治理的环境，那么必然会阻碍协同治理的效果。协同目的是各个组织采取一系列的行为，制定相关规则，达成一定共识，最终实现协同治理的动机，它是协同治理的前提，有了协同目的，便会激发协同治理的动力，作用于协同治理的始终，它也是衡量协同治理是否偏离的主线。②

政府协同治理是协同治理的一种，那么政府协同治理必然会具备协同治理的特点，但是由于它是协同治理的一个分支，因此它也有其自己的特点。要想深入理解政府协同治理，就有必要把握它的几个特点：

一是主体的多样性。政府协同治理作为协同治理的一种，它的主体与协调治理的主体相同，都具有多样性，但既然是政府协同治理，顾名思义，政府应该是协同治理的主体。除了政府以外，社会上的组织和个人，例如非政府组织、企业等，都可以参与到公共事务的管理当中。这样使社会的众多组织都参与到公共事务当中的做法，可以全面考虑到社会各

① 蔡延东、穆锐：《政府危机管理到危机协同治理的分析及路径选择》，《河南理工大学学报》（社会科学版）2011 年第 4 期。

② 刘伟忠：《我国协同治理理论研究的现状与趋向》，《城市问题》2012 年第 5 期。

个群体的切实状况，尽可能使全社会的组织和公民的利益和要求得到协调满足。

二是权威分散性。政府协同治理的权威不是仅仅掌握在政府手中的，其他协同主体同样具有权威，这改变了以往由政府独揽权威的局面。政府协同治理把权威分散到各个协同主体，使参与协调治理的主体拥有各自的权威，这样有利于使各个协同主体得到平等的地位，发挥各自的优势，最终达到协同治理的效果。

三是协同主体间的协作性。协同治理的最终目的就是使处理公共事务的效率最大化，那么政府协同治理当然也不能例外了，然而政府协同治理要想实现这一目标，就必须通过各种机制使各个合作组织之间相互协调、相互合作，因为只有这样，合作的效果才能达到质的飞跃。

四是自组织的协调性。在政府协同治理的过程中，不免会遇到各种矛盾，比如各个协同主体之间的利益分配不均匀而导致的冲突，如果不及时处理好这种冲突，不但会影响矛盾各方的利益，更会危及到整个协同治理的效果。然而，处理这种矛盾的最好方式并不是外部组织的干预，那样只会激化矛盾，使矛盾各方都觉得处理结果有失公平，最好的处理方式就是由矛盾各方自发地组织起来，通过主动协调、商议的方式达成共识，这样能够弥补市场和政府调控的不足，提升协同效果。

五是协同治理的适时性。我们当今所处的社会是个复杂多变的社会，在这个社会中没有一成不变的事物，也没有放之四海皆准的法则，那么要想使协同治理的效果一直保持在最佳状态，就必须与时俱进、具体问题具体分析，面对不同的环境要采取不同的方法和策略，把握好协同治理的适时性。

六是协同行为的社会性。政府协同治理的方法和形式是多种多样的，但归根结底都是为了使社会更加稳定、更加繁荣。政府和其他的协同主体通过相互协调、相互合作、相互妥协，达成协同治理上的共识，使社会从无序的状态变为有序的状态，进而推动了社会的发展和进步，确保了国家的安定和团结。政府协同治理的一切行为都与社会脱离不了关系，都是为了推动社会的进步，促进公益的实现，因此政府协同治理的行为具有深厚的社会性。

第二节　政府协同治理的分析模型

一、协同治理的政策科学视角

从政策科学的视角来看，政府协同治理是一个政策循环、政策子系统和跨域事务三位一体的概念。①

（一）政策循环

政策循环是政策制定的全过程。公共政策学一般将政府协同治理的政策过程划分为议程设定、方案规划、公共决策、政策执行和政策评估五个阶段。政策议程设定是政策循环的第一个环节，非常关键，因为公共问题只有进入政策议程才有可能得决策者的回应。议程设定主要展开两方面研究，一是分析政治、社会和意识形态等因素与议程设定之间的关系，二是力图解释某个问题如何成为公众关注的焦点并要求政府对此作出反应。柯布（Rogger Cobb）等人对不同国家的政策议程设定进行了比较研究，提出了政策议程设定的三种基本模式：外在创始模式（Outside Initiation Model）、动员模式（Mobilization Model）和内在创始模式（Inside Initiation Model）。每种模式都与特定的政治体制相联系。王绍光受到柯布等人的启发，以议题提出者的身份和民众参与程度为标准，将中国公共政策议程设定区分为六种模式，即关门模式、动员模式、内参模式、借力模式、上书模式和外压模式。②

① 曹堂哲：《政府跨域治理协同分析模型》，《中共浙江省委党校学报》2015 年第 2 期。
② 王绍光：《中国公共政策议程设置的模式》，《中国社会科学》2006 年第 5 期。

方案规划是定义、考察、接受或拒绝可选方案的过程。政策规划的具体步骤需要考虑三个方面：这个程序涉及谁？政策论证的过程是公开还是私密的？如果是公开的，参与的主体是谁？为什么？如果是私密的，参与者的资格是什么？为什么是他们而不是其他主体参与进这个政策程序？在豪利特和拉米什（Howlett & Ramesh）看来，议程制定阶段，参与主体可以呈现多元化特征，公众在其中也可以发挥重要的作用，但是在政策规划阶段，豪利特和拉米什明确提出，必须要掌握一定程度相关知识的人才能进入政策子系统。

公共决策就是按照一定的价值和标准，决策者对方案规划进行比较和鉴别，选择最终方案的过程。当前，仍有一些重大公共决策出台轻率，缺乏公共性，受到社会公众的质疑。这主要是由于在决策体制机制安排上，决策受部门利益影响较为严重，出现公共决策权力部门化、部门权力利益化、部门利益法定化的怪象。公共决策部门化及碎片化成为困扰政府公共管理的难题，如何保证公共决策的科学化、民主化和法治化是完善公共决策体制的重要内容。

政策执行就是将制定的公共决策变为实际和实践活动的过程。关于政策执行的研究，大致有三条路径：自上而下的路径、自下而上的路径、将两者相结合的综合性路径。自上而下的路径，强调对政策不偏不倚地执行。自下而上的研究路径，强调可以在领悟政策宗旨的基础上，赋予执行者更多的自由裁量权来灵活执行任务。综合性路径则试图采用开放性的视角，更多地考虑社会环境的影响，以及政府与社会互动、府际关系和政策网络等方面的问题，尝试提出整体性的分析框架，来解释政策执行结构及其行为的变迁。

政策评估作为一种对政策结果进行分析的政治行为，是政策分析过程中重要的环节。一个完整的政策过程，除了科学合理的规划和有效的执行外，还需要对政策执行以后的效果进行判断，以确定政策的价值。公共政策评估所要回答的基本问题包括：政策执行以后，是否达到了政策制定者预期的目标？该项政策给国家、特定区域及社会生活带来了何种影响？

政策是继续执行，修改后执行，还是马上终止？解答上述问题的前提条件是明晰公共政策评估的内容。

（二）政策子系统

政策子系统是贯穿在政策过程中，影响政策过程、推动政策过程开展的各个因素的集合，包括行动主体、机构、工具和沿着上述路线展开的话语。

政策子系统维度对政府协同治理问题的分析重点关注：

（1）政府跨域治理中涉及的各个主体子系统。政府跨域治理主体之间的目标、资源、利益等方面的差异，促使政府跨域治理主体之间形成复杂的博弈关系，政府协同治理是政府跨域治理主体之间利益共融、寻求共识、协调合作的过程。

（2）政府跨域治理的制度、机构和价值子系统。政府跨域治理的制度、结构和价值子系统是政府跨域治理系统中相对固定的制度安排、体制机制、机构设置和特定的文化倾向。它们是影响政府跨域治理政策循环相对固定的参量。政府跨域治理机制研究的核心是寻求制度、机构和价值的变革，促使跨域治理的行动者形成协同状态。

（3）政府跨域治理的政策工具和工具选择子系统。政府跨域治理的政策工具和工具选择子系统重点分析政府跨域治理过程中政策工具运用、选择和优化组合问题。政策工具与政策目标之间的协同性，政策工具之间的适当组合与结构的优化是政府跨域治理协同工具子系统分析的关键问题。

（三）跨域事务

跨域事务是跨域治理要解决的公共问题，以维护国家或特定区域的公共利益。跨域事务不仅涵盖了多个公共管理的研究领域（诸如地方治理、区域治理、府际关系、整体政府、公私伙伴关系、部际关系等），而且涵盖了多个实质性的政策专业领域（比如流域治理、区域发展、生态环保、空间开发等）。

运用政府协同治理模式时，首先要分析跨域事务产生的政治、经济、社会、文化和生态环境，分析跨域治理事务产生的原因、历史和特点。然后，分别从跨域事务、政策循环、政策子系统三个维度对跨域治理的协同性展开分析。最后，对政府跨域治理的协同效应进行度量，通过提炼出系统化的指标体系，评价政府跨域治理中各个要素的协同程度和协同结果。

二、协同治理的过程分析视角

从协同治理的过程看，协同过程包含协同主体、协同动因、协同引擎、协同行为和协同结果等内容。

（一）协同主体

1. 政府

协同治理的主体也就是参与治理的行动者是多元的，包括多个协同主体，但占据首位的仍然是政府。在协同治理理论当中所指的政府包括地方政府和中央政府，西方学者和国内学者都对地方政府和中央政府做出了解释，西方国家学者认为地方政府是为了治理国家的部分地区而设置的，而国内学者则认为地方政府是为了行使中央政府的部分职权而设立的，两者的解释虽有所不同，但有一个方面是相同的，那就是西方和国内学者都认为地方政府是地域性的，中央政府是全国性的。

在以往的管理模式当中，政府拥有绝对的权威，只有政府才是合理、合法的管理主体，政府独揽一切公共事务，不允许其他组织和个人的介入，长此以往造成的结局就是政府管理的范围过大，管理的事务过多，使得政府没有能力管理好一切公共事务，只能牺牲一些公共事务，不能使公共利益得到最大满足。[①] 因此，如今的协同治理理论要求政府下放一些管

① 闫娟:《21 世纪政府、市场与公民社会的三足鼎立——来自治理理论的启示》,《成都行政学院学报》(哲学社会科学)2002 年第 1 期。

理权，把政府没有能力和精力去管理的事务交给其他治理主体，而政府要做的就是协调各个治理主体之间的关系，使治理活动更好地开展。在协同治理的过程当中，政府一直扮演着不可少缺的重要角色，它不但要协调好各个治理主体之间的关系，还要解决好政府内部的关系，也就是地方政府和中央政府之间的关系。

需要指出的是，政府和其他非政府组织一同组成了协同治理的主体，政府与其他非政府组织在地位和利益等方面都是对等的，没有命令与服从的关系。虽然在很多方面，政府和其他非政府组织无异，都是公共事务的平等的参与者，但是政府仍然与其他非政府组织有着细微的不同，那就是政府具有引导和调控全局的义务，在治理公共事务时，由各个行为主体参与其中，平等自由地发挥各自的优势，当然是毋庸置疑的，但是为了使得协同治理能够有序和正常地进行，就必须让政府充当协调者，确保公共服务效益的最大化。

2. 企业

企业是社会上不可或缺的经济组织，它是以生产经营为目的的商业化组织，为社会提供商品和服务，对于发展市场经济起到了至关重要的作用。企业作为一种自主经营、独立核算的自负盈亏的经济组织，也是协同治理的主体。自从我国实行了经济体制改革发展社会主义市场经济以来，我国政府和企业之间的关系就发生了潜移默化的变化，以往以政府调控经济的局面一去不复返了，而取而代之的是按企业自身的需求调整经济，这就意味着企业不再是被动的观众，而是参与者。① 伴随着社会主义市场经济的进一步完善，我国经济发展对于公共事务的要求也逐渐增高，但由于政府的精力和能力有效，很难满足市场经济发展的要求，因此就需要企业的介入。企业利用自己手中的社会资源，通过生产经营来协助政府的治理行为，从而使公共服务的效益尽可能地最大化，企业作为协同治理的主体之一，在公共服务和经济调控等方面起到了非常重要的作用。

---

① 孙萍、闫亭豫:《我国协同治理理论研究述评》,《理论月刊》2013 年第 3 期。

3. 社会组织

随着我国社会主义市场经济程度的逐步加深，经济发展对于个性化的要求也在逐步增长，国民经济要想取得更好的进展，单单依靠政府和企业也略显乏力，因此社会组织便应运而生。但社会组织有别于政府和企业，它对于经济发展的极度敏感性弥补了政府对经济调控的不足，政府作为一种较高级的正式组织，对于一些经济现象的反应较社会组织就略显迟缓。然而，它又与企业有所不同，它不是以经济利益为中心的组织，企业是以追求自身经济利益最大化为目的的，这就容易导致企业在治理公共事务的过程中可能会为了自身利益而牺牲集体利益的现象发生，而社会组织是非营利性组织，自然也就没有了上述企业的困扰。虽然社会组织与政府和企业有所差异，而且在政策治理上不及政府，在经济调节上不及企业，但它有两者不具有的优点，这也正好弥补了政府和企业的不足之处，使三者之间相互弥补、相互调和，形成一个较为完善的系统。可见从治理功能层面来讲，社会组织当之无愧是协同治理的第三大主体。而且，从社会发展进程的层面来讲，社会组织成为协同治理的主体也是时代的要求。随着人类社会的进步，民主思想深入人心，社会要求政府还政于民，让更多的组织能够参加到其中。

社会组织包括公益组织、公共事业组织、非政府组织这三大类，可以说几乎包括了除政府和企业之外的其他组织，涉及社会公共事务的方方面面，而由社会组织担任协同治理的主体，可以使治理的范围和效果得到极大的提升。由于社会组织具有非营利性，所以公益组织、公共事业组织、非政府组织这三大类组织也必然具有非营利性，但是它们的非营利性程度是不同的。对于良好的公共环境而言，社会组织介入到公共服务与治理层面，是有利于公共事务的发展的，它能在政府和市场之外起到不可替代的调节作用。①

① 姬兆亮、戴永翔、胡伟:《政府协同治理：中国区域协调发展协同治理的实现路径》,《西北大学学报》（哲学社会科学版）2013年第2期。

（二）协同动因

克里斯·哈克斯汉（Chris Huxham）对协同治理理论作出了巨大贡献，其中最具有影响力的就是他提出的“协同优势”的概念，随后不少学者对这一概念进行延伸和深入研究，最终形成了协同优势理论。[①] 在协同优势理论产生之前，人们都热衷于资本主义市场经济所提倡的自由竞争，认为市场的发展如何不能受到任何外界组织的干预，要由市场自己解决。自从有了协同优势理论之后，人们便渐渐地从资本主义市场经济自由竞争的狂热中醒来，这为协同治理的合法性做了良好的理论铺垫。随着时间的推移，治理理论已逐渐成为管理公共事务的主导理论，而治理理论一步步地登上历史舞台并占据主导位置，这是历史必然的结果，然而以下几点因素对造成这种结果起到了至关重要的作用：

1. 资源匮乏

谢摩尔（Schermerhorn）和韦斯（Weiss）对协同治理理论进行了深入的研究，他们从资源的有限性方面作出了表述，认为资源的匮乏会使各个组织相互寻找有合作可能的对象，进行协同配合，以利用各方有限的资源来获得最大化的效益和效果。[②]

格鲁勃（Gruber）在他的研究当中也对此作出了阐释，他认为如果一个组织在实现既定的目标之前没有掌握足够的资源，那么这个组织就会为实现既定目标去寻求合作，以弥补资源上的不足。可见，组织对于实现目标所需的资源掌握不足，相关资源匮乏时，就会促使组织间相互合作，协同治理。

哈本特（Halpert）认为组织对生存的追逐是组织间相互合作的主要动力，如果一个组织面临资源的匮乏，危及生命时，组织会丢掉一切顾虑选

① Chris Huxham，*Collaboration and Collaborative Advantage*，In Chris Huxham (ed.)，*Creating Collaborative Advantage*，London: Sage，1996，p.1.

② Janet A. Weiss，“ Pathways to Cooperation among Public Agencies”，*Journal of Policy Analysis and Management*，Vol. 7（1），1987，pp.94–117.

择与其他组织合作，为了能够在激烈的竞争中存活下去。可见，当组织资源短缺危及生命时，组织选择协同治理的概率会增大。

以上观点都认为资源匮乏对组织的协同治理有重要作用，但是有些学者却恰恰相反，他们反对这一观点，其中最具代表性的学者就是奥立弗（Oliver），他认为资源的匮乏可能不会使组织选择协同治理，相反，可能会造成恶性竞争的后果。一些组织在实现既定目标的过程中如果资源不足，那么该组织很有可能选择利用手中掌握的资源强力压制其他组织，将其他组织挤出市场，以获得其他组织的资源来填充自己。

综合上述的观点，我们认为虽然资源的匮乏可能会促使更激烈的竞争和更残酷的断杀，但是资源匮乏确实使很多组织走上了协同治理的道路，不管它造成了多少激烈竞争，都不能抹杀它对协同治理的作用，它仍然是促使组织间协同治理的重要因素。况且，随着公众生活对社会需求不断地增加，相互竞争的两败俱伤的状况，必然会被合作共赢的局面所替代。组织间相互合作取得的成绩，不是一方靠强力压倒另一方把另一方的资源据为己有的处理方式所能办到的。例如，学校、社区组织、宗教人士、家庭等通过协同治理共同解决宗教冲突问题，政府、经济学会、经济组织等通过协同治理共同解决经济发展难题，这些问题无论单单依靠哪个协同主体，都是无法把效益最大化的，只有各个主体之间相互协调、相互合作，才能取得最佳的效果。①

2. 提升组织合法性

组织之间相互合作、协同治理，能够使组织的合法性得到提高，为社会和民众展示其行为的合法性与正当性。奥立弗曾经提出过“合法的偶然性”假设，他认为通过组织之间的相互协调合作可以使该组织获得社会的公信力，进而使组织的活动合法化，来保证实现组织行为合法的目的。他还表示，各个组织会渐渐地增强其合法性，向社会环境中的主流行业靠

① 李娜：《基于协同理论的京津冀都市圈合作治理研究》，天津商业大学 2014 年硕士学位论文。

拢，以求改变组织形象、增加公信力、提高声誉。

韦斯的研究表明，组织之间之所以能够进行合作，是因为组织间的合作可以使组织获得合乎标准的价值取向、规范和可以获得的政治优势。可见，各个组织为了使自己的行为能够合乎标准，并且获得更多优势，它们也会选择相互合作、协同治理。

3. 环境的不确定性

社会中各个组织的成败几乎无一例外地被一种因素所左右着，那就是环境因素。如果一个组织对它所处的环境有着较深刻的理解，处理好环境的不确定性，那么它在激烈的竞争中就会掌握主导权。所谓不确定性，就是在没有掌握足够的环境信息的情况下必须要做出决策，而决策者很难估量外部环境的变化。环境的不确定性可能会增加组织失败的概率，使组织很难计算决策成本。环境是个复杂的系统，单个组织很难掌握较为全面的环境信息，因此想要获得更多的环境信息，处理好环境的不确定性，那么选择组织间相互合作是个不错的选择。由于每个组织对环境信息的掌握都不相同，并且不全面，因此选择组织间相互合作可以共享有关信息，进而获得较为完整的环境信息，来规避环境的不确定性，使相互合作的组织得到更好的发展。斯库尔曼（Schoorman）在他的研究中认为，协同可以通过发生在联合组织与输入供应者和输出接受者间的纵向合作，发生在联合竞争者之间的横向合作、专业技能以及提高声誉等四种方式在私营部门减少环境的不确定性。①

4. 相互依赖

西方学者们认为，各个组织间相互依赖的关系可以增加它们合作的几率，由于各个组织不是独立存在的个体，或多或少地都与其他组织有所联系，例如，甲企业生产的某种产品可能是乙企业生产所必需的原料，而乙企业生产的产品可能是甲企业生产所必需的工具，很多组织之间都存在着

① 范丽萍：《区域经济协调发展中的地方政府协调治理模式研究》，电子科技大学 2011 年硕士学位论文。

这种相互依赖的关系。由于每个组织所掌握的社会资源不尽相同，为了使各自的资源得到补充，就形成了相互依赖的关系，而这种相互依赖的关系，使各个组织很难脱离其他组织而独立生存，这就为组织间的合作提供了可能性。很多西方学者都对此作出了阐释。哈本特认为，相互依赖是高层管理者们了解协同的重要前提。马尔福德（Mulford）在他的研究中指出，不断加强的组织内部的相互依赖关系和组织间的相互依赖关系，增加了组织内部和组织间相互合作需求。阿尔塔（Alter）和哈吉（Hage）指出，资源缺乏导致了组织间相互依赖的关系。而格雷（Gary）则认为，组织间相互依赖的关系是来源于组织对恶劣条件的无助，由于单个组织的力量有限，不能够很好地掌握环境信息，预测风险，因此众多组织选择了相互依赖，在相互依赖的基础之上形成了相互合作，从而利用集体所掌握的资源来降低由环境的不确定性带来的风险。除此之外，组织的多样性能够加强组织对环境的适应性。欧文（Owen）认为，单个组织想要完成自己向往的目标，如果不依赖其他组织，不接受其他组织的支持，那么就很难实现既定的目标，组织间是相互依赖的。由于组织间存在相互依赖的关系，所以单个组织采取行动往往比多个组织合作采取行动获得的收益少，因为组织选择合作的话，就可以共同面对困难，发挥各自的长处解决问题。格雷指出，地方政府和联邦政府在很多方面都相互依赖，它们的任何一方都不可能采取单独行动来完成治理目标，必须走协同治理路线。①

5. 实现共同目标，减少成本

协同主体选择协同治理的动因还包括共同的日标，对于各个行为主体来说，如果几个行为主体之间恰好具有相同的目标，且能在很多方面达成共识，那么它们选择协同治理的可能性会非常大。因为具有共同目标的几个行为主体如果相互合作、协同治理的话，不但可以完成各自的目标，而

① 田培杰:《协同治理：理论研究框架与分析模型》，上海交通大学 2013 年博士学位论文。

且可以利用各方掌握的资源优势扬长避短，弥补各自在某些方面的不足，进而减少各自实现目标的成本。谢摩尔在他的研究中对共同目标这一因素做出了明确阐释，他认为只有当各个组织之间就目标、规范、需求等方面达成一致，且没有较为严重地牺牲其中一方利益的行为，没有潜在的冲突来源时，组织间的合作才具有存在的可能性。奥立弗也对此做出了阐释，他认为互惠是一个重要的偶然性因素，可以促进组织之间为达到共同的目标和利益进行合作。

6. 外部强制力要求

以上几点都是从各个组织的内部因素考虑的，都是各个组织从主观意义上考虑到相关方面的因素而做出的主动的行为，是各个组织主动地去选择合作道路的。而现在要讨论的因素与以上几个因素截然相反，它不是让各个组织主动去合作，而是对各个组织施加一种来自组织外部的强制力，迫使各个组织去选择合作，这个因素就是外部强制力的要求。韦斯和奥立弗都谈到过外部强制力对组织间合作的重要作用，他们都认为各个组织之间选择相互合作，有一部分是来自于组织外部的更高权威机构的法律法规要求。谢摩尔认为如果在组织之上的一种强制力要求组织进行合作时，往往各个组织会走上合作的道路。韦斯则认为，组织之上的外部强制力确实可以快速地消除阻碍组织合作的诸多因素，实现组织间的合作。但是如果仅仅依靠这种被动的形式来实现组织合作，而不是借助于早已建立的关系、政治舆论、系统强制、标准程序或共同遵循的普遍道德准则，那么即使实现了组织间的合作，也是没有生机的，很难发挥合作的最佳效果。哈本特深刻地指出，外部强制力的要求确实能使组织选择合作，但是并不一定会达到理想的效果，因为源自外部强制力的合作可能会给组织造成前后两难的状况，当外部的高层组织利用手中的强制力让组织开展合作时，由于组织受到外部强制力的影响，使得各个组织在合作过程中极易丧失主动权，听命于外部强制力的各种要求，缺乏自治能力，最终扰乱组织内部的正常秩序。但是迫于高层组织强制力的压力，如果不按照要求合作，这些组织又很难在社会上立足。[①]

（三）协同引擎

协同引擎是协同治理分析模型的重要一环，协同引擎就是协同治理的动力，如果协同引擎弱小，那么必然会导致协同治理的后劲不足，甚至可能会终止协同行为，所以要想使协同治理一直保持良好的生命力，那就有必要对协同引擎展开研究。协同引擎作为推动协同治理良好运行的动力之源，包括很多因素，它们分别是有效参与、沟通及时、达成共识、利益增量。

1. 有效参与

协同治理意味着由若干个组织通过一定的方式，在共同商议的规则之下，相互合作、相互协调，来共同治理公共事务。可见，协同治理不是一个组织的行为，而是由众多组织相互合作才能完成的，也就是说，各个组织对于协同治理的结果都有其重要的作用。既然是这样，那么各个组织能否有效地参与到协同过程当中，能否有效发挥它们的作用，关系到协同治理能否继续进行，因此，各个组织的有效参与是推动协同治理良好运行的力量之源。这里，“有效参与”包括三个方面，如果这三个方面做好了也就基本实现了有效参与。第一，在协同治理的过程中会牵扯诸多群体和个人的利益，如果能够把这些有利益关系的群体和个人都调动起来参加到协同治理的过程中，那么协同治理就是实实在在的，而非形式主义了。第二，各个协同主体与政府都是平等的关系，不是政府的辅助机关，各个协同主体要起到独立主体的作用，如实地表达出自己真实的需求，而不是为政府提供意见，其他协同主体要意识到自己和政府一样都是治理的主人翁，要真正地参与到治理决策当中，真正影响治理结果。第三，协同主体在参与协调治理的过程当中应该保持一种有序的状态，因为只有使治

---

① 姬兆亮:《区域政府协同治理研究——以长三角为例》，上海交通大学 2012 年博士学位论文。

理过程的秩序井井有条，各个协同主体才能够按照计划高效地完成治理任务。①

2. 沟通及时

从之前的论述我们可以了解到，协同治理是在各个协同主体相互协作、相互配合的基础之上进行的，那么协同治理效果的好坏有一部分原因取决于协同主体之间相互配合的程度，而默契的配合在于沟通的有效，因此有效的沟通对于协同治理的推动作用也是不可忽视的。有效的沟通主要是建立在沟通及时的基础之上的，如果协同主体之间各自为战，相互缺乏沟通，那么只能是孤军奋战，达不到协同的效果。及时的信息沟通是协同治理的后续动力，是协同治理的重要引擎。

3. 达成共识

推动协同治理的动力除了上述两种之外，还包括达成共识，如果协同治理的主体之间没有一个共同的事务作为纽带，那么各个协同主体之间就很难形成一种合力，力量的分散会使协同过程投入大量的成本，影响协同治理的效果。如果没有共同事务作为纽带，那么协同治理可能也就不会再继续下去，使得协同治理的后续动力不足。协同主体之间共同的事务就是共识，各个协同主体之间只有达成一定的共识，才能在不损害各个协同主体利益的情况下为了共同的目标而发挥自己的力量。我们在这里所说的共识，其实是思想上的共识，这是一种主观意识上的共识，是各个协同主体从主观上考虑自己利益的情况下达成的共识。这个共识是在有效参与和沟通及时的前提下达成的，由于各个协同主体通过有效参与和及时沟通才达成共识，在某种角度上看，达成共识是有效参与和沟通及时的后续阶段。然而有效参与、沟通及时和达成共识的相互作用还不仅仅于此，除了有效参与和及时沟通对达成共识的推动作用之外，达成共识对有效参与和及时沟通还有一定的反作用，协同主体之间达成共识有益于更好地有效参与和

① B. Goldfrank, " *The fragile flower of local democracy: A case study of decentralization/participation in Montevideo*", *Politics and Society*, Vol. 30 (1), 2002, pp.51–83.

及时沟通。要想达成协同主体之间的共识，有必要考虑三个因素：相互信任、目标一致、利益均衡。这三个因素如果其中有一个没有具备，那么达成共识就成了一句空话，是不可能实现的。

（1）相互信任

相互信任在协同治理的过程中没有一个明确的规定，也不可能做出明确的规定，因为各个行为主体之间的相互信任是一个无法衡量的东西，但是没有明确的规定不代表相互信任就不重要，恰恰相反，相互信任是开展一切协同治理工作的前提，如果各个协同主体之间相互猜忌、互不信任，那么各个协同主体之间是不可能实现高效地合作的，更不可能达成共识，因此相互信任是各个协同主体达成共识的重要因素。Cummings 和 Bromiley 认为信任是合作的一方对另一方的共同感知，而这种共同感知是信任的关键，如果没有这个共同的感知，那么信任就不可能存在，他们所说的共同感知具体是指，双方都确信对方能够按照诚信原则进行相关的合作，且确信对方在相互沟通和交流时是诚实的、互不欺骗的，而且确信如果对方有抛弃自己而获取更多利益的机会，对方也不会选择这么去做。[①] 可见要想达成信任的条件是很多的，需要很多因素的同时具备才能够形成双方的信任，但是一旦信任形成，就会给双方的协同合作带来巨大的利益，双方可以省去很多交易成本和其他不信任成本，这对于协同的效率和效益来说都是巨大的推动力，因此在协同治理的过程中非常有必要建立起各方的信任。

（2）目标一致

协同治理的各个主体在协同过程中想要达成共识，就需要有一个共同的目标和愿景来引领各个行为主体的相关行为。目标的一致为各个协同主体行为的相互协调提供了一个前进的方向。各个协同主体之间的协作不是

① L . L. Cummings & Philip Bromiley, “*The Organizational Trust Inventory (OTI) :Development and Validation*”, In R.M.Kramer & T.R.Tyler (Eds.), *Trust in Organizations:Frontier of Theory and Research*, Thousand Oaks : Sage Publications, 1996.

随意的和无方向的，符合协同治理总方向的协作对各个协同主体的协作才是有益的和可取的。有时候，有的协同主体的做法确实具有一定的创新性和先进性，但是如果这个协同主体的这种做法与其他协同主体没有达成目标的一致性，那么这个做法也是无法取得应有的成效的。只有在各个协同主体之间达成较为一致的协同目标时，各个协同主体的行为才能朝着同一个方向努力，形成一种协同的合力，这要远远大于各个协同主体力量之和。① 而且，如果协同主体之间达成了目标的一致性，那么有利于协同主体之间达成深入的共识，从而促进协同效率的提高。除此之外，目标的一致性还有其他重要作用。因为各个协同主体要想达成目标的一致性，那么必然是建立在符合各自主体利益的基础之上的，否则不可能达成目标的一致性。因此，如果协同主体之间具有一个共同的、相当强烈的目标和愿景，那么各个协同主体都会积极地朝着这个目标努力来实现自己的利益，由于协同主体间的目标是一致的，所以会激发协同主体间自发的合作。在协同治理的过程当中，各个协同主体应该迅速地达成一致的目标，并协调各方的利益关系，使这个共同的目标较为牢固和稳定。如果有了稳固的共同目标，就会把更多协同主体的力量集中于一个事物上，这样即使单一协同主体的力量再微小，也能凝聚成巨大的合力，否则终将是一盘散沙。

（3）利益均衡

利益均衡是在一定的利益格局和体系下出现的利益体系相对和平共处、相对均势的状态。利益均衡能够为利益各方带来较稳定的状态，有利于利益各方保持一种友好的关系。在协同治理的过程当中，各个协同主体具有多重的身份：其一，各个协同主体是作为独立的组织来参与协调治理的，因此它们都具有各自的利益诉求，在协同治理的过程当中它们都必须维护自身的利益，为自己的切身利益考虑协同治理的进展。其二，各个协同主体既然参与到协同治理的过程当中，就是协同治理团体的一个成

① Shane Carmody，*What works and why: collaborating in a crisis. In Collaborative governance: a new era of public policy in Australia*? In Janine O’Flynn & John Wanna（Eds.），ANU Press，2008，p.64.

员，需要依据协同治理的规则和秩序进行协作，并实现协同治理的整体目标。① 这样一来，协同主体的多重身份导致了个体利益与团队利益之间的矛盾，个体利益是不考虑别人的利益因素，以自身的利益最大化为目标，而团队利益则不同，团队利益的实现，需要各个协同主体考虑到其他协同主体的利益，在实现个体利益时不能损害其他主体的利益。因此，在如何处理个体利益和团队利益就成了协同主体在协同治理过程中的难题，如果使个人利益得到极大满足，那么必然会有损其他主体的利益，会激发协同主体之间的矛盾，但是如果过于追求团队利益，某些少数协同主体就会没有积极性，所以只有正确处理好个体利益和团队利益的关系，让各个协同主体之间的利益达到均衡状态，才能够比较好地解决矛盾，达成深入的共识。

4. 利益增量

由于治理过程是一个极其复杂的过程，并且组织的力量是有限的，所以单凭任何一个组织都无法实现治理公共事务的目标，那么组织之间必然会寻找克服困难的办法，然而在治理过程中，它们发现组织之间如果选择合作的话，可以达到意想不到的效果，其效果可能比参加合作的组织单独行动获取的效益之和还要大，因此组织之间往往会选择合作的方式来治理公共事务。组织间的合作可以获得更多额外的利益，这些额外的利益可被称为利益增量。由于每个组织都热衷于利益的最大化，而单凭组织的一己之力很难实现这一目标，所以要想获得利益增量，就必须选择组织间的合作。可见，获得组织间合作产生的利益增量是推动各个组织持续深化合作的动力之一。

（四）协同行为

协同过程是一个非常复杂的过程。在协同过程当中各个协同主体为了

① Mary Tschirhart, Robert K.Christensen and James L. Perry, "*The Paradox of Branding and Collaboration*", *Public Performance Management Review*, Vol. 29 (1), 2005, pp.67–84.

实现它们的共同愿景会做出很多努力，而这些努力下的行为统称为协同行为。协同行为在协同治理理论的研究当中可谓是极其重要的环节，因为任何的协同治理想要获得理想的结果，就必须付诸行动，也就是说必须要有协同行为才能实现协同目的，而协同结果的好坏在于协同行为是否得当，因此，研究协同行为对于协同治理效果有重要的意义。

在对协同行为进行研究时，学者往往把协同过程分成前后有联系的几个阶段。例如，Susskind 和 Cruikshank 把达成共识的过程分成了前沟通、沟通和实行三个阶段。① 格雷把协同过程分为问题设定、方向设定和实施三个阶段。这种把协同过程分为前后相关联的几个阶段是对每个阶段的不同行为做出的区分，这样有利于使学者们充分关注每个不同阶段的不同行为，但是协同过程是个复杂的过程，简单地把协同过程划分为几个阶段是不能够详尽地描述协同过程的。②

在协同过程当中，不同的协同治理目的会导致采取不同的协同行为，协同行为是多种多样的，它包括推广实施新的政策法规、合理利用社会资源、统筹城乡发展、提高公民的法律意识、完善基础设施建设、解决民族宗教问题、监督政策实施状况等。协同行为除了具有种类多样的特点之外，它还具有界定范围广的特点。协同行为的范围很广，不单单是诸多协同主体的共同行为，每一个协同主体的单独行为也属于协同行为，而且协同主体以外的只要与实现协同目标有关的诸多行为也是协同行为的范畴。

我们知道协同目标能否实现，在于协同行为是否积极有效，那么协同行为的好坏又是由谁来决定的呢？协同行为能否有效，并且能否得到顺利贯彻，这与协同引擎的作用是分不开的，如果协同引擎动力越强大，那么协同主体对于协同行为的渴望就越强烈，协同行为贯彻起来就越迅速，并且协同行为的质量也会随着需求提升。除此之外，协同行为的得当与否

---

① Lawrence Susskind & Jeffrey Cruikshank，*Breaking the impasse: Consensual approaches to resolving public disputes*，New York: Basic Books，1987，p.95.

② Barbara Gray，*Collaborating: Finding common ground for multi-party problems*，San Francisco，CA:Jossey-Bass，1989.

和外部环境的影响也是息息相关的，如果协同主体之间没有达成目标、思想、策略上的共识，那么协同主体间的诸多不统一就很难使协同行为得到统一，必然会影响协同行为的实施效果，所以，要想使协同行为得到有效、得当的实施，就应该考虑到各个协同主体对协同行为达成的共识和协同治理的相关环境。

（五）协同结果

协同结果的形式是多种多样的，不仅仅是对于目标是否达成，利益是否实现这些直观方面的考察，对于协同结果的考量，我们应该全面地进行研究。当协同治理实现既定的目标的同时，可能对社会造成无意识的、预料之外的影响，这也是协同结果应该研究的结果。当协同治理实现了协同主体所达成的共同目标时，我们可以说协同治理已经有了结果，但如果我们仅对此结果进行研究的话，还是比较片面的，因为这只是短期的协同结果，即使某项协同治理活动可能在很短的时间内就结束了，但是这项协同治理活动的影响并没有结束，它的影响是长远的。不能只研究眼前结果的利弊，而忽略长远的结果，往往长远的影响可能比眼前的影响更巨大。比如，如果只考虑砍伐树木对眼前的经济具有巨大改善，而不考虑长远的因砍伐树木带来的巨大灾难，那么就会付出比眼前所获利益更大的代价。因此，在研究协同治理的短期结果的同时，还要更加关注协同治理的长远结果。协同治理带来的影响是方方面面的，因此，协同结果也是方方面面的，不能只考虑某一领域的影响，而要综合考虑协同治理对社会各个领域所造成的结果，包括政治、经济、社会、科技、公益、环境等领域。①

协同优势理论对于协同效果的益处进行了深入的研究，它认为协同治理会带来比某一组织进行单独治理更好的效果，协同治理的优势是显而易见的，但是这种协同治理的优势不是人们想象的那样容易获得，并不是只

① 房舟:《区域治理视角下府际关系研究——以京津冀地区为例》，天津师范大学 2013 年硕士学位论文。

要选择协同治理就能获得协同优势，所以想要获得协同优势，就有必要对协同治理的结果进行研究。对于协同结果的研究，我们着重讨论一下协同治理对各方的影响、协同结果评估、协同结果问责三个方面。

1. 协同治理对各方的影响

协同治理是由各个独立的组织通过一定的组织方式，自觉或不自觉地进行协作来共同治理某一问题的形式。由于协同治理需要各个组织之间进行协调达成一致，所以各个组织的活动不可能是独立进行，而不考虑其他组织的。因此，在协同治理的过程中，组织各方必然会改变或调整以往独立处理事务的模式，这就是协同治理的过程对协同各参与方的影响。具体说来，协同过程也是各个协同主体互相帮助、互相学习、互相借鉴的过程，当协同过程结束后，各个协同主体都会获得相应的改变，这种改变一般体现在物质方面和思想方面。

在物质方面，协同治理的各参与方通过相互地配合与交流，并相互学习专业技能，从而提高了解决问题的能力。与此同时，在协同治理的过程当中又对协同治理的各个参与方提出了新的要求，使各个参与方进行一定的调整来符合协同治理的整体要求。比如，协同治理对公职人员提出的要求就比较高，要求他们具有非常强的能力，这种能力与传统官僚制所要求的能力还有所不同，因为传统官僚制是一种垂直的管理方式，而协同治理是一种水平式的管理方式，所以两种不同的管理方式所要求的能力建设也是不同的。协同治理对公职人员能力建设的要求主要是建立在水平式管理的基础之上的，例如，组织与组织之间协作的能力、沟通的能力、互动的能力、风险分析的能力、团队建设的能力、处理突发事件的能力等。可见，协同治理对参与各方提出了新的要求，并影响着协同主体的行为。

在思想方面，协同治理对其各个参与方的影响也是较为深远的，它在思想方面对协同治理参与方的影响可以在很长一段时期内保持效果。这种思想上的影响表现在，协同治理的参与方能够客观地审视自己的利益定位，摆正思想认识。通过协同治理的过程，各个参与方能够意识到组织之间是相互联系的、相互依存的，并不是相互对立的，实现自己利益的同时并不一定要损害他人利益，通过相互协作可以使双方获得多于其中一方单独行动的利益。这样一来，组织之间的矛盾就会减少，组织冲突的频率也会降低，使组织间能够和谐友好地进行交流。在协同治理的过程中，它们会认识到其实他方并不是敌对的关系，它们可以相互促进，进而改变对对方的态度和看法，最终消除敌对情绪。协同治理对参与方在思想方面的影响还体现在，协同治理可以培养参与各方处理问题的创新性思维，在遇到问题时不再是采取以往的敌对、放置、推诿等消极做法，而是积极地应对，开放新的治理思路。比如，日后在出现问题时，协同治理的参与方会选择更加妥善的方法去处理问题，会综合考虑各个方面的利益关系，会试着去听取其他利益方的意见，试图寻找一种兼顾各方利益的方案，代替了以往对抗性的处理问题的方式。

2. 协同结果评估

当协同团体完成协同目标时就意味着协同治理过程的结束，但协同治理治理所产生的影响并没有结束，因此看待协同结果是否有价值不能只是局限于协同目标的达成，而要进行综合的考量，这就是协同结果的评估。对于协同结果的评估是一件极其复杂的事情，它包括协同治理的很多方面，比如，获得既定的收益，获得有效的过程，获得额外的效益，获得广泛的认可度，实现个人价值。

第一，获得既定的收益。在对协同治理结果的评价当中，能否获得既定的收益是最为直接的评价标准，如果协同团体完成了协同目标所规定的任务，并获得了一定的效果，那么就可以说这个协同治理是比较有价值的。在这里需要注意的是，这种对收益进行估量的做法是因人而异的，每个人对协同治理所取得的收益的评估都是不同的，不同的人可能就协同治理的收益问题产生截然不同的看法。比如说，就公共交通问题来说，一些人可能觉得修建更多的公路就是有价值的、成功的，但是在另外一些人看来，通过深入管理可以解决问题，没必要修建公路，这种做法是在浪费资源，是非常错误的。可见，不同人对事物认识的不同，就可能导致对协同结果评价的不同，因此，有必要全方位地看待问题，并调和人们对收益问题的看法，否则对协同结果的评估就会趋于片面。

第二，获得有效的过程。对协同结果的评估必须看它获得的直接收益，但是如果只是以协同治理所获的直接收益为标准，那么就会过于偏激。因为一个协同治理的过程是复杂多变的，由于外部环境的不可逆性和不确定性，再加上协同治理可能会受到人为或自然因素的制约，所以协同结果没有完成既定目标的现象也是屡有发生，如果因此而全盘否定协同治理，那么就有点不合适了。有时候好的过程可能比好的结果意义更大，好的过程是好的结果的必要前提，虽然好的过程可能暂时没有获得好的结果，但是正是由于好的过程的积累才能给获得好的结果创造条件，因此，对于好的过程我们也应该正确地进行评价。在评估协同治理时，有一个好的过程，例如，沟通的及时、合作的高效等，那么这个协同治理也是具有价值的，对其他协同治理的开展具有指导意义。

第三，获得额外的效益。在协同治理的过程中，通常的做法是对协同过程做好明确的规划，在什么阶段完成什么样的目标，这对于最终取得巨大成果有很大的帮助。如果协同治理按照原来预期的方向进展，那么协同治理不但会获得预期的效果，还可能或获得额外的效益。因为，在协同过程当中参与各方若能够比较好的沟通和协作，那么就可以提高协同治理的效率，最终获得额外的效益也就是在情理之中的了。因此，在评估协同结果的时候，还要考虑是否获得了额外的效益，以及获得效益的多少。

第四，获得广泛的认可度。在协同过程当中，每个组织都不是孤立的处理问题，需要各个组织的相互交流、沟通和协作，这就形成了与各个参与方的关联性，而这种关联性必然会使各个参与方形成对自己的认识和态度。如果在协同治理的过程当中能够获得广泛的认可度，那么对此协同治理来说也是有所成就的，因为即使没有获得预期的收益，但是建立起来的公众认可度也会为下次的协同治理打下良好的基础。一个认可度极高的组织在协同治理过程当中更容易被其他组织接受，从而可以省去很多的麻烦和不信任成本。因此，能否获得广泛的认可度也是评估协同结果是否有成效的标准。

第五，实现个人价值。协同治理的成功表现在方方面面，因此，评估协同治理的结果要考虑多方因素。以上对于协同结果的评估多是从整体效果或团体效益的宏观角度出发的，接下来还要考虑一下协同结果评估的微观方面，即个人价值的实现。说到协同治理，不少人觉得这是团体合作的事情，应该以团体能否获得收益为评价结果成功与否的依据。但是，如果在协同治理的过程当中，个人的价值得到实现，在物质和精神方面为协同团体做出贡献，那么对于个人和团体来说，都是一个巨大的成功。

以上这五个方面是对协同治理结果进行评估的依据，评估协同结果是否有价值不能只看某一方面的得失，而要综合地考量在协同过程中，各个方面所获得的成就，只有这样，获得的评估结果才够客观，才能够合理地反映协同治理的效果。

3. 协同结果问责

协同治理是由多个独立的组织通过相互协作来完成治理目标的活动，由于协同治理不能仅仅依靠单一组织的力量来完成，要涉及很多其他的组织，因此必然有很多参与主体。那么要想使协同治理能够正常地进行，就必须处理好各个参与方的权力和责任，如果处理不好权责的问题，那么就可能导致协同主体之间的矛盾和协同治理效率低下的后果。为了避免这一现象的出现，有必要引进问责这一概念研究。

问责一词源自于古希腊时期，英文翻译为 accountability。问责这个词最初的意思是通过记账或审计，向公司的外部人员提供信息。[①] 时至今日，问责的含义早已褪去了最初的外衣。今天的问责指的是“对被决策、计划及干预所影响人们的合法利益诉求做出回应的法律义务”。问责一般关注的是权力行使的方式，是对权力的监督。在学术界，学者们一般认为问责是与回应相关联的，但是不同学者对于这一概念的理解又是不同的。Shah 认为问责就是遵守规则，他强调的是法律层面，是站在法律的角度来研究

---

① S.Lee & S. Yang，“*The study of the accountability of non-governmental organizations and the role of government*”，*Korea Association of Public Administration*，review of summer conference，2007，pp.79–105.

问责的。Harmon侧重的是研究要求做出的回应，对权力的控制。Harmon认为可以通过某种明确的规定将问责变得官方化，比如通过法律、制度等。他还认为如果当外部组织或个人对公职人员进行控制时，那么问责便开始了。Sharkansky认为问责就是一种从属关系的表现，是下级服从较高权威的行政方式。可见，学者们对于问责的解答也是各不相同。

问责对于明确协同主体之间权责关系具有相当大的意义，但是对协同治理采取问责的方式也有一定的难度。协同治理与传统官僚制有所不同，传统官僚制是建立在上下级的垂直管理方式之上的，只有上级和下级两方，而协同治理是建立在组织之间相互协作的水平管理方式之上的，包括多个参与方。因此，对协同治理的问责就较之传统官僚制的问责更加复杂一些。由于协同治理包括多个不同利益诉求的行为主体，并且它们的关系是协作的关系，因此不具有像传统官僚制那样唯一的权威，这样一来，使得协同治理的整个过程缺乏一个统一的调度。每个组织仿佛都对协同治理负有一定的责任，但又好像没有任何组织对协同治理负起责任。此外，协同治理还不像传统官僚制那样具有明确的职责划分，传统官僚制对于上下级的职责具有明确的界限，这就有利于问责工作的开展。而在协同治理的过程中，由于政府机关把一定的职权授予私人组织，且两者之间是平等的协作关系，使得政府机关不能像传统官僚制那样对职权进行控制。

由于协同治理与以往官僚制的管理方式不同，导致了以往垂直式的问责制不能适用于协同治理这样水平式的管理模式的难题，因此想要将问责制度应用于协同治理的过程当中，就必须改变以往问责制度形成的固有观念，多角度考虑问责制度设置，使得协同治理的各个参与方职责明确。对于解决这个问题，我们主要讨论两个方面。首先，可以把垂直问责和水平问责相结合。垂直问责是上下级对于权责划分与追究责任的一种方式，而水平问责是通过组织间平等关系、信任和共同目标来运作的。我们可以根据不同的实际情况，采取不同程度的垂直问责和水平问责的组合。另外，我们可以利用协同治理的灵活性来解决问责难题，有学者认为，我们应该将协同治理看成是传统决策的补充，而不是完全地取而代之，具体说来，就是经过协同方式获得的决策应该按照一定的行政程序进行，还可以让第三方和民选官员对决策进行监督和审查。

三、协同治理的综合分析视角

国内学者朱春奎、申剑敏借鉴相关理论的基础上，提出分析跨域合作与治理的ISGPO模型，包含初始条件（Initial Conditions）、结构（Structure）、治理（Governance）、过程（Process）、结果（Outcomes）五个维度。①

初始条件是指促使合作和跨域治理发生的环境因素和情况，包含总体环境、合作历史、直接推动者三项变量。（1）总体环境是指与合作各方相关的特定环境因素和特征，包含了环境的不确定性、制度环境、组织互赖性等多方面因素。总体环境的复杂性和组织互赖性是合作产生的重要前提。（2）合作历史是指在合作开始前已有的合作经历或是既有的工作网络，可包含合作的成功经历、对抗历史，以及单个部门失败等因素。合作历史是合作开始和确保合作成功的重要条件。（3）直接推动者是指在合作中起到直接推动作用的关键角色或组织，包括中间组织，具有合法地位的召集人、领导者等。直接推动者是组织合作启动并且维持的重要推动力。

结构是指在合作中特定的制度环境、权力配置和合作类型等内容，呈现出制约或支持合作开展的一系列静态特征，包括战略目标、合作类型、合作规模、权力配置四项变量。（1）战略目标是指各方就合作活动共同达成的政策目标和公共价值取向，具体体现在合作目标的战略取向或目标契合度等内容。（2）合作类型是指在跨域治理过程中合作者组成的伙伴关系和合作网络的具体类别，可以根据合作目标、合作内容、合作紧密程度等进行划分。根据合作目标，可把合作网络分为信息型网络、发展型网络、

---

① 朱春奎、申剑敏：《地方政府跨域治理的ISGPO模型》，《南开学报》（哲学社会科学版）2015年第6期。

延展型网络和行动型网络四种类型。(3) 合作规模是指直接参与合作的主要成员数量和范围。合作规模并非越大越好，必须考虑到合作成本的问题。(4) 权力配置是指在合作和跨域治理的结构中，合作者之间经协议确立的权力关系，即支配与被支配的问题。权力配置特征直接影响合作和跨域治理的有效性，在其他因素相同的情况下，合作网络通过某个核心机构得到整合的时候，效力比分散的权力结构要强。

治理是指出于维系合作的考虑，合作者之间开展的一系列协调和指导的行为。治理相对于更为静态的结构维度，强调合作参与者为实现预期目标进行沟通、协商和互动的过程，治理维度包括行动者、责任、持续互动三项变量。(1) 行动者是指合作网络和跨域治理行为的参与者，包括相关组织、群体或个人，是跨域治理的主体。(2) 责任指行动者之间基于共识和信任，通过正式或非正式的方式明确各自权责和在合作中的义务。明确责任是合作开始和维持的重要前提，责任是否清晰直接影响合作的最终成效。(3) 持续互动是指行动者基于各自责任开展合作、分享权力和参与决策的过程，体现了在跨域治理过程中，组织间的合作活动水平和合作强度。持续互动是合作实现预期目标的必要条件，积极互动有助于合作的成功；行动者之间的互动关系随着合作的阶段性进展发生变化。

过程是分析跨域治理的核心维度，是指合作和跨域治理的具体进程。过程维度包括形成共识、建立合法性、初步协议、管理冲突、中间成果五项变量。(1) 形成共识是合作开始的第一步，指就存在问题、合作目标、合作事项及责任义务等达成一致认识。形成共识包含了形成问题共识、建立信任和分享理解等内容。(2) 合法性既是指合作符合现有制度框架的认可，也获得合作参与各方在组织上的一致认可。狭义的合法性是指程序合法，广义的合法性涵盖了合作形式、实体和互动机制等多个层面的含义。合法性是保障合作开展的重要前提，合法性的建立贯穿了整个合作过程。(3) 初步协议是指各方在合作初期签署的各类正式协议和非正式协议，它们规定了合作目标、授权、义务、指定领导人、成员种类、决策结构、弹性机制等具体的合作内容。(4) 管理冲突是指对合作各方之间的冲突或潜在冲突进行管理的技巧和策略。有效的冲突管理方式对合作和跨域治理有着积极影响，在不同类型的合作中，需要运用不同的管理技巧和策略。(5)中间成果是指在合作和跨域治理期间产生的小胜利和阶段性成果。如果在合作过程中不断取得进展，合作维持与成功的可能性就更大。

结果是分析合作和跨域治理的最后一个维度。结果维度包括直接影响、评估、持续性三项变量。(1) 直接影响是指合作实现的直接成效，或达到预期目标的实际程度。(2) 评估是指对通过组织合作开展的跨域治理工作进行成效评定，评价合作过程的包容性、透明度、公平性、合法性、授权等各个要素，以及合作对不同层面的影响。(3) 持续性是指合作产生的更高层面和更加深远的影响和价值。与直接影响相比，持续性通常发生在正式的努力之外，包括发展新的伙伴、实现更长远的共同进步和新的合作产生等。持续性体现了合作和协同治理的长远效应。

四、协同过程与外部环境的互动关系

各个协同主体由各自分散而独立的个体走向相互协调与合作的团体，它们的初衷都是解决共同的问题，协同主体可能不是同一个领域，它们来自社会的各个领域和组织，它们所代表的利益也是不同的，各个协同主体的组织目标和经营理念可能也是不同的，但都是由于某一问题同时影响到了社会多个领域和组织的利益，并且仅靠单一的组织是不能够高效地处理好问题的，最终使它们走到一起，选择了协同治理的道路。而且，因为协同治理不是一个组织或某个领域的事情，而是涉及社会治理的方方面面，所以协同治理过程内部蕴藏着非常复杂的关系，如协同过程与外部环境的互动关系就是一个很复杂的关系。在探讨这个关系之前，我们有必要对协同团体与外部环境的关系进行研究。从系统理论的角度来看，组织存在于一个极其复杂和广阔的环境当中，它的存在不是单一的封闭的，而是受到各种环境带来的影响，例如在社会环境中，组织就受到政策环境、经济环境、社会环境、科技环境的影响，一个小环境的变化就会导致组织的巨变。那么同理，协同主体的运作也会受到环境的影响，由各个协同主体构成的协同团体也会受到环境的影响。任何协同团体的运行是在一个开放性的环境当中进行的，不是封闭和孤立的，而是被政治、经济、社会、自然等小环境组成的多重环境包围着。由于协同治理是由协同团体来完成的，所以将协同治理放入多重环境当中考虑协同治理与外部环境的关系就显得很有必要了。这里，我们需要探讨三方面的问题，即外部环境对协同治理的影响因素，外部环境对协同治理影响的表现，外部环境与协调治理影响的互动性。①

（一）外部环境对协同治理的影响因素

外部环境具有复杂性和多变性，世界上的任何事物都不能脱离外部环境而独立存在，并且受到外部环境的影响，因此协同治理也不例外。在协同治理的过程中，环境因素对协同治理的进程起到了至关重要的作用，这是中外学者都一致认同的，而不同的只不过是学者们对于这项问题的研究当中的侧重点不同。Bingham 和 Mayhew 侧重于行政和司法在内的政策和法律框架研究，他们认为决定协同治理的最关键因素是政策和法律，政策和法律的制定能够有效地影响协同治理的效果，而且这种影响是深刻的。对于很多国家来说，有一个稳定的、持续的政策环境和法律环境可以促进协同治理的达成，并深刻影响协同治理的效果。Bryson 和 Crosby 的研究倾向于传统途径解决问题时先前的失败经历。Selin 和 Chavez 则倾向于已有网络内部及相互之间的关联程度。

（二）外部环境对协同治理影响的表现

外部环境对协同治理的影响是方方面面的，而且是很深入的，这种影响主要表现在很多方面，在这里仅对其中几个方面做出阐述。

① 田培杰:《协同治理：理论研究框架与分析模型》，上海交通大学 2013 年博士学位论文。

首先，外部环境是协同治理能否实现的重要因素。外部环境对于协同治理的形成具有相当大的影响作用，一个经济的新动态会涉及很多组织的利益，这就为组织间的协同治理提供了可能性，组织为了能够高效地解决遇到的共同问题以使自身利益得到满足，它们大多会选择协同治理的道路。或者是一项政策的出台，也会为以往不可能出现协同治理的情况提供可能性。例如，在20世纪90年代初的美国，通过了《多模式地面交通效率法案》，这项政策的出台为多个非政府组织同时参与政府决策提供了可能性，它规定非政府组织有参与交通政策制定的权利，这项政策的出台就直接催生了地面交通方面的协同治理。事实上，有关地面交通方面的非政府组织早在20世纪60年代就已经存在了，但是一直没有形成地面交通方面的协同治理。如果不是这项政策的出台，那么这些非政府组织是根本不可能进入到政策制定过程当中的，也就不会形成协同治理的情境，可见，作为外部环境之一的政策环境对协同治理的实现具有关键性作用。

其次，外部环境可以影响协同结果。有很多学者认为外部环境在一定情况下能够影响到协同治理的结果，协同团体当中的各个领导者和决策者能否使其治理行为适应当下的政策环境，这关系到协同结果的好坏。如果协同团体当中的决策者不了解当下的相关政策，做出了与当下政策不符的治理决策，那么必然与政府的执政方针相违背，即使政府不制止其治理行为，那么必然也会被社会所淘汰，任何与政府主导政治文化相悖的治理行为终将不会有好的结果。因此，协同结果的好坏取决于协同团体适应外部环境的能力，外部环境影响协同结果。

最后，外部环境可以影响协同团体内部结构的变化。有学者认为外部环境的变化会引起组成协同团体的成员的结构变化。这种变化在经济领域十分常见，因为在商业社会中，经济环境的变化会导致组织之间发生合并和分立的现象，组织之间相互的收购和抛售必然重新调整了组织之间的结构关系。相对应的，在协同治理的过程，协同团体都会因为外部环境的变化而发生组织结构间的变化。例如，作为外部环境之一的政府政策的改变，可能会导致协同团体成员之间结构的变化，因为政策的变动，必然会带来利益关系的变动，以往不是协同团体成员的组织可能因为协同治理过程涉及自身利益而加入协同团体，这样协同团体就加入了新的成员。相应的，政策的调整可能使得协同治理过程不再涉及某些协同团体成员的利益，因而协同团体成员退出协同团体，使协同团体内部结构发生变化。以上讨论的是组织出于对自身利益的考虑而自愿地加入或退出协同团体使协同团体内部结构发生变化的情况，除此之外，这种变化还有是出于强迫性的制度性安排，有时候协同团体内部结构的变化不是其自愿地选择的，也不是协同团体成员协同效果的不佳，而是新政策的引导，希望它们就协同团体内部结构做出调整。

（三）外部环境与协调治理影响的互动性

之前我们已经了解到了，协同治理的过程受到了外部环境的制约，外部环境时时刻刻都在影响着协同治理的过程，无论是大环境，还是小环境，无论是政治环境，还是经济环境，总之协同治理是不可能脱离它们而独立存在的，并且从协同治理之初开始，一直贯穿于协同治理过程的始终。那么协同治理与外部环境的关系，一直是处于被动的吗？当然不是，协同治理的过程在受到外部环境制约的同时，它还利用其自身所特有的功能来反作用于外部环境，也就是说，外部环境在影响协同治理效果的同时，协同治理的效果也在改变着环境。

关于这一点问题的研究上，我们可以在组织理论中找到相似的理论指导，比如，组织理论当中的有关组织与制度环境关系的分析来探讨协同团体和外部环境之间的关系。由于组织理论当中所说的制度环境是外部环境的一种，因此对组织理论中的组织与制度环境关系进行研究，可以影射出协同团体与外部环境的关系。在这里，我们把协同团体看作组织来进行对比研究，其实从某种程度上来讲，协同团体可以看作为组织。虽然，协同团体是由多个相对独立的协同主体构成的，但是各个协同主体是围绕着共同的目标而走到一起的，它们之间在处理某种问题上具有很大的共性，在协同治理的工程中可以很好地形成协同合力，各个协同主体之间的相互配合不亚于一个完整组织内部各个部门的配合，其功能和作用与完整的组织几乎无异，所以把协同团体暂时看成一个完整的组织来进行对比研究也是可以的。

在组织理论的研究当中，对于组织与其所在的制度环境之间关系的探讨，一直存在着两种观点，一种观点是被新制度主义学者提出的，他们认为，制度环境对组织运行具有很大的影响作用，制度环境为组织的运行划出了很多条条框框，也就是组织运行的合法性边界，组织的运行必须在制度环境所规定的范围内行事。另一种观点是，出于组织对制度环境的反作用而提出的，他们认为组织运行可以影响制度环境，这种影响不仅仅是对制度环境的突发性变化而做出的应对，还包括正常情况下组织积极主动地采取某种措施对制度环境施与影响。当然，组织对制度环境的这种影响受到很多因素的限制，例如组织对技术、资金等资源的占有程度决定了组织对制度环境的影响程度，也就是说，占有社会资源较多的组织对制度环境的影响较大，反之则较小。

以上两种关于组织与制度环境关系的观点都具有一定的道理，目前关于此问题认可度较高的观点是对两者的结合，即制度环境对组织的运行具有一定的影响作用，而组织的运行又会朝着自身利益最大化的目标努力，在组织运行过程中会实施某种行为，以期对制度环境加以影响来实现自身利益，所以组织和制度环境的关系是双向互动的关系。因为组织运行与制度环境的关系和协同团体治理与外部环境的关系有共通之处，所以前者可以影射出后者，即协同团体治理与外部环境的关系也是双向互动的，协同团体的治理在受到外部环境影响的同时，也在反作用于外部环境。

第二章　京津冀都市圈行政体制的历史变迁

京津冀一体化有着丰富的历史渊源，从古到今三地的联系就极为紧密。在先秦时期，京津冀区域上就开始了较为频繁的往来，《绎史·黄帝纪》中记载，冀州区域（包括今天的河北、山西、北京、天津、河南等省市的部分地区）疆土辽阔，成为大多数帝王的建都之城，有着极其重要的政治地位和区位优势，这里被称为“九州之首”。在西汉时期，京津冀环渤海地区被划为幽州刺史部。隋朝时期，京津冀地区大体区划为河北的大部分郡。再到元明清时期，北京被称为“京师”，是全国的政治中心、经济中心，河北则由中央直隶，天津在清代咸丰年间成为重要的通商口岸。总体而言，在元明清时期，北京作为京津冀地区的核心，对这一地区的政治、经济发展产生了巨大的推动作用，天津作为北京与河北连通海上的门户，与其他地区甚至是与国外贸易往来呈现出不可替代的引擎作用，而河北作为京津地区的保障，在资源供给、物资供给、军事供给等方面发挥着重要的腹地作用。

第一节　元明清时期京津冀经济与行政关系

一、元明清时期北京的地位以及对津、冀地区的影响

三千年前，北京只是华北平原上一个普通的居民点，直到商周时期北京称作为蓟城，由于蓟城往北可入蒙古地区，往东北方向可通东北平原，往南即是华北平原，因此蓟城成为连接华北和东北的重要交通枢纽，并逐渐成为中国北方的一座重要城市，直至辽会同元年（938 年），蓟城改称南京，又名燕京。贞元元年（1153 年）金灭辽，迁都北京，改名中都，北京成为北方重要门户、军事重地，最后发展成为全国的政治中心。

元代时，在金中都的基础上建立元大都，将北京的占地区域扩大，北京的城址发生重大迁移，元大都的建立可以说奠定了北京城市的空间布局。到了明代，元大都改名北平，修建了紫禁城。在明末清初政权更迭之际，占领北京成为满洲统治者获得政权的标志，北京也成为最重要的战场，经过战争洗礼之后的北京，经济发展遭到严重的破坏。清政权建立以后，开始着力恢复北京的经济生产。北京在成为政治中心以后，随即成为全国的商业中心。

元大都时期，为了适应繁荣统一的多民族国家的需要，元朝统治者尽全国之力发展元大都的经济贸易。另外元大都处于“幽燕之地，龙盘虎踞，形式雄伟，南控江淮，北连溯漠”的有利区位，且具有独特的政治地位以及四通八达的交通优势。元大都周边地区，及全国各地的商品都集中于此。多种因素聚合加速了元大都经济、文化的发展，元大都也呈现出一派无比繁荣的景象。

在元大都经济繁荣的背后，一个很重要的支撑就是便利的水陆交通。据《通制条格·杂令》记载，元朝前期，每年通过大运河及海道北上的粮米达五百万石左右，最高时仅海运一项就达 334 万石。大量的粮食往来，促进了粮米在市场上的广泛流通，当然也为现在的河北、天津地区保障了

粮食供应。同时，经济的发展致使元大都的人口规模不断扩大，人口在元大都的会集也反作用于元大都经济的发展，元大都不断地吸引全国各地的商旅甚至是国外的商旅到大都定居或进行商品交易，这其中自然也包括河北、天津等地的商旅，元大都以其无可比拟的政治、经济地位，一方面带动了周边地区的富庶，另一方面促进了周边地区人口的流动。但是，到了元朝末期，农民战争的爆发使得大都的经济开始凋敝，商品货物的流通也并不像元朝初期那样的畅通无阻。相较而言，南方的经济则呈现上升的趋势，南北经济发展也越来越不平衡。

明朝建立之后，由于北京特殊的地理位置，承担的主要是防御蒙古势力侵袭的军事任务，北方的经济一直处于弱势地位。永乐年间，出于巩固政权，缩小南北方经济差距的考虑，北京逐渐向着政治中心、经济中心、军事中心相结合的方向发展，中央政府通过调整赋税、迁移人口、疏通运河等方式，来提升北京的经济状况，最终使北京的经济面貌有所改观。明英宗时期，北京正式定位都城，经济也取得飞速发展。为了满足日益增加的城市居民和大量北京城防部队的粮食需求，除了漕运解决粮食供给之外，也使大量的劳动力迁到北京周边地区进行开垦荒地，从而使京郊的农业得到快速的发展。为了给北京城区供应足够的粮食、蔬菜等产品，河北、天津的农民也开始纷纷种植粮食蔬菜等作物，北京的物资得到充分的保障。除此之外，北京的消费人群不断增加，从一个侧面刺激了北京商业的发展，据《天府广记》中记载："宫阙之制，前朝后市。在玄武门外，每月逢四则开市，听商贸易，谓之内市。灯市自正月初旬起，至月半止，岁惟一举。每月逢朔望及二十五则城隍庙市，每月逢三则土地庙市，谓之外市，系士大夫庶民之所用。若奇珍异宝进入尚方者，咸于内市萃之。至内造如宣德之铜器、成化之窑器、永乐果园厂之髹器，景泰御前作房之珐琅，精巧远迈前古，四方好事者亦于内市重价购之。"①可见，当时的北京集市上所交易的物品种类繁多，不仅有居民日用百货，还充斥着大量的奢

① （清）孙承泽：《天府广记》，北京古籍出版社1984年版，第56页。

侈品，以满足数量不菲的达官贵人的需要。

随着清朝政权统治的建立，北京又一次成为全国的政治中心，北京的经济在明朝良好状况的基础之上持续不断地发展。在粮食仓储、河运和周边地区经济的开发等方面，都为北京的政治、经济、文化职能的正常运行提供了有利的条件。北京成为全国的粮食消费中心，其周边地区农业的发展不仅满足了都城内民众的基本生活需求，而且极大地减轻了漕运的压力，同时也带动了河北、天津两地农业的新一轮繁盛。另外，北京交通便利，更有利于中央对全国的控制，无论是经济上的交流还是军事上的调遣，清政府都易于实施对全国的统治。

北京不仅自身条件优越，而且明朝一代在陆路与水路交通建设上更加完善，便于全国各地商品的集散，城内手工作坊与商业店铺品种齐全，吸引了全国各地的手工工匠留居北京或京郊城镇，促进了北京手工业的发展，且间接带动了周边城市的发展。[①] 例如，被誉为“保定三宝”之一的保定铁球，起源于元代，本是实心铁球，到明代经过一名宫廷巧匠的改造而成为皇宫内的重要玩物，后来这名工匠告老还乡落籍保定南郊，继续造铁球为生，生意日加繁荣，于是制造铁球的店铺越来越多，成为一种特色产业而风靡全国。可见，北京发达的手工业不仅繁荣了北京经济，还产生了扩散效应。

二、元明清时期天津在京津冀区域中的作用

天津位于华北平原的东北部，所在的地区被称为海河平原。秦汉时期，渔阳郡和渤海郡两个郡县包括了今天的天津区域。东汉末年，曹操北伐，在渤海湾西岸平原上开凿运渠，形成海河水系。天津由此成为华北平原河海航运的枢纽。隋唐时期，京杭大运河开通，天津与长江流域及东北

① 彭秀良、魏占杰:《幽燕六百年: 京津冀城市群的前世今生》，北京大学出版社 2017 年版，第 19—20 页。

地区连接起来，天津城市得到进一步发展。宋辽时期，黄河三次决口，形成了天津的“三汊口”。到金、元两代，渤海湾不再是黄河的入海口，天津城市的海岸与河流趋于稳定。

元代时期，较为繁荣的海运再一次为天津的发展提供了契机，依靠渤海湾的区位优势，天津的作用得到了充分的发挥，内河航运的畅通，使天津成为重要的交通要塞，天津的盐业进一步发展，成为重要的贸易集散地。在明朝，由于战争因素的影响，海津镇成为转运兵员物资的重要港口，燕王朱棣称帝后，将海津镇改名为“天津”，随后的永乐二年，设立了我们熟知的“天津卫”。清朝以后，天津改卫为天津州，随后又升为直隶州，接着升直隶州为天津府，另设天津县，揭开了天津设置地方政府的历史。明清时期，天津一直是南粮北运的漕运中心，清初以后又是生产和转运长芦盐的盐业中心。到了清中叶，漕运和盐业的发展使天津从一个军事重地转变为华北最大的商业中心和港口城市。

总体来说，天津的兴起和发展要归功于漕运和海运，政治中心转移向北京以后，北京和天津就成了相互促进、互利共赢的关系，北京大量的物资需求量要求天津在漕运和海运方面提供有力保障，而天津在促进北京经济发展的同时，自身的内在动力和天然优势也被激发出来。元代时，为了充分满足北京的商品物资需要，采用郭守敬的提议，并用韩仲晖的方法，先后修通济河、会通河，取直大运河，从江南穿淮河，经鲁西至临清以达直沽。建成之后的这条京杭大运河比原来运河的里程缩短一千多里。郭守敬又修昌平白浮堰，引白浮泉、一亩泉，经瓮山泊入金代闸河达通州，称之为通惠河。这样，从直沽通往元大都北京的水运更加方便了。为进一步满足增大对元大都的货物供应量，元代又开辟海运，每年海运粮食达数百万石。这样一来，地处南北运河交界之地，又是海运登陆点的直沽寨，便兼有河、海两用码头的性质。因此，作为先前军事重镇的天津便空前繁荣起来，并成为周边地区一系列聚落和仓廒的中心。元代内河漕船一般停泊在今南仓、北仓、丁字沽一带。天津的海运兴起后，由于航船变大，需要停泊于吃水更深的海河，三汊口以东地区便迅速发展起来。延祐三年

(1361年)，直沽改为海津镇，并驻重兵戍守，还在这里设立了海漕接运厅和临清万户府。在当时，三汊口一带，高帆长桅都聚集在海河之中，两岸居民人数增多，许多达官贵人、文人掮客经常过往于此。

如果说金、元是天津城市的奠基阶段，那么，明代便是天津城正式形成和发展的时期。明朝初期，北元是明朝面临的最大威胁，为了有效控制北元势力，融洽处理好与北方民族的关系，燕王朱棣派重兵布防北京。永乐年间，明正式迁都北京，最终完成中国统治中心的北移，中国政治中心和经济中心的分离。为了维护都城的正常的生活需求，北京每年要从南方通过漕运的方式运输粮食，其需求量巨大，每年在三四百万石之间。此外，食盐、杂货运输规模也很大。为有效吞吐、管理大量物资，扩大水陆运输量是必须采取的措施，天津城市建设势在必行。据记载，永乐三年（1405年）设天津左卫，明朝开始修建天津卫城，并在城北设露囤仓廒1400余所。永乐四年（1406年），设天津右卫。明朝时在天津还设了都指挥使，用朝廷的高级官员来管理。明代天津驻有大量官、兵，行政官吏和军人都可带家属，官员军人不断迁入，使得天津的人口骤然增加，很快天津成为京东第一大城市。明朝中叶以降，天津的发展程度已经远远超过北方的一般市镇，成为北京周边为首的经济辅助城市和重要军事门户。明代官员李东阳的诗句“玉帛都来万国朝，梯航南去接天遥，千家市远晨分集，两岸河平夜退潮”形象地说明了天津商业的繁荣。

进入清代以后，满族统治者南下入主中原，清政府将天津从卫升级到县（1725年）、再到州，随后又改州为府（1731年），天津辖六县一州。天津由州升府，是天津成为封建的工商业城市的重要标志。① 在天津还设有许多中央派出机构，尤其是随着清代北京人口的急剧增长和膨胀，清政府的许多军事、经济机构都设在天津，天津承担了许多经济、军事上的任务，进一步为作为都城的北京分担了压力，同时也成就了天津自身的快速发展。清朝中叶以后，随着清朝封建经济的衰落，再加上内外交困的政治

① 郭蕴静:《天津古代城市发展史》，天津古籍出版社1989年版，第99页。

局面，北京的经济形势发生巨大变化，而天津城市性质也发生了重大改变，天津的作用不仅仅是“聚天下之粟，致天下之货，以利京师”，在经济等方面出现了与北京并驾齐驱的态势，甚至一度超过了北京。

三、元明清时期河北主要城市的发展变化

据《元史》记载，1264 年，北京当时是元中都，1273 年中都改为元大都，直隶地区成为京畿重地，直隶境内有永平、保定、真定、顺德、广平、大名、河间、顺宁、冀州等 9 个城市。1421 年，明朝迁都北京，河北地区直隶明朝廷管辖，称为“北直隶”，其间河北地区的经济得到进一步发展。其中保定位于直隶中部，地处华北要冲，其政治、军事地位陡然提升。定都北京以后，保定成为京南屏障，至元十二年（1275 年）改顺天路为保定路，洪武元年（1368年）改保定路为保定府，永乐元年（1403 年）北平行都司迁至保定。

入清之后，顺治元年（1644 年）清朝将京师地区改为直隶省，设保定府。顺治五年（1648 年）设总督直隶军务都御史于大名府。康熙八年（1669 年）直隶巡抚由大名府移至保定府，保定开始成为直隶省会。随着保定政治地位的提升，加上其较为便利的水陆通道和较为发达的农业生产，保定的商品经济日益繁荣，开设了布、谷、鱼、果、蔬、盐、灰、煤、炭、骡马、牛羊、芦苇等十多个专业集场，“各依集期，轮回开市”，保定一度成为直隶省的经济中心。

承德的兴起和发展要归功于清代皇家园林——避暑山庄的修建，这直接推动承德成为清王朝的第二个政治中心。承德原本是一个叫“热河上营”的小村落，随着避暑山庄的兴建，这个小村落迅速发展。在清朝前中期，自康熙皇帝开始，几乎每年清朝皇帝都要去承德度过炎热的夏天，一般每年的四、五月份去，九、十月份返京，可以说有大半年的时间清朝皇帝都是在承德，一些政治事务也在避暑山庄来处理。当然，设立热河行宫不仅仅是为了“避暑”，瑞典旅行家斯文·赫定认为，建立“夏宫”的一

个重要目的是“为了将蒙古王公们纳入视野范围之内，能够通过规模盛大的接见、豪华的狩猎活动、令人生畏的大型军队操练给他们留下深刻印象，而热河自身作为最北部的城市也保护着大清的辽阔疆土。”[①]这种评价是有道理的，我国著名历史地理学家侯仁之也认为，“避暑山庄自建成后，遂成为仅次于北京的一个重要政治中心，而承德这个城市的兴起，从一开始就是为这个政治中心服务的。这是承德城市发展的一大特点。”[②]的确，出于处理民族关系的需要，是承德成为政治分中心的主要原因。

由于政治的最高层大量时间都聚集在此，清政府所需的大量生活必需品和高端经济商品都从全国各地运往承德，一定程度上促进了地方经济的发展。但是，也因为所有的经济活动都围绕着为皇室服务而展开，造成城市经济结构单一，经济活动极不稳定，对外依赖性极强等经济脆弱性问题。随着清政府注意力的转移，投入逐渐减少甚至完全放弃，热河地区的发展速度趋缓，在全国的地位迅速衰落。这表明如果地方经济发展对于政府投入过度依赖，难以摆脱衰败的命运。[③]

明末清初，由于对外贸易的日益繁盛，通往蒙古的商品通道亟须打通，明末时建立了张库商道，这也成就了张家口的发展。张家口是历史上京城与西北地区及蒙古和俄罗斯等地交通往来的驿道。张库商道从张家口出发，通往蒙古草原腹地城市乌兰巴托并延伸到俄罗斯，故有“北方丝绸之路”之称。由张家口向南延续不到400里就是京城，许多商贾以张家口为中转站，与京城的商人进行贸易活动，朝廷则在此设税卡收取税金。元至元九年（1272年）“中都”为“大都”，蒙古人采取了以北京为中心，面向中原腹地、背靠草原，进可攻、退可守的阵势。同时将汇集到中都的包括茶叶、布匹、丝绸、瓷器、药材等物资在内的商品经过张家口运回上

① ［瑞典］斯文·赫定：《帝王之都——热河》，赵清译，中央编译出版社2011年版，第164页。

② 侯仁之：《承德城市发展的特点和它的改造》，《侯仁之文集》，北京大学出版社1998年版，第225页。

③ 赵艳玲：《试论清代热河地区经济格局的变迁》，《承德民族师专学报》2008年第3期。

都（今内蒙古正蓝旗），然后将蒙古的牛羊及奶制品、皮货等经过张家口运至京城。

清顺治元年（1644 年）大境门被打开，成为长城上唯一的“门”，京城与西北地区的贸易往来更加频繁，逐渐成为北京及内地与蒙俄贸易的旱路码头和商品集散地，在此后三百年间成为张家口内外交通的标志性建筑。康熙年间朝廷曾定张家口大境门外为蒙汉贸易场，每年从蒙古输入至关内的马匹、牛羊达百余万只，均是从张家口这座京城的北大门远道而来，同时它也成为往来的商贾夹带手工业品赴军营贸易以牟取暴利之所。优越的区位优势带来了内外贸易的兴盛，贸易规模的扩大也带来了商号的繁荣和金融业的发达。到清康熙十三年（1674 年）张家口有旅蒙商号190 多家，至道光年间有 280 多家。在清乾隆元年（1736 年）山西商人王荣廷出资四万两，开设“祥永发”账局，经营存款和放款业务，成为张家口甚至整个北方地区最早的金融机构，随后又出现了“大升玉”“大全玉”等规模较大的账局，张家口成为中国金融业的起源地之一。

四、元明清时期京津冀的行政关系

北京作为都城，其承担政治功能的历史非常悠久，据历史记载，北京的城市起源可以追溯到武王伐纣封黄帝或尧帝的后裔于蓟城的西周初年，随后，蓟国被燕国击败，蓟城随即做了燕国的都城，北京在秦汉至隋唐五代这一时期成为北方军事重镇幽州的治所。五代后晋天福元年，把俗称“燕云十六州”的幽蓟地区割让给契丹，两年之后的辽会同元年，幽州被提升为五京之一的陪都“南京”，自此北京这座城市便开始被赋予更多的政治功能。辽代以海河一线与北宋分界，自此以北至长城沿线，东至渤海湾，西抵太行山麓，设置了以陪都南京为治所，环绕在城市周边的南京道。南京道下辖同驻一城的析津府，还有以今河北卢龙为治所的平州。金代贞元元年，金政府从今天的黑龙江阿城迁都燕京之后，拓展旧城并改称“中都”，历史上的北京从此成为首都。金朝据有淮河以北地区，以中都城为治所的中都路，范围与辽代的南京道大体一致。再加上河北东路、河北西路、大名府路，以及西京路东部、北京路南部诸州县，与当代京津冀三省市所辖区域相当。

元朝统一后，京津冀地域行政区划都属于中书省。中书省管辖黄河以西、以北直至内蒙古大兴安岭一带的广阔地区，下辖的大都路驻在大都城，今河北省的其他区域分属上都、保定、真定、河间、顺德、广平、大名等路所辖。元代在中都旧城东北郊建设新城后，元大都成为统一国家的首都，从辽南京时代算起，历史上的北京基本连续地保持政治中心的地位已达千年以上，在此基础上才产生了源远流长的京津冀之间的分久必合、合久必分的关系。历史上的北京，即元大都既是国家的政治经济文化中心，也是中书省的行政中心。此后的明清北京直到现在的北京，城市范围虽略有伸缩但整体来讲大体未变。从行政的角度上来讲，当时京津冀的行政关系就是如今京津冀一体化的雏形。在空间布局上，京津冀构筑了大运河、通惠河、河西务的水陆运输体系以及元大都通往各地的驿站、驿路体系。帝都时代作为政治中心的辽南京、金中都、元大都、明清京师，城市范围仅限于城墙之内，至多扩展到城门附近的周边地区。以行政区域划分与政府机构设置为显著标志的管理系统，并未导致国都与周边政区的分离。由此言之，它们在数百年间始终保持着行政关系上的“一体化”。元大都和河北的真定是元代时期颇负盛名的国际大都会，两地的协调发展是历史上京津冀一体化的最好例证。

到了明朝初年，今京津冀地区大部属于北直隶省。永乐十八年（1420年）重新建造的北京城完工，明朝迁都北京，首都所在的城市及其周边由顺天、永平、保定、河间、真定、顺德、广平、大名八府构成的省级政区，都在“京师”统辖之下，所以，京津冀大部分地区都隶属于京师，加强了与周边地区数百年间军事、行政关系上的“一体化”。当时，北京作为首都，今天的大部分辖区隶属京师顺天府，驻在京城的顺天府所辖地域与元代大都路相仿，北京因此亦称“京师顺天府”。环抱北京的天津、河北地区作为北京安全的外围屏障，明朝时期在津、冀两地设置了很多军事机构和军事设施。河北的蓟镇、山海关、宣府镇、真保镇都是直属京师的军事重镇，还在遵化设了兵部冶铁和兵器工业基地。有地方志研究专家统计，永乐年间河北驻有80多个卫和30个左右的守御、牧马千户所，共约45万人，加上军户的增加以及南方军匠、军夫的北调，总人数不下50万。[①] 而在河北修筑的明长城，作为当时重要的防御工事，直到现在也是十分著名。

清朝延续明朝之制，继续实行行省制度，以明朝“京师八府”所属区域与长城以北新设的承德府、口北三厅组成直隶省，现在京津冀的行政区域基本上承袭了这个范围。顺治十八年，直隶总督驻大名府（今河北大名），康熙八年，派出直隶巡抚，代表中央管理直隶地区。雍正二年（1724年）正式设置直隶总督，保定成为直隶省会，直隶省真正成为一级行政地区。成为直隶省省会的保定除了承担直隶省的行政管理、征收赋税和司法审判等职能外，还承接了首都扩散出来的部分政治、文化教育职能，是北京的政治辅助城市。同时，保定还是北京的重要军事屏障，作为北京的南大门，向来有“都南平翰”之称，有大量军队驻防，承担着拱卫京师的安保职能。

与北京相比，天津的崛起要明显滞后。天津扼守着漕运咽喉与海河出口，在元朝是河间路所属的海津镇，明永乐二年筑城置戍，次年设天津三卫。清雍正三年（1725年）改置天津州，雍正九年（1731年）天津州升为天津府，治所在天津县（今天津市），天津的地位开始显现，但保定府仍是直隶总督署驻地，晚清天津崛起为华北最大的商港，咸丰十年十二月设三口通商大臣。同治九年（1870年）以后，直隶总督兼北洋通商大臣大多进驻在天津。进入民国，天津则继续作为直隶省会存在。

综上所述，在清代之前北京作为国家政治中心与周边地区的政区设置及其演变过程中，存在以北京为治所管辖若干州县的路、府的现象，但是

---

① 梁勇：《浅论明代河北的卫所和军屯》，《河北师范大学学报》（哲学社会科学版）1987年第2期。

它们之间的关系并未上升到国家最高级别的行政区域之间的矛盾关系。金代以中都城为治所的中都路虽是国家的第一级政区，但在今天的京津冀三省市范围内，同时却有河北东路、河北西路、大名府路、北京路、西京路等与之相互制衡，不致形成首都地区一家独大的局面。元代的大都路是中书省所辖诸路之一，明代顺天府是“京师八府”之一，清代顺天府也是直隶省诸府之一，它们都是省级之下的第二级政区。这样，自然不会出现类似当代北京与天津两直辖市被河北省包围、三个最高级别的行政区域既交错拥挤又彼此分隔的现象。可以说，京津冀实现了国家统一谋划，资源统一调动的一体化形式，这个区域内的行政区划系统长期在“一体化”的格局中正常运转。其中，许多事例可以为这一时期京津冀行政一体化加以佐证，如清王朝在河北遵化创建清东陵、易县创建清西陵，康雍乾盛世创建了木兰围场、御道口皇家牧场，创建热河的一系列行宫和承德避暑山庄等等，都是当时京津冀相联系的范例。

第二节　近代京津冀关系变迁

一、近代北京：风雨飘摇中发展

清朝后期，旧的封建统治由盛转衰，社会动荡不安，重大历史事件接连不断。历经两次鸦片战争，《天津条约》《北京条约》等不平等条约签订之后，英法等各列强陆续在京开设使馆，于是清政府专门设立了“总理各国事务衙门”，办理与各国交往之事。总理衙门最初主持外交与通商事务，后来权力越来越大，举凡外交及与外国有关的财政、军事、教育、矿务、交通等，无不归其管辖，成为清政府的重要决策机构。1895 年甲午战争清廷再遭惨败，最终与日本签订了丧权辱国的《马关条约》。一系列的战争和不平等条约的结果是外国资本主义的疯狂入侵。“1900 年（光绪二十六年）八国联军入侵之后，外国在北京的贸易活动毫无限制地发展起来，到处都是洋货，洋油、洋火、洋钉、洋车、洋布……北京市场上摆满了外国商品。外国商号到处可见，德国的电灯公司、英国的亚细亚火油公司北京分公司、六国饭店、仁记洋行，法国的东方汇理银行、华俄银行等等。这些外国的经济势力控制了北京的金融和出口贸易。还有美国的公懋有限公司北京分公司、美孚煤油公司北京支公司及日本的三菱，三井、信昌洋行等，控制了北京的煤油、汽车、西药市场，英国的颐中烟草公司垄断了北京的烟草贸易。”① 国外货物的大量涌进，给北京市场带来巨大的冲击，本地手工业受到外国资本主义的强力排挤，传统商业经营不断萎缩，北京的经济产值明显下降。虽然清政府提出了一些扶持商业发展的政策，各行各业也在改变经营策略，创建新形式的综合市场，一些人纷纷开设洋广杂货商店，但从整体上并没有改变北京商业衰落的整体局面。

民国初期，随着京汉、京张等多条铁路相继开通，北京成为近代化铁路交通枢纽，由此北京货运不断，商旅往来，商业日益活跃，新的商业区街也进一步发展起来，原有的集市和庙会较之前更为兴旺。但不久就出现了军阀割据的混乱局面，阻碍了商业发展。“1928 年，国都南迁，由于北平政治地位的变化，对外贸易有所下降。以后北京市场又先后为日本、美国所垄断。抗战胜利后，北京市场上则到处都是美国的剩余物资，北京的对外贸易仍处于被帝国主义垄断、掠夺的地位。”② 其后虽然有所发展，但由于国民政府的腐败，囤积居奇和投机倒把盛行，使商品匮乏，货币贬值，物价暴涨。后来进行的“币制改革”，发行金圆券，更促使通货恶性膨胀，经济濒于崩溃，工厂、商店不断破产倒闭，有的仅仅是维持生产和经营，商业处在凋敝之中。

清末至民国时期，虽然社会长期动荡不安，但北京经济的某些方面还是获得了一定发展，钢铁、水泥、机械生产、纺织等很多现代工业的发端

① 陈宪鑫、崔永福:《从朝贡到掠夺——旧北京的对外贸易》，载刘娟、李建平、毕惠芳:《北京经济史资料——近代北京商业部分》，燕山出版社 1990 年版，第 591 页。

② 陈宪鑫、崔永福:《从朝贡到掠夺——旧北京的对外贸易》，载刘娟、李建平、毕惠芳:《北京经济史资料——近代北京商业部分》，燕山出版社 1990 年版，第 591 页。

都是这一时期完成的。如南口机厂、长辛店机厂、清河制呢厂、石景山炼铁厂等都是北京城最早兴建的一批大型工业企业。据统计，至1949年，北京民营重工业企业共达到831家，资本总额3.6亿元。轻工业涉及的门类较多，主要有纺织、印刷、毛皮、皮革、服装、鞋帽、食品、酿酒、肥皂、火柴、制笔、玻璃、搪瓷、陶器、日用化学品、文化体育用品等。1949年，上述轻工企业全市共有2248家，工人1万余人，大多数为中小工厂，相比较而言，轻工业的发展速度大于重工业。总体来看，产业特点还是手工劳动比较普遍，机械化程度较低。经济的发展和一系列的历史事件，使北京近代的社会人口结构，风俗习惯有了很大变化。近代的通信和交通也促使北京进行着痛苦且迅速的近代化历程。

二、近代天津：在开埠中成长

近代以来，天津作为北方最早的开放城市，加之地处北京门户及濒临渤海的优越地理位置，成为中国汲取世界近代文明最理想的窗口。19世纪下半叶至20世纪上半叶这一段时间，中国近代化大潮中天津在社会发展的各个领域几乎全部都是领风气之先的。

清朝末年，天津的城市地位得以进一步巩固乃至提升，甚至一度发展成为北方的经济中心、商贸中心和金融中心。至1860年，《中英北京条约续约》规定的北方的三个通商口岸之一就包括天津，外国资本主义在天津开始进行大量的商贸活动，天津城市性质和功能也因此发生了深刻变化，成为外国列强侵略者震慑清政府和进行掠夺性贸易的重要区域。西方资本主义国家凭借其先进生产方式和经营方式得以在天津迅速登陆发展，使天津获得了比内陆地区更为宽松的政策环境、更多的发展机会和更加广阔的海内外市场，商业上比以前更加繁荣，于是一个以天津为终点市场的北方外向型市场网络逐步地构建起来。与同期或此后开埠的北方其他港口城市相比，天津也因为其所拥有的明显优势，而成为北方最大的对外贸易中心。这个时候，天津已经成为名副其实的中国北方经济的中心，甚至成为东北亚地区最大的工商业港口城市。资本主义列强争先恐后地在天津抢占地盘、划定租界。包括英、法、美、俄、德、日、意、比、奥在内的九个国家先后在天津地区内划定了近 15 平方公里的租界。

成为通商口岸之后，天津成为我国北方最大的进出口贸易基地，主要出口产品包括皮毛、棉花、蛋产品及麻类等，其影响范围之广、交易产品数量之多，都是不可想象的。贸易活动几乎覆盖了今天的山西、山东、河北、河南、陕西、辽宁、内蒙古、甘肃、吉林和黑龙江等地，乃至新疆、青海、宁夏和西藏等华北、西北和东北的大部分地区。到20世纪30年代，天津进出口贸易额占北方地区进出口贸易额的一半以上，占全国进出口贸易额的 10% 以上，排名仅次于上海。

同时，天津也是北方最大的近代工业中心。清政府为巩固其政权，自 1860 年开始，以奕訢、李鸿章为代表的地主阶级洋务派，便利用天津等沿海港口城市等诸多便利条件，掀起了以学习和引进西方先进技术和生产方式为主要内容的洋务运动，建立了一批近代军工、航运、工矿、电信、铁路等洋务企业。这不仅为天津近代工业的兴起奠定了相当坚实的物质和技术基础，而且同时也开启了北方近代工业的先河。1866 年，清政府创立了天津机器制造局，除了生产枪炮弹药军用产品以外，还生产清理海河淤泥的挖河船等非军用产品。1872 年，清政府设立官督商办的轮船招商局天津分局，把天津作为其北洋航线的终端，除运输南方的漕粮外，还大批揽载南北间的客货运输，为天津沿海和对外贸易的发展提供了便捷经营管理机构和海洋运输工具。为解决机器和船用动力的能源问题，1878 年清政府又在天津成立了开平矿务局，以扩大开平煤的开采规模增加开平煤的开采速度，1890 年后，开平煤完全占领了天津的军、民用煤的大部分市场，并大量销往南方沿海等地。开平煤矿和以后创立的启新洋灰公司、华新纺织厂等大型近代工业企业，虽然厂址位于唐山，但是它们的办公地点却都设置在天津，并且在资金、技术，特别是市场方面，都对天津有着极大的依赖性，所以它们也是天津早期工业的重要组成部分。为了加强通讯联系，1879 年，清政府开通了天津与大沽、北塘之间的电报，架通了天津与大沽之间的电话线，1880 年设天津电报局，并于次年把电报线从天津架设到了上海，并逐步联通了全国，从而为政令、军令和商情的信息传递，提供了现代化的信息服务。为了便于开平煤的外运，1881 年，又修通了中国自己铺设了的第一条铁路——唐胥铁路，1888 年，唐胥铁路又经北塘、大沽延展到了天津。在此影响下，20 世纪初，以天津和北京为中心的京奉、京汉、正太、京张、津浦等铁路，相互交织成比较完整的铁路运输网络，为天津和北方广大地区商品流通和经济的发展，提供了长距离快捷的陆路交通运输手段，大大增强了天津的经济辐射能力。

随着商品贸易等实体经济的蓬勃兴起，天津金融业也快速发展。据统计，到 1932 年，天津有外国银行 16 家，本国银行总行 10 家，分支行计 93 家，位居全国第二位，天津无可争议地成为华北地区金融中心。随着近代北方对外贸易、工业、金融中心地位的逐步形成和巩固，天津的城市规模有了进一步地扩大。而作为衡量天津经济发展水平和近代化程度重要指标的城市人口，其增长的速度和数量，在北方各大城市中都是首屈一指的。新中国成立前夕天津已从开埠前的 19 万人发展成为一个拥有 180 万人口的大城市，因此有中国近代看天津的说法。在经历了六百多年的时间之后，天津从一个拱卫京师的军事要地，迅速发展成为其他城市无可比拟的大型商贸城市，进而发展成为集工业、商贸、金融于一体的北方经济中心。

北京和天津分工合作有着悠久的历史传统，历史上一向具有相对明确的分工。北京作为政治中心，天津则作为经济中心、交通枢纽、商贸中心、物资转运中心等，正是这样的分工使两个城市相辅相成、相得益彰。回顾历史进程，天津的发展与北京的发展状况密切相关，天津的兴起和繁荣始终离不开首都北京的变化，没有北京的政治、军事和生活方面的需要，就不会有天津的发展。例如，李鸿章在上奏朝廷的奏折中，阐述天津机器局开办的理由，第一条就是“拱卫京师”“以固根本”。天津近代工业的出现，首先是拱卫京师的需要，而天津近代的工业也是因清政府官办的军事工业而发端的。[①] 反之，没有天津在水陆交通上的转运输送，北京的政治、军事功能也不会得到应有的保障，甚至难以维系正常的生活。的确，“以通商口岸为中心展开的中国城市近代化的过程是以开埠为起始点的”[②]，开埠城市推动了近代贸易的流通、基础设施的引进、公共服务的供给、社会结构的分化等近代文明的兴起，“近代交通事业的兴办，极大地改变了沿海城市和内陆城市的关系，新兴的外来事物首先到达沿海城市，然后再扩散到内陆城市。”[③] 天津工业的发展既弥补了北京工商业发展的不足，也给自己创造了一个巨大的市场。天津一直是京畿首邑，北京和天津在历史沿袭上就是相互依存的兄弟城市，有着唇亡齿寒、相辅相成、自成一体的关系，是一个政治经济文化发展的共同体。历史证明，只有北京和天津明确分工、联动发展才能实现双赢。

三、近代河北：衰落与崛起并存

步入近代的河北省城保定发展十分缓慢，尤其是天津开埠以后，直隶地区的政治、经济格局发生重大变化，保定的政治、经济地位逐渐被天津取而代之。鸦片战争之前，保定一直承担着拱卫京师的政治任务，并且为北京提供大量的农业产品，鸦片战争的爆发使得保定扮演的角色转变，其地位逐步下降。清朝末年，直隶总督转移到了天津，官僚集团和服务官僚的从业者也随着衙门迁移，再加上作为重要铁路枢纽的石家庄迅速崛起，保定逐渐失去区域政治、经济中心的重要地位，随之而来的便是经济的衰退、人口的减少、发展的滞缓，在民国时期，保定的经济实力还不如一个商业大镇发展得好。因此，保定在近代发展滞缓、丧失其冀中工商业中心

① 彭秀良、魏占杰：《幽燕六百年：京津冀城市群的前世今生》，北京大学出版社 2017 年版，第 118—119 页。

② 侯蕊玲：《论中国近代城市发展中的几个特点》，《云南民族学院学报》（哲学社会科学版）1997 年第 2 期。

③ 彭秀良、魏占杰：《幽燕六百年：京津冀城市群的前世今生》，北京大学出版社 2017 年版，第 117 页。

地位的原因是保定交通枢纽的地位逐步移向石家庄等地，大量的工商业者移向天津等地。

当时，作为察哈尔省省会的张家口也由于铁路的修建而得到发展。张家口是位于北京西北的军事重镇，由于连通蒙古地区，所以自明代起这里就是蒙汉两族人民进行交易的“互市”之所在。到了清末，随着京汉铁路和京奉铁路工程渐进尾声，时任直隶总督的袁世凯认为十分有必要再打通一条通往京城西北的铁路，而这条铁路设计施工难度相当大，需要翻山越岭，并且对于铁路的修筑权西方列强也是争执不下。最后袁世凯干脆谁也不用，而是任命詹天佑主持修建了这条铁路，于是由中国人自行设计建造的第一条铁路——京张铁路就这样诞生了。铁路的修建使得张家口的地位大大提升，其经济也随着这条铁路的修建而发展起来。新中国成立后察哈尔省的建制被撤销，从察哈尔还分出了一个县划给了北京，这就是今天的延庆县。

这个时候，邢台得到了发展，并逐渐成为北方皮毛生产、交易中心，直到今天邢台的部分地区仍然是全国皮毛的主要生产地。邢台位于直隶省南部，西倚太行山，毗邻山西东南部，东隔卫运河与山东相望，交通较为便利。山西毛皮多是由邢台加工后销往天津。光绪十一年（1885 年），邢台成为华北地区仅次于辛集的第二大皮毛市场。光绪三十一年（1905 年），随着京汉铁路的通车，交通进一步便利，皮毛产业也随之得到进一步发展。到了 20 世纪 20 年代，邢台的皮毛产业达到鼎盛时期。所以，近代邢台有着“冀南第一商业重镇”的称谓。

相比之下，唐山是随着近代工业的发展而兴起的，可以说洋务派兴办的洋务企业——开平煤矿，直接引领了近代唐山城市的发展。随着开平煤矿生产能力逐步扩大，一方面，为唐山周边地区提供了工业所需的燃料，另一方面也带动了周边地区经济的复苏、人口的增长，为唐山之后的发展奠定了坚实的基础。在开平煤矿成功建成以后，一大批工业工厂纷纷在唐山兴办起来，具有代表性的有唐山机车厂、华新纺织公司等企业。唐山也一度成为华北的工业重镇。

与以上的各个城市相比，石家庄属于大器晚成，近代时，石家庄的城市地位经历了巨大转变。石家庄原来是直隶省获鹿县（今石家庄市鹿泉区）的一个小村，清光绪二十四年（1898年），全村共有93户，532口人。清光绪二十八年（1902年）八月前，京汉铁路修到了石家庄，并修建了火车站，因石家庄村名气太小，故取三千米外的大镇——振头作为站名，称作“振头火车站”，这时的铁路仅改善了当地的交通条件，还不能起到经济带动作用。清光绪三十三年（1907年），正太铁路在石家庄村通车，并在振头站背面设立了自己的车站，直接命名为“石家庄车站”，从此石家庄成了京汉铁路和正太铁路的交会点，成为晋冀间物资转运的枢纽和近代华北铁路交通网的枢纽之一。铁路枢纽的地位带动了运输业、工商业和服务业的兴起，极大地拉动了石家庄城市经济的发展，也促进了人口规模和城区面积的扩大，开始了由村庄向大城市的剧变历程。

在近代，河北扮演的更多的是为京津两地提供资源供给的角色。河北大多数城市的气候具有日照时数多、光热量充足的特点，适宜种植冬小麦、棉花等作物，除河北北部承德和张家口外的城市大部分是一年两熟的种植模式。随着京津两地经济状况不断提升，对于原材料、燃料等需求不断扩大，河北省内的农作物结构、产业结构随着北京和天津的需求不断做出调整。拿农产品来说，虽然河北一些地方农村出现粮食短缺、不能自给的情况，却依然不断扩大棉花、小麦等经济作物种植面积，用来满足北京、天津居民的生活需要和纺织业出口所需。据记载，仅1919年至1921年两年的时间里，河北西河区棉花占输入天津棉花总量的65%以上。河北省鹿泉县小麦产量最多，外销量也最大，超过一半以上，平山、文安、满城等县外销量均超过了产量35%，盐山等县小麦的外销量高达90%以上，农家自用的麦子仅占5%，其余均售天津市场。由此可知，天津农产品出口贸易的发展与河北种植业结构紧密捆绑在一起。

除了农业产品以外，水资源同样也是城市发展必需的资源之一，北京城市水源主要依赖永定河的供给，天津城市水源则主要依赖海河的供给，而这些江河流域大部都流经河北地区，因此，河北腹地的生态质量及流域水利工程就显得尤为重要。清代前期，为确保京师水资源的充足，水环境的安全，作为围绕京师的河北开始大兴水利。晚清时期，由于政治动荡，京师的水资源虽不成问题，但水环境却每况愈下，京师周围的水利工程都有不同程度的破坏，永定河、大清河、滹沱河、北运河、南运河等五大河及其六十余支流，原有的坝堤没有一个是完好无损的，引河没有一处不是堵塞的。这种水环境的状况直到民国期间成立海河专门治理机构，才略有改观。

另外，煤铁等矿产资源也是城市近代化的必需能源，在河北境内除衡水、沧州等地，其他区域皆有煤炭资源分布，铁矿资源也具有储量多、规模大、分布较集中的特点。受到近代北京、天津民用工业、军事工业发展的影响，河北省境内的煤炭业、冶炼业开始转型，例如为改善开平煤炭输入京津的运输条件，1881 年，清政府修筑了中国第一条铁路——唐胥铁路。有数据显示，在唐胥铁路通车后的短短四年的时间里，开平煤矿运往国外各口岸的煤就从 8503 吨增加到 3.3677 万吨。

近代河北的人口资源对京津城市发展也有着深远的影响。京津两地的近代化进程中需要大批的从事生产的工人，这些工人大多都是由河北农村剩余劳动力转化而来的。19 世纪后期，由于医疗条件的改善，生活压力的减小，河北人口快速增长，而河北境内的耕地面积则变化不大，这样一来，河北农村剩余劳动力不断增加。为解决农村剩余劳动力的问题，一方面是由从事农业生产转为从事手工业、商业生产，另一方面是进入城市成为近代产业工人。产业结构带来的人口结构的变化为京、津城市的近代进程提供了劳动力资源。据统计，20 世纪 30 年代初，天津地毯工业的 354 名工人和 228 名学徒中，河北籍和山东籍共占被调查总人数的 99% 之多。被调查的织布工业工人中，河北籍和山东籍的占总数的 94%。总体而言，河北近代的变迁间接加速了京、津两地的近代化。

四、近代京津冀区域的行政格局

在近代化和城市化进程中，京津冀三者行政格局比较复杂，时而一体，时而分家。近代的天津港口城市开始繁荣。从同治九年（1870 年）后，直隶总督兼北洋通商大臣，大多时间驻在天津。天津成为直隶省的第二个经济中心。而保定是北京之外直隶省的政治中心。民国年间的行政区划变化显著。1912 年顺天府改为直属中央政府的京兆地方，1913 年直隶省各府州统一改为县。1928 年迁都南京后，直隶省失去了本来应有的地位，随即改为河北省，京兆地方也并入河北省。1928 年是中国现代城市建置市元年，民国政府分别颁布普通市和特别市《组织法大纲》，依照这个大纲，天津县设立了直属民国政府行政院的天津特别市，1930 年改为天津市，不久之后，降为河北省辖市，1935 年再度升为院辖市。从这一时期开始，北京、天津两个特别市与河北省分立，形成了地域相接、界线明晰、级别同等、互不管辖的关系，一体化的行政格局打破了，逐渐变为京津冀三足鼎立之势。其中北京和天津两个特别市近代化水平的不断提升，并向河北省拓展，获得更多的土地、水源、能源、交通、旅游资源等各个方面的支撑。

值得一提的是，北京和天津两市作为省级特别市或降为省辖市的阶段，都曾做过河北省会，这在一定程度上说明了京津冀的亲密关系。在天津与河北之间，这种关系更是一直延续到新中国成立后。1928 年 6 月设立北平特别市、京兆地方各县划归直隶省（后改为河北省）不久，河北省会由天津迁到北平。北平既是河北省政府所在地，又是行政院直辖特别市。1930 年 7 月北平降为河北省管辖的普通市，但河北省会却在三个月后复还天津，到 1935 年再迁保定。从清初的直隶总督驻地算起，先后历经大名（1659 年）、保定（1669 年）、天津（1870 年）、北平（1928 年）、天津（1930 年）、保定（1935 年）、天津（1958 年）、保定（1960 年）、石家庄（1968 年）等一连串变迁，一方面说明了这一地区在地域空间上的紧密联系，另一方面也表明了京津冀在全国政治格局中的重要性，反映了地方行政如何受到国家发展战略的制约。需要指出的是，新中国成立后河北省会的数次迁移，对于京津冀城市格局的影响至深。一是造成了不同城市间地位的变化；二是利用行政区划调整来协调区域发展矛盾，可能会割断原有的经济联系和市场分工格局，不利于中心城市的发展；三是扭曲了应有的城市功能和个性，导致城市功能的趋同化。[①] 这种运动式的迁移和调整对京津冀协同发展也带来了深刻的影响。

第三节　新中国成立以来京津冀的关系

从古代到近代，京津冀的关系就密不可分，某种意义上说京津冀就是一个共同体。新中国成立以后，京津冀三地广泛开展区域合作，在政治、经济、文化等各个领域呈现出全方位、多角度的合作，相互补缺、一荣共荣、协同发展的关系进一步显现。

一、新中国成立后京津冀关系的演变

改革开放之前，早期的京津冀的区域合作以经济技术协作为主要内容，经济技术领域的合作将京津冀三地较为紧密地联系起来，并随着我国经济技术制度的进一步建立与完善而逐步展开。在20世纪50年代初期，京津冀三地之间固有的经济关系比较密切，经济联系较为畅通，联系形式也多种多样，经济技术协作与往来较多，某种程度上促进了我国经济技术的进步和经济制度的完善。

1954年，我国撤销了“东北”“华北”“西北”“华东”“中南”“西南”六大行政区，其实这六大行政区兼具经济区的功能，各个行政区的经济发

① 彭秀良、魏占杰:《幽燕六百年：京津冀城市群的前世今生》，北京大学出版社2017年版，第245页。

展呈现出不同的特点，在促进各行政区内各省区市的分工与协作等方面发挥了巨大的作用。当然，京津冀三地作为华北行政区本身就是一个不可分割的整体。1958 年，我国成立了“东北”“华北”“华东”“华中”“华南”“西南”“西北”七大经济协作区，各协作区都成立了协作区委员会及经济计划办公厅。这一时期，我国实行高度集中的计划经济体制，在中央的统一管理下，北京、天津的城市功能首先是经济功能，京津两地经济的高度集聚，带动了周边地区产业的发展，直接导致了京津冀三地生产要素的集中。1954 年 6 月，第一次城市建设会议指出，“一五”计划时期，城市建设必须集中力量，确保国家工业建设中心项目所在的重点工业城市的建设，以保证这些重要工业城市建设的顺利完成。这次会议还对全国城市进行了分类排队，并对不同的城市确定了不同的建设方针，这样形成了围绕 156 项重点工程及 694 项重点工业项目建设的工业城市导向的城市建设模式。到 1957 年底，全国综合性工业城市共有 6 个，包括北京和天津；五大新兴纺织工业城市中，有北京和石家庄。到 20 世纪 60 年代，北京市区基本摆满工业，可以说全国几乎所有的工业都能在北京找到。新的政治经济职能以及国家优先发展重工业和建设生产性工业政策的系列政策，造成了京津冀城市功能的趋同化，也积累了难以治愈的“大城市”病。

到了 20 世纪 70 年代，中央提出各地建立自成体系的工业经济，一批大型产业项目建立起来，“燕山石化”“东方红炼油厂”等就是这个时期成立的大型企业的代表，这样一批大型企业的建立和发展直接促进了北京地区铁矿和石油业的兴起与发展，而河北一些地区拥有丰富的矿藏和石油资源，这直接导致了与河北省同类产业的竞相发展，使本来一些按经济规律和城市功能应投入河北省的建设资金和项目，投向了京津两地。北京与天津市及河北省产业逐步趋于雷同，各地之间争投资、争能源、争项目的情况时有发生。① 可以说改革开放之前京津冀三地紧密的关系的产生得益于

---

① 肖金成等:《京津冀区域合作论——天津滨海新区与京津冀产业联系及合作研究》，经济科学出版社 2010 年版，第 2 页。

中央政策的变化和城市发展的内生性原因。虽说这样的政策与城市发展规律进一步促进了京津冀三地的区域性合作，但是也存在问题。

改革开放以后到1996年之前的这一个时期，是京津冀关系良性发展的成长期和过渡期。随着改革开放与国民经济的迅速发展，京津冀区域经济进入了一个产业结构急剧变动时期，各地区根据自己的发展战略目标、经济结构调整路径、体制创新以及各项产业政策的实施，初步实现了工业化中期的主要目标，京津冀三地之间的经济技术合作逐步呈现出一种新的状态。

1982年，在下发的《北京市建设总体规划方案》中，首次提出了“首都圈”的概念。“首都圈”包括两个圈层：内圈由“北京”“天津”和河北的“唐山”“廊坊”和“秦皇岛”组成。外圈包括“承德”“张家口”“保定”和“沧州”四市。当时，主要是基于两层考虑：一是解决“大城市病”和水资源短缺等问题，促进北京可持续发展；二是提升北京综合竞争力，建设现代化国际城市。在这之后，“京”“津”“冀”“晋”“蒙”五省市（区）在呼和浩特市召开了第一次华北地区经济技术协作会议，会上决定成立第一个区域协作组织“华北地区经济技术协作区”，协作区的主要职能是，通过高层会商，解决地区间的物资调剂，指导企业开展横向经济联合。“华北地区经济技术协作区”的成立有效地促进了地区间的物资协作，在解决区域内各省区物资短缺方面发挥了巨大的作用。1983年中共中央、国务院对《北京城市建设总体方案》做出批复，明确规定北京是全国政治中心和文化中心。从此以后，北京在功能性质上不再定位于全国经济中心。与此同时，1982年《天津市城市总体规划》则首次把天津确定为我国北方的经济中心。1982年国家还正式启动京津唐地区国土规划纲要课题研究工作，这一工作包括京津唐地区国土开发整治的综合研究和专题研究，历时近三年，摸清了京津唐地区国土开发整治的情况，提出了京津唐地区发展战略定位、方向、工业和城镇建设的总体布局以及沿海港口、京津高速公路、高速铁路客运专线等基础设施建设框架。

到了20世纪80年代后期，京津冀协同发展之间的合作重点转向小区域、企业间的合作。1986年以后，华北协作区逐渐暴露出很多问题，比如华北区域范围过大、各地区间经济关联度较低、缺少日常工作机构等。随后，天津、青岛、大连、秦皇岛、唐山等14个城市成立环渤海地区经济联合市长联席会。1988年，北京与环京地区的保定、廊坊、唐山、秦皇岛、张家口、承德等地市组建了环京经济协作区，建立了市长、专员联席会议制度，设置了日常工作机构。这其实是京津冀区域协同发展的一个良好表现，环京经济协作区建立起来以后，有效地带动了环京城市与北京企业间的联合与协作，企业之间建立起了广泛的联系，京冀两地的关系也进一步紧密。

20世纪90年代，区域协作和区域组织逐步削弱。华北地区经济技术协作会在经历了八年的发展以后逐渐丧失了其具有的作用。环京经济协作区自1994年之后也进入到了摇摆不停的状态。由于缺少了区域协调机构，京津冀的企业之间、地区政府之间无序竞争、重复建设也变得越来越频繁，京津冀地区的生态环境遭到严重破坏，沙尘暴等恶劣天气连年冲击京津冀地区。

这一时期的京津冀三地的关系，一是由单纯的物资商品协作转向更多领域的合作。20世纪80年代中期，北京与环京地市合作建立了肉蛋菜生活资料基地和纯碱、生铁等生产资料基地。到90年代发展到共建港口、道路等多领域合作。如北京与河北合作共建京唐港、张家口市怀安县与北京市延庆县合作建设张同公路怀安段等一批项目。在环京经济协作区的运行下，创办了农副产品交易市场、工业品批发交易市场，组建了信息网络、科技网络、供销社联合会等行业协作组织，在地区企业之间建立起广泛的联系。二是由一般传统的通用技术的联合向新兴技术开发和应用联合转变。仅1993年和1994年引进的2300个技术合作项目中，年创利税50万元以上的就有562个，占签约项目的24.3%。列入河北省1995年高新技术产业的52个项目中，有近一半的项目是通过引进京津等地高等院校、科研单位的高新技术发展起来的。如邯郸荣药生物医学有限公司引进中科院微生物所的白细胞介素和人体线细胞生长素等基因工程药品、石家庄西三庄引进液晶显示器件等。开始由单个项目型合作向政府间的全面合作扩展。随着与京津联合协作不断深入，领域不断增加，双边都已经感受到充分发挥各级政府高效协调、管理各种经济协作的必要性。北京市西城区和崇文区与河北省张家口市的张北县及沽源县分别签订的对口支援协议就属于这种政府间的全方位合作。

1996 年以来，京津冀区域合作步伐加快、力度加大、领域拓宽、规模增大、方式增多，层次有所提高。1996 年北京出台《北京市经济发展战略研究报告》，提出“首都经济圈”战略（以京津为核心，包括河北省的唐山、秦皇岛、承德、张家口、保定、廊坊、沧州）。河北省提出“两环带动”战略，即外环渤海内环京津战略。1998 年北京市正式提出“首都经济”战略。这一战略的提出标志着北京市经济发展战略的两大突破：一是地方政府真正实质突破了“大工业”思想的限制，明确北京经济的本质是知识经济；二是地方政府初步跳出了自家“一亩三分地”，树立开放合作的“区域观”，强调首都经济要立足于北京这块土地上的所有条件而非仅仅是北京市所属所管的资源和条件，加强了与在京中央企事业单位的合作。2001 年，吴良镛院士在《面向新世纪建设“大北京”》中提出了大北京地区规划的思路，引起了广泛关注，获得了较多的认同。

2004 年是京津冀协同发展的关键之年，有着里程碑意义。是年 2 月，国家发展改革委员会地区经济司召集北京、天津、河北省暨秦皇岛、承德、张家口、保定、廊坊、沧州、唐山等市召开了京津冀区域经济发展战略研讨会，最后达成了加强区域合作的“廊坊共识”，“廊坊共识”的主要内容是：

第一，加强京津冀区域协调发展符合区域内各方的利益，是提高区域整体竞争力的迫切需要，也是推进区域经济一体化进程的必然选择。京津冀地区的区域经济合作取得了一定成效，但在协调发展中还存在体制、机制、观念等方面的障碍，必须予以突破；第二，京津冀地区协调发展应坚持市场主导、政府推动的原则，在平等互利、优势互补、统筹协调、多元发展的基础上循序渐进，逐步形成良性互动、竞争合作的区域发展格局；

第三，启动京津冀区域发展总体规划和重点专项规划的编制工作，统筹协调发展中的基础设施、资源环境、产业布局、城镇体系等相关问题。共同构建区域统一市场体系，消除壁垒，扩大相互开放，创造平等有序的竞争环境，推动生产要素的合理流动，促进产业合理分工；第四，联合开展港口、公路、铁路、机场等交通设施建设，逐步构筑联系各地的快速交通通道，形成现代区域交通体系。协调区域内重大生态建设和环境保护问题，联合开展水资源的保护与合理利用；第五，积极引导和支持区域内行业及企业间的经贸合作、技术合作，共同举办京津冀一体化论坛、经贸合作洽谈及招商引资等活动。

2004 年 6 月，环渤海合作机制会议在廊坊举行，会议达成《环渤海区域合作框架协议》，确定这个合作机制名称为环渤海区域经济合作联席会议，为环渤海地区的政府官员、企业家、专家学者提供一个高层次、有组织的定期磋商机制，以加强内部交流、协调和对外经济合作。京、津、冀、鲁、辽、晋、内蒙古等与会各方赞同博鳌亚洲论坛秘书长龙永图提出在河北省廊坊市设立一个负责日常工作的合作委员会的建议，以推动 7 省（区、市）的定期会晤和磋商；决定成立三层组织架构，负责推进合作发展。第一层架构是确立由各省省长、直辖市市长、自治区主席担任环渤海合作机制轮值主席，每年举行一次的联席会议制度，研究决定区域合作重大事宜。第二、三层架构是建立政府副秘书长协调制度和部门协调制度。明确环渤海区域经济合作联席会议接受国家有关部委指导，对外联络由博鳌亚洲论坛负责，各省市均设专门的联络机构和联络人员；鉴于河北廊坊具有内环京津、外环渤海的优势，环渤海区域经济合作联席会议日常工作联络机构设在廊坊。

廊坊共识及环渤海区域合作框架协议是京津冀区域治理的标志性事件。总体来看，这一时期合作的深度和广度都获得了空前的发展，从经济领域扩展到非经济领域，而且建立了新型的正式合作机制，签署了正式合作的框架协议。在国家发展改革委员会的推动下，京津冀都市圈区域规划从 2004 年开始着手编制。规划范围包括北京、天津两个直辖市和河北省的石家庄、保定、唐山、秦皇岛、廊坊、沧州、张家口、承德8个地级市；规划内容涉及各个方面。这样，京津冀都市圈区域创新体系专项规划和长江三角洲地区区域创新体系专项规划，开我国区域创新体系规划的先河。规划历经6年完成，并于2010年8月5日上报国务院，当时虽因多种原因未获国务院批复，但促进了2006年《国务院关于推进天津滨海新区开发开放有关问题的意见》、2009年《国务院关于同意支持中关村科技园区建设国家自主创新示范区的批复》的出台，推动了《中华人民共和国国民经济和社会发展第十二个五年规划纲要》提出“打造首都经济圈”。

党的十八大以来，以习近平同志为核心的党中央高度重视并极力推动京津冀协同发展。2013年5月14日，习近平在天津考察工作时指出，要谱写新世纪社会主义现代化的京津“双城记”，积极推进京津冀区域合作，促进优势互补、共赢发展。随后，北京市委书记和天津市委书记主动到河北省，分别签署《天津市河北省深化经济与社会发展合作框架协议》和《北京市——河北省2013至2015年合作框架协议》。天津和河北在推进区域一体化进程、完善交通网络体系、深化港口物流合作、提高水资源保障能力、推动产业转型升级、加强科技研发合作、加强农副产品对接、加快旅游会展融合、拓宽金融合作领域、建立合作协调机制十个方面进一步深化合作。北京和河北将在着力打造首都经济圈、共同推进北京新机场建设、共同促进首钢在唐山做大做强、全面开展科技创新和成果转化合作、共同创建区域优美环境、共同深化服务业合作、支持张家口承德地区产业发展等方面开展合作。

2013年8月，习近平等中央领导对河北发展做出批示，要求把河北省的未来发展，与环渤海地区崛起、京津冀协同发展有机结合起来，充分利用毗邻京津的相对比较优势，充分挖掘河北现有的潜力，形成新的经济增长极。此后，习近平多次就京津冀协同发展作出重要指示，强调解决好北京发展问题，必须纳入京津冀和环渤海经济区的战略空间加以考量，同时天津、河北要实现更好发展也需要连同北京发展一起来考虑。2013年9月，国务院批准国家发展改革委员会《关于编制环渤海地区发展规划纲要及首都经济圈发展规划有关问题的请示》，明确首都经济圈发展规划范围为京津冀三省市全域，规划期为2014—2020年，展望到2030年，重点是按照区域一体化发展方向，统筹解决制约三省市特别是首都可持续发展的突出问题。

2014年2月，习近平专门听取京津冀协同发展专题汇报并发表重要讲话，深刻阐释了推动京津冀协同发展的重大意义，明确提出京津冀协同发展的指导思想、基本原则、总体思路和重大任务，标志着京津冀协同发展上升为重大国家战略。随后，京津冀协同发展战略得到了中央和地方的进一步推进。李克强总理在2014年国务院政府工作报告指出："加强环渤海及京津冀地区经济协作"，将京津冀协同发展推向一个新高度。2014年3月31日到4月1日，时任国务院副总理张高丽在河北调研，要求河北抓住机遇、主动作为，在推动京津冀协同发展中实现更好更大发展。2014年3月26日，河北省委、省政府出台了《关于推进新型城镇化的意见》。2014年3月27日，河北省委、省政府召开的推进京津冀协同发展工作会议明确了在京津冀一体化中打造"四个支撑区"的战略定位，部署了抓紧推进京津冀协同发展的十项重点工作。2014年4月1日，时任天津市委书记孙春兰到武清区、宁河县的"未来科技城"和天津滨海国际机场调研，旨在借力京津联动发展、京津冀协同发展建设"国际港口城市、北方经济中心和生态城市"。2014年4月3日，时任北京市委书记郭金龙就深入贯彻落实习近平总书记北京考察重要讲话精神在通州区调研指出，通州是城市副中心，在推动京津冀协同发展中处于桥头堡位置，要积极主动融入京津冀协同发展，努力有更大作为。

2014年5月28日，国家发展与改革委员会举行促进区域协调发展举行新闻发布会，表示在制定京津冀协同发展相关规划过程中，要把握好"坚持问题导向、优化区域功能、突出协同发展、着力体制创新、注重条件约束"五大原则，并着眼于疏解非首都的核心功能，推进交通、基础设施互联互通、产业转型升级与转移对接等工作。

2014年8月国务院成立了京津冀协同发展领导小组，由政治局常委、国务院副总理张高丽任组长，紧接着将“首都经济圈发展规划”调整为“京津冀协同发展规划”。2015 年 3 月 23 日，中央财经领导小组第九次会议审议研究了《京津冀协同发展规划纲要》。中共中央政治局 2015 年 4 月 30 日召开会议，审议通过《京津冀协同发展规划纲要》。纲要指出，推动京津冀协同发展是一个重大国家战略，核心是有序疏解北京非首都功能，要在京津冀交通一体化、生态环境保护、产业升级转移等重点领域率先取得突破。这意味着，经过一年多的准备，京津冀协同发展的顶层设计基本完成，推动实施这一战略的总体方针已经明确。

2016 年 2 月，国家发展和改革委员会印发实施了《“十三五”时期京津冀国民经济和社会发展规划》。这是全国第一个跨省市的区域“十三五”规划，是推动京津冀协同发展重大国家战略向纵深推进的重要指导性文件，明确了京津冀地区未来五年的发展目标：以《京津冀协同发展规划纲要》为基本遵循，把京津冀作为一个区域整体统筹规划，在城市群发展、产业转型升级、交通设施建设、社会民生改善等方面一体化布局，努力形成京津冀目标同向、措施一体、优势互补、互利共赢的发展新格局。

2016 年 3 月 24 日，习近平主持召开中央政治局常委会议，审议并原则同意《关于北京市行政副中心和疏解北京非首都功能集中承载地有关情况的汇报》。他强调：北京正面临一次历史性抉择，从摊大饼转向在北京中心城区之外，规划建设北京城市副中心和集中承载地，将形成北京新的“两翼”，也是京津冀区域新的增长极。目前，北京城市副中心加快规划建设，相关城市设计和通州区总体规划制定完成，行政办公区一期工程结构封顶，生态环境和景观提升等重大工程项目进展顺利，北京市级各大机关及部分市属行政部门将率先启动向城市副中心搬迁。

2017 年 4 月 1 日，中共中央、国务院决定设立雄安新区。雄安新区的设立是以习近平同志为核心的党中央作出的一项重大的历史性战略选择，是继深圳经济特区和上海浦东新区之后又一具有全国意义的新区，是千年大计、国家大事。雄安新区规划建设以特定区域为起步区先行开发，起步区面积约100平方公里，中期发展区面积约200平方公里，远期控制区面积约2000平方公里。设立雄安新区，对于集中疏解北京非首都功能，探索人口经济密集地区优化开发新模式，调整优化京津冀城市布局和空间结构，培育创新驱动发展新引擎，具有重大现实意义和深远历史意义。设立雄安新区的重大决策获得国内外一致赞誉，2017年4—6月份雄安新区话题的互联网渠道舆情声量3977万条，正面评价占到95.5%。[①]雄安新区设立以来各项工作推进顺利，新区规划框架基本成熟，待履行程序经党中央、国务院审批后实施。

2017年9月27日，《北京城市总体规划（2016年—2035年）》正式获得中共中央和国务院批复。批复专门提出了深入推进京津冀协同发展的要求。具体内容是："发挥北京的辐射带动作用，打造以首都为核心的世界级城市群。全方位对接支持河北雄安新区规划建设，建立便捷高效的交通联系，支持中关村科技创新资源有序转移、共享聚集，推动部分优质公共服务资源合作。与河北共同筹办好2022年北京冬奥会和冬残奥会，促进区域整体发展水平提升。聚焦重点领域，优化区域交通体系，推进交通互联互通，疏解过境交通；建设好北京新机场，打造区域世界级机场群；深化联防联控机制，加大区域环境治理力度；加强产业协作和转移，构建区域协同创新共同体。加强与天津、河北交界地区统一规划、统一政策、统一管控，严控人口规模和城镇开发强度，防止城镇贴边连片发展。"

目前，京津冀交通、生态、产业等12个专项规划及北京新机场临空经济区、京冀交界地区规划建设管理等工作方案相继出台，北京加强全国科技创新中心建设总体方案印发实施，天津市、河北省分别制定了落实各自功能定位的规划方案。京津冀协同发展基本形成目标一致、层次明确、互相衔接的规划体系，京津冀协同发展规划体系"四梁八柱"基本建立。

① 发展改革委员会：《京津冀协同发展获六进展　雄安网络好评率95.5%》，中国新闻网2017年8月18日。

二、新中国成立后京津冀区域合作演变的特征

京津冀无论在地域上还是经济上都有着密切的联系，越来越成为一个不可分割的整体，在新中国成立后京津冀协同发展的过程中，三地的发展相互依存，相辅相成，三地虽然在发展程度上不同，但在这一时期三地的发展依然存在共同的特征。具体来说，表现为以下三个方面：

一方面是由政府主导型向政府和市场共同主导型转化。在新中国成立后的三四十年里，中国实行计划经济体制，因此在这一时期的京津冀区域经济合作中，国家计划主导着三地的各个方面的发展。这一时期，由于新中国刚刚成立，百废待兴，人力、物力、财力都非常匮乏，经济发展中的生产环节及所需的原料和物资都是由国家统一分配和调配。因此，自然资源成为这一时期京津冀三地合作的基础和重点。与京津相比，河北省有着丰富的自然资源，因此河北的主要角色定位是负责为京津提供生产所需的能源、原料及农产品，而京津则向河北提供工业产品。在计划经济体制下，政府主导的区域发展模式造成京津冀产业结构趋同化严重。

改革开放以后，三地政府积极参与了这一时期的区域间的合作，并且在推动经济合作中发挥了不可替代的作用。随后，市场经济提出，改革开放的国策进一步落实，都使得京津冀的经济焕发出新的活力，三地的经济联系明显增强，尤其是经济技术层面的协作显得格外突出。有统计资料表明，1980—1989 年间，河北省与其他省市共签订经济联合项目 18037 项，引进省外资金 80.37 亿元，同时，技术的引进有 5000 余项，人才的引进有 3 万多人。值得一提的是，与京津的项目、技术与人才的引进与合作占到 62%，在资金的引进上京、津两地占到 76%。

20 世纪 90 年代以后，随着我国社会主义市场经济体制改革的逐步深化，京津冀的区域经济合作从政府主导向政府和市场共同主导转变，在这样的背景下，区域合作的积极性进一步增强。京津冀各地方政府在推进区域发展，消除贸易壁垒，制定总体规划等工作中作了卓有成效的业绩。三地的企业也在市场这一强大推动力的作用下，在工业、农业、交通、电

信、基础设施等领域开展了全方位的合作，已经初步形成了由政府主导、企业参与、市场推动的区域合作的新局面。在这一时期，随着经济全球化和我国加入 WTO，珠三角和长三角地区掀起了新一轮经济合作浪潮，并由此带动了该区域经济合作的发展。

另一个方面是由单一化的协同发展向全方位、多层次的协同发展转化。随着改革开放的推进和国民经济的快速发展，京津冀三地之间的合作不断加强，尤其是在经济领域，京津冀合作的范围逐步扩大，内容逐渐增多。20 世纪 80 年代，京津冀的区域合作主要目的是在物资调配上达到互利互惠，在商品贸易上的合作更加深入。到了 20 世纪 90 年代中期，京津冀区域合作走上了一条快速发展的道路，经济的合作领域越来越深化和广泛，涉及工农业、能源、技术信息等各领域，产业梯度化转移也逐渐开始实施。

北京是全国人才的聚集地，具有雄厚的科研实力，人才、技术等关键的生产资源十分丰富。众多的高新技术产业成果颇多，科技转化为动力日益向天津、河北地区扩散。而天津由于新中国成立前经济发展良好，具有雄厚工业基础，许多领域的发展水平位于全国前列，加上独特的区位优势，力争重新打造中国北方的经济重心。河北地区虽与京津两地的经济实力存在差距，但一些中小城市也呈现出良好的发展势头，同时还有着相对丰富的自然资源。这意味着河北的各个城市与京津的产业分工与产业转移具有天然的互补性，可利用的空间很大，未来合作潜力巨大。另外，京津冀三地的产业梯度较为明显，在协同发展的大背景下，北京将一些传统优势项目向河北转移，而天津河北地区的许多企业也开始将自己的产品研发与营销基地向北京转移。逐渐，京津冀三地在信息产业、汽车制造业、电子产品生产业等领域开始形成初级的产业链。

伴随着市场经济的快速发展，生态环境压力越来越大，对资源的需求也越来越多，而剩余资源的可利用率不断下降，环境问题也非一日之功，这种局面给三地的协同发展造成了不小的麻烦。京津冀位于华北地区，从全国来看属于资源匮乏地区，如三地共同面临的水资源的问题，土地荒漠化问题等，都是京津冀发展遇到的难题。为此，京津冀三地又共同开始在环境资源的利用和保护方面开展深层次的合作。除此之外，在公共交通领域也是三地协同发展的一个重要方面。北京的公共交通设施已开始扩展至河北，多条城际铁路也相继投入运营。此外，京津冀三地在社会领域内合作也得以展开。京津冀三地在劳务市场、人才市场、卫生事业、教育事业方面也签署了一系列服务协议。京津冀三地区开始全面深化在人力资源领域的合作，在信息共享、人才培养、人员流动等方面都取得了令人满意的进展，这些都有效地促进了三地区的人才的自由流动与合理配置。

再一方面是由协同发展机制的欠缺向健全转化。新中国成立以后，京津冀三地的绝大多数合作是通过建立经济区或经济协作区的方式完成的。这种经济区域组织形式虽然为以后京津冀的协作打下了良好的基础，但也存在许多弊端。当时来讲，以省级行政区为单位，以省际经济协作为主要经济联系内容，其范围是一个大型经济区。20 世纪 80 年代前，京津冀地区属于华北经济技术协作区，设有协作区委员会及经济计划办公厅，负责协调大区内各省、市、自治区之间的经济联系，并组织各种经济协作。在华北经济技术协作区的指导下，京津冀三地间的经济合作虽然处于一种有组织的状态，但是这种合作基本上是以指令性计划的形式实现的，依靠自上而下的强制力推进。

20 世纪 80 年代后，真正具有现代意义的区域合作组织才开始出现。地域之间的分割被打破，华北地区成立了全国最早的区域协作组织——华北地区经济技术协作会。1988 年，北京与河北的保定、廊坊、唐山、秦皇岛、张家口、承德等地市组建了环京经济协作区，这是一个历史性的突破。在 20 世纪 90 年代以后，这种合作机制自身固有的缺陷已经严重制约了地区间的合作，不能满足新时期发展的要求，进而原有的合作机制逐渐解体。环京经济协作区难以继续运转，而被迫中止。京津冀的协同治理进入到一个散乱无序的发展阶段，在此后相当长的一个时期里，京津冀三地企业之间、地区政府之间无序竞争的局面凸显出来，可以说，当时的情况下，京津冀三地的合作将要走向死胡同。

新千年以后，这种无序发展的局面开始有所改观。标志性的事件是2004年“廊坊共识”的形成，它将区域规划、生态环境治理、基础设施建设、公共交通等纳入区域治理的范畴，随后签订的《环渤海区域合作框架协议》形成了正式的合作机制，随后，一系列有利于京津冀协同发展的合作机制开始建立，并不断健全和完善。至此，京津冀地区开始了真正意义上的区域治理，开始步入了平稳、有序、快速发展的阶段。

三、京津冀协同发展中的问题

回顾历史，展望未来。经过长时间的历史演变，京津冀协同发展已经上升为一个国家重大战略。实现京津冀协同发展意义重大，是新时代下国家发展的又一目标要求。长期以来，在中央和京津冀三地政府的共同努力下，京津冀都市圈经济增长取得了巨大成就，但是仍面临问题和挑战。

（一）市场发育程度不高，计划体制的惯性仍然存在

京津冀都市圈的发展一直存在着区域中的国有经济比重过高，政府对资源的控制力强，对企业的干预过大，市场发育程度不完善的特点。与长三角和珠三角相比较而言，京津冀三地政府和相关部门更多地使用行政手段推动经济发展，加强各个领域的合作，而京津冀地区的大部分企业也习惯于依赖政府的政策和资金支持来借力发展。

计划体制的惯性还集中体现在行政审批项目过多、权力过于集中等方面。京津冀都市圈内部长期的行政壁垒和市场分割，使生产要素的自由流动受到各种非市场因素的干扰，削弱了市场配置资源的能力，从而严重影响了资源的合理有效配置。各种经济形势无力去打破行政区划的空间限制，进行跨行政区域的行业集聚和整合，给京津冀一体化的形成造成严重的影响。如果不打破这样的局面，京津冀协同发展的未来仍会存在隐患，过多的计划干预迟早得交还给市场，这是普遍的经济发展规律。因此，加快推进市场一体化进程，发挥市场对京津冀都市圈资源有效配置作用还需

要中央和三地政府的共同努力。

（二）环境污染问题突出，生态承载能力弱

近年来，京津冀地区一直被环境问题所困扰，首当其冲的就是雾霾治理。据环境监测部门的数据来看，公布的大气质量排名，河北的城市几乎每次都“名列前茅”，除了张家口、承德、秦皇岛以外的大部分河北城市空气质量十分糟糕，石家庄、保定、邢台等地的空气污染指数经常排进全国的前十，北京也出现了环境污染的情况。可以说，治理环境污染是摆在京津冀地区发展最棘手的问题。除了大气污染以外，水资源的匮乏也是制约地区经济发展的因素之一。京津冀地区是我国严重缺水的地区之一，但这一地区却是人口众多，尤其是北京和天津，大量的人口不断涌入，再加上工业用水量巨大，京津冀地区的水资源总量不断下降，虽然我国实施南水北调工程，在一定程度上能够缓解京津冀地区的用水压力，但是不断增加的人口和急剧上升的用水量对于水资源的使用和调配仍是一个难题。与此同时，土地问题也是相当重要的一个方面，由于人口密度不断增大，京津人均用地面积不断减少，土地资源超载严重。京津冀城市群普遍存在土地利用效率不高、水土流失、土地沙漠化严重等问题，给经济发展造成了深刻的负面影响。

（三）各自为政现象严重，协同合作意识不强

长期以来，京津冀三地政府之间的协调沟通并不充分，不能够支撑起整个区域的协同发展。在发展战略和工作思路上各自为政，分工体系不完善，在行动上缺乏一致性。三地政府更多地关注自己地方的经济发展和财政收入的增长，考虑更多的是自己的经济效益，不能很好地换位思考，市场分割、贸易摩擦时有发生，京津冀三地形成了彼此割裂的利益主体，不能将自身的功能地位放到区域整体功能定位中去谋划，很少出台共同的解决方案，缺乏区域整体的发展规划以及长远合作的机制。各种经济组织和经济活动有时处于混乱和松散的状态。虽然在京津冀高层领导之间建立了

协商对话方式，但在行政体系内部尚需形成有效的对话机制、协调共商机制。这大大增加了京津冀相互促进、彼此协调、共谋发展的难度，严重阻碍而三地商品市场的流通，如果三地不能及时转变这种思维模式，尽快树立起合作意识、大局观念，京津冀协同发展就会沦为空谈。由此可见，京津冀区域经济运行机制的一体化还需要一个复杂的过程。

（四）发展水平不均衡，实力差距明显

京津冀地区所管辖的13个区市中，北京与天津是两个特大型城市，北京更是全国的科技文化中心，天津是北方的经济中心，两地经济发展的潜力巨大、实力雄厚。河北省除石家庄与唐山以外多为中小城市。京津冀区域发展中的“双核”北京和天津经济增长势头强劲，但是京津两地与经济增长缓慢的河北存在巨大的落差，而且京津冀三地的经济发展处于不同的阶段，三地的产业发展具有明显的梯度差距。京津在京津冀都市圈的发展中处于优势地位，相对容易获得较多的资源支持。京津冀三地不光是在经济实力上存在巨大差距，而且在公共服务供给、城镇化发展水平上也存在着巨大的不平衡。与京津相比，河北省在教育、住房、医疗、城市基础设施建设等方面的公共服务均较为落后。这样一来，京津冀都市圈内部的不平衡导致了整体竞争力的下降。

（五）产业结构层次低，产业趋同现象严重

京津冀都市圈的产业结构与我国另外两个城市群——长三角和珠三角——相比起来还有很大的优化空间。随着我国改革开放的不断深入，全国整体来讲产业结构日趋优化。京津冀三地的第一产业占GDP的比重呈逐渐缩小的趋势，相较而言，北京第二产业占GDP的比重也在不断收缩，天津的第二产业则呈现了先升后降的局面，而河北的第二产业占GDP的比重一直居高不下。第三产业的比较中，京津冀三地也呈现不同的发展趋势。北京、天津第三产业所占GDP的比重逐年上升，北京的涨幅更大一些，而河北长期以来虽然第三产业的比重也在增长，但是整体与京津还存

在巨大的差距。京津冀三地中，北京的GDP比重第三产业最高，第二产业次之，第一产业最低，天津与河北第二产业仍旧占据了GDP中的最高比重，而河北内部第一、二、三产业的差距较为明显。不仅如此，京津两地之间的产业结构有着一定程度的相似性，河北和天津的产业结构严重相似。在这种情况下，京津冀三地依然在发展自己的优势产业，调整自己的产业结构，拓展自己的对外联系方向，分别有自己的中心经济区域，甚至还存在一定的竞争，种种现象的存在都不利于京津冀一体化良性发展。

第三章　欧美国家政府协同治理机制的典型模式

随着经济全球化的演进，各国均不同程度上面临着城市发展和区域治理的难题。为了应对一定的治理危机，促进区域协调发展，西方国家或地方在协同发展和协同治理方面进行了先行探索。本章介绍和分析美国大都市区、欧盟区域和日本首都圈的治理经验和模式特点，以期为优化京津冀区域协同治理实践提供借鉴。当然，由于具有不同的政治体制和文化传统，处于不同的经济社会发展阶段，京津冀区域协同发展和协同治理具有自身的特点，西方国家政府协同治理的典型实践具有一定的启示和参考价值。

第一节　美国大都市区为代表的“整合治理”模式

一、治理背景和美国大都市区的发展

大都市区（metropolitan areas，MAs）是由具有一定规模的人口中心以及与该中心有密切经济社会整合度的邻近社区组成的城市空间组织形式，一般是通过地理和经济联合在一起而形成的城市聚集区。[①] 美国是当

① 张军涛、刘建国:《区域经济发展与区域公共管理》，北京师范大学出版社 2011 年版，第 134—135 页。

代发达国家城市化的典型代表，在19世纪工业化进程中，为了获得中心城市的优质服务，一些郊区居民同意接受中心城市的兼并、合并，城市人口和面积不断扩大，出现了许多大城市。进入20世纪20年代，大城市人口逐渐向郊区迁移，形成了功能相当集中的中心商业区和以居住为主的郊区，大都市区的组织形式开始大量出现。①

美国大都市的发展，从时间上看主要分为两个时期：第一个时期是1920—1940年，大都市区的数量和规模普遍增长。在这一时期，大都市的发展主要是通过中心城市“兼并”实现的。兼并是指由中心城市兼并郊区的某一部分，并由中心城市政府行使新区的管辖权。就郊区来说，美国设市的人口只要不少于2500人即可，由于大部分郊区的政府财力有限，不能满足所在辖区民众对公共服务的需求，所以许多郊区的居民愿意加入中心城市，而中心城市作为该区域的经济中心，在基础设施和公共服务供给方面有明显的优势，对郊区有很大的吸引力，且随着经济规模的膨胀中心城市也有对外扩展的迫切需要，所以实际上从19世纪后期就开始了兼并合并活动，一是中心城市根据州的法律，将其周围尚未组成自治政府的城市化地区并入城市地域，从而扩大城市疆界；二是中心城市通过与其邻近的市、县相融合而扩大。②到1920年，美国有58个大都市区，其人口占美国总人口的近34%；1940年，大都市区增加到140个，其人口比重上升至47.6%，接近全国总人口的一半。大都市区成为美国城市社区的主体，美国学术界称20世纪40年代后为大都市区时代。

第二个时期从1940年延续至今，主要表现为百万人口以上的大都市区优先增长，开始出现大型大都市。到2000年，美国共有大都市区317个，大都市区人口22598.1万，占全国总人口的比重为80.1%。其中，人口在100万以上的大都市区达到47个，人口总数为16151.2万，占美国

① 谢守红：《美国大都市区发展的特点与趋势》，《天津师范大学学报》（社会科学版）2003年第6期。

② 罗思东：《美国大都市区政府理论的缘起》，《厦门大学学报》（哲学社会科学版）2004年第5期。

总人口的比例达到57.2%。居住于500万人口以上的大都市区的人口大约占全国人口的1/3，其中，纽约、洛杉矶、芝加哥、达拉斯、费城5个大都市区就拥有全国约1/5的人口。到2010年，美国500万人口以上的大都市区共有9个，300万人口以上的大都市区共有17个。到今天美国发展成为了一个大型大都市区化国家。

二、美国大都市区发展中的政府治理过程

美国大都市的发展已经有百年的历史。为了应对不同时期大都市区范围内的治理问题，美国大都市区政府治理模式也经历了一个变迁的过程。丹尼斯·R.杨（Dennis R.Young）总结道："在很大程度上，大都市区政府治理结构问题的特征可以归纳为基本的组织选择：集中或分散。"①可以说，美国的大都市区治理模式的特点体现于政府治理的集中和分散的反复过程中，其中分散治理是大都市区治理的一种初始和常规状态，是美国政治体制和政治文化孕育出的政治现实，而集中治理则是对大都市区地方政府分散化采取的某种纠偏措施。②

作为对大都市区政府治理实践的回应或倡导，美国学术界提出了三种大都市治理理论：即以政府权威集中为代表的传统区域主义模式，以公共选择学派所推崇的分散的"多中心治理模式"，以及分散治理和集中治理的综合体"新区域主义模式"。传统区域主义认为在区域整合下所成立的区域政府，可以避免政府间不合作的竞争关系，同时又可以提供资源给原本较为贫困的地区，使其得以发展，从而有利于区域经济整体提升。公共选择学派将区域视为一个"公共市场"，欲把市场整合在区域内。公共部门（各级政府）、私人部门（企业、民间组织、非营利组织）、自治团体

---

① Dennis R.Yong，"*Consolidation and Diversity: Choices in the Structure of Urban Governmance*"，*American Ecfonomic Review*，Vol. 66(2)，1976，pp.378–385.

② 易承志：《集中与分散：美国大都市区政府治理的历程分析》，《城市发展研究》2010年第7期。

等具体公共服务提供者在区域内相互竞争。但是，传统区域主义过分强调政府的作用，而公共选择学派则过分相信市场的力量，不可避免地具有内在局限性。新区域主义试图综合这两种理论的优点，突破它们的局限，主张政府更多的是扮演组织者、调停者的角色，认为许多发展战略、规划纲要、合作制度都需要政府、市场和社会相互协调，因此带有整合主义的治理特点。①

（一）分散的初始状态

从20世纪初以来，美国城市的郊区化发展十分迅猛，郊区政府实体急剧增多，造成了美国大都市区政治上的“巴尔干化”（balkanization）现象。所谓“巴尔干化”，是指大都市区内政府单位或政治实体数量庞大、功能重叠、边界不清的政治碎片化现象。这些政府单位或实体之间没有隶属关系，都是平等而自治的实体，它们为了各自的利益和发展相互竞争，就像巴尔干半岛上林立的小国一般。特别是第二次世界大战以后，大都市区内的地方政府迅速增加，1962年至1982年，美国大都市区的政府机构的数目由2.18万个增至2.98万个，增加了36.7%。一些大都市区政治实体的数量更是惊人。例如，1972年纽约大都市区的政府单位增加到1465个，芝加哥大都市区954个，费城大都市区705个，匹兹堡大都市区712个，旧金山—奥克兰大都市区414个，圣路易斯大都市区400个。②

关于美国大都市区政府体制分散化的原因，学界主要从商业以及地方自治传统方面进行解释。有学者认为，19世纪美国城市的发展壮大，在很大程度上是由于兼并造成的，但进入20世纪以来，由于郊区抵制的增强，东北部和中西部城市的兼并骤然停止，城市的辖区停滞不前，而与此

① 曹海军：《新区域主义视野下京津冀协同治理及其制度创新》，《天津社会科学》2015年第2期。

② 刘建芳：《美国大都市化进程中的地方政府体制“碎片化”及其影响》，《宁夏大学学报》（人文社会科学版）2008年第6期。

同时，郊区市镇却如雨后春笋般建立起来，从而造成了大都市区政治上的巴尔干化。[①] 当然，这种解释是一种事实，但是对结果的描述。在这方面，学者刘彩虹从经济商业等利益因素的分析更具启发意义。她认为，美国大都市区内各种分散的社会和经济体有一种强烈的殊分主义（particularism）倾向，为了维护各自群体的特殊利益，保持对自己社区事务的控制权，纷纷选择建制为分散化的同质性社区。而逃避中心城市税收也促进了郊区的自治与独立，首先是制造业巨头为了规避中心城市的高额税收，选择到城市边缘或远郊建立工业卫星城；许多贫困的城市居民为了避免向那些他们无法承担的城市服务纳税，也搬迁到了未开发的郊区。至于房地产开发商则直接推动了多中心政府体制的建立，因为在城市边界外，开发商一般能以更便宜的价格获得地产，并能以更为廉价的方式开发。为使他们的地产更具吸引力，开发商们积极支持自治体建制或建立特区以提供市政服务，而且通过成片开发，开发商们也促成了各种同质性的、更加排外的社区的建立。[②] 关于美国地方自治的传统人所共知，托克维尔在《论美国的民主》中有精彩的叙述。

大都市区政治的巴尔干化产生了许多消极影响，严重危害了大都市区正常有序的发展，简·雅各布斯（Jane Jacobs）称之为“大都市危机”。这些弊端主要表现在：由于许多郊区自治市的规模很小，没有能力提供某些大型的服务设施，导致服务质量与经济效益的低下；由于郊区化过程中的过滤机制，到郊区定居的多是比较富裕的中产阶级和上层阶级，而滞留在中心城的多数是那些穷人和少数民族，因而造成中心城和郊区之间在收入、财政、税率和服务的不平衡；由于中心城不能兼并郊区，限制了中心城空间规模的发展，出现了人口减少、经济力量衰退、城市面貌衰败的现象，影响了城市的声誉和地位，进而影响了中心城乃至整个大都市区的发

---

① 孙群郎：《美国大都市区政治的巴尔干化与政府体制改革》，《史学月刊》2003 年第 6 期。

② 刘彩虹：《整合与分散：美国大都市区地方政府》，华中科技大学出版社 2010 年版，第 244 页。

展潜力。①

为了应对大都市区面临的危机，改革运动此起彼伏，大致分为两个阶段。20 世纪早期到 60 年代，可称为传统改革时期，强调地方政府之间的合并，成立高度集权的综合性的大都市政府，为本地区提供全方位服务。第二个阶段是 20 世纪 60 年代后期至 90 年代，可称为新改革运动时期，强调统一治理大都市区域内的问题，同时重视地方政府的自治管理的独立性。

（二）集中化的政府模式

集中化的政府模式就是对大都市的政府进行重建，建立权威性的政府，对区域内的资源统一分配，高效率地解决公共问题，以期能够缓解地方政府“巴尔干化”现象。

一是强调中心城市与县政府合并，促使地方政府之间有力配合。改革者认为通过权力集中，使政府拥有统治大都市区的一般权力，可以增进政府的工作效率和经济效益，只有权力的集中和政府职责分明，公民们才有可能对其官员进行监督。从第二次世界大战结束到 20 世纪 70 年代有很多学者开始建议进行市县合并，虽然过程很曲折也有 17 例成功的例子。1949 年路易斯安那州的巴吞鲁日与东巴吞鲁日教区合并，是 20 世纪美国大都市区政府体制改革运动中首次市县合并成功的范例。这次合并的主要制度创新就是城市政府与教区政府的交叉式合并，两个政府拥有一个政府首脑，一些主要官员互相兼职。另一个制度创新是在合并的地区建立税收和服务区。合并的地区分为三个地区，即城市地区、工业地区和乡村地区，三个地区分区管理。城市地区是指中心城市的辖区，由市政府提供警察与消防服务、垃圾收集与处理、街道照明、交通管理、污水处理等，城市地区的公民要向市政府和教区政府纳税。工业地区的市政服务设施要通

① 孙群郎：《美国大都市区政治的巴尔干化与政府体制改革》，《史学月刊》2003 年第 6 期。

过私人服务企业来提供，费用由该地区的居民自己承担，该区的公路、桥梁、街道、机场由教区政府通过在全教区征税来提供。与城市地区相邻的乡村地区在有一定发展后，可以合并于城市地区，但需要被合并地区财产所有者的多数同意和市议会的批准。这种根据不同需求而将税收和服务进行区分的办法，使市政府和教区政府在提供服务方面拥有很大的灵活性。

1962 年田纳西州的纳什维尔和戴维森县合并，成功地建立了一个单一制综合性的大都市政府，这是传统改革者所倡导的一种理想的大都市政府形式。大都市区政府在全县行使广泛的权力，包括维持治安、医院、街道、发展规划和分区制度、废物处理和公共教育等。该县所有的居民都要为这些服务缴纳财产税。一般服务区内的住宅所有者还可以从大都市政府获得某些附加的服务，比如更多的警察、消防、供水、环境卫生设施和洪水排涝、街道照明等，但要缴纳附加税。一些政治评论家称纳什维尔大都市政府改革是 20 世纪市县合并最成功的例子。州在纳什维尔大都市政府成立两年以后进行的民意测验表明，71% 的选民对大都市政府的运作感到满意。选民们还认为新的政府使他们更容易知道，当他们遇到困难时该向谁求助。传统改革理论家腊斯克倡导，“真正的大都市政府必须是一个一般性的地方政府。它必须拥有州相关法律之下一个自治市政府的所有权力。而且它必须在其辖区内行使排他性的权力。也就是说，它不能是一个在现存各主要自治市辖区的夹缝中起补充作用的一般性政府”。① 虽然纳什维尔大都市政府没有这样绝对的统治权，但就“单一综合性”这点而言，它是符合传统改革者所提倡的大都市政府标准的。即便如此，这种模式并没能遏制郊区蔓延的状态。

二是设置双层政府体制。双层制大都市区政府由一个履行区域性功能的政府和若干承担地方范围服务功能的政府两个层次组成，上层区域性政府涵盖较大地理范围与较低层的自治体组织。在这种体制下，县政府管辖

① David Rusk, *Cities without Suburbs*, Washington, D.C.: Woodrow Wilson Center Press, 1995, p.96.

权增加，也就说大都市区的主要权力向县政府集中，县政府履行相当于大都市政府的部分职能。该县辖区内的其他政府单位及其自治权利仍然保留。这是一种较为温和的改革方法，最为典型的是1957年成立的佛罗里达的迈阿密—戴德县大都市政府。大都市区政府（上层）负责其县域内非城市地区的所有服务，而27个自治市的服务由大都市政府和所在市的政府（下层）共同负责。上层和下层的职能分工明确。都市区政府由一名执行市长，一个县域行政总裁，13名委员组成，每个委员代表一个地区，任期四年。大都市区设有议会、法院、检察院和负责规划、预算、财税、警务、消防、运输、通信、人力资源、信息与技术、住房与环境、消费者服务、废弃物处理等机构。市一级政府由一名市长，一名城市行政总裁和五名委员组成。[①] 这种双层制政府体制在1970年被美国经济发展委员会推荐为解决较大都市区问题的主要方式之一,一方面照顾到全区的统一发展，另一方面又照顾到地方事务和私人部门的管理，是取得集中式和分散式两种解决方案的双重功效的有效方式。

三是为协调区域性矛盾，设想建立具有更高权威的区域政府，这一成功的例子有“双城大都市区议会”和“波特兰大都市区政府”。双城指的是位于美国明尼苏达州东部的明尼阿波利斯—圣保罗两个分居密西西比河东西两侧的城市，1967年由州立法院授权建立了大都市区议会，管辖7个县，基本职责是根据区域发展框架制订大都市综合计划，对区域的排水、交通、公园和私人飞机场等系统进行改造，以满足生活在大都市区城市服务区范围内居民的需求。双城区域中的每个市政商业和工业税收中的40%用来组成一个共享的区域基金。在农村地区则建立低密度的乡村服务区以保护农业。这个大都市区域发展框架，包含城市地区、发展中的城市地区、独立的增长中心、乡村中心、商业性农业地区以及一般的乡村地区。俄勒冈州的波特兰地区包括俄勒冈州的波特兰都市区的3个县及24

---

① 白易彬:《京津冀区域政府协作治理模式研究》，中国经济出版社2017年版，第62页。

个城市，是美国第一个直接选举产生的区域政府，其职能主要是会同地方政府制订区域计划，负责都市区成长边界的调整，协调区域3个县、24个城市、60个特别区和州区域机构，有效保护了开敞空间及公园，并进行了土地利用及交通规划、废物处理与回收等管理。在解决区域性重大问题上体现了区域性行政组织的灵活性和实效性。①

（三）新区域主义治理模式

20世纪80年代初以来，美国新区域主义的政府改革策略对解决大都市化发展产生的问题起到了良好的作用。新区域主义是大都市区范围内的地方政府自愿联合建立的，通过政府间协议、松散的大都市区协会、单一功能的特区或功能区解决大都市区共同问题的改革策略。

新区域主义治理模式的主要内容有：第一，大都市区治理以合作关系为主要方式，强调社会力量和公民参与大都市区进行治理。传统区域主义与新区域主义尽管在目标上相似，但其内容和路径显然不同，新区域主义基本理念更加符合城市的发展和民主的传统。传统区域主义强调构建大都市区政府通过减弱政府层次与数量来提高治理的效能；新区域主义考虑美国城市历史发展的现实，承认地方差异的客观存在，对地方零碎化现象不直接谴责，而是寻找新的路径和方法改变不合理的存在，强调地方的相互依存，通过治道寻求发展。所以，新区域主义理念更加强调治理能力的发展，而非政府的扩张；注重治理的多元化，而非单一的公共部门；治理实践的过程是公平合理的跨部门合作，而非仅仅是政府间单一的协作。所以，新区域主义的理念较传统区域主义更现实、更具包容性，更易于被社会所接受。

第二，新区域主义模式从更广泛的大都市区范围出发，强调区域性合作，强化管理，保证大都市区理性发展和缓解社会经济问题。政府理事会

---

① 刘建芳：《区域主义：美国大都市区治理的理论与实践》，《东南大学学报》（哲学社会科学版）2014年第5期。

和大都市区规划组织是区域协调的主要机构，两者的性质接近，而权限不一样。前者主要在公共服务、经济发展和社会平等、财政公平等政策领域方面发挥作用；后者主要是实施联邦政府的规划和交通设施管理的区域性准政府组织。自20世纪90年代起，城市群内出了现为数甚多的区域合作组织。这些组织就一些区域敏感问题展开讨论，引起人们对一些潜在的或不被人注意的区域问题的普遍关注，有的甚至制定了区域发展规划，就一些区域性问题进行广泛协调，并成功地解决了很多区域协调问题。①

第三，大都市区治理打破公私部门界限和地区界限，重在“合作”和“协作”。所谓合作，主要是指政府间合作，其典型是具有联盟性质的地方政府协商会。而协作，主要是指非政府间的协作，一般是形成公共和私人的伙伴关系，甚至部分公有事业部门通过私有化的途径来解决区域问题。合作和协作有时融合，有时部分交叉，泛称为“功能性区域主义”。除了功能性区域主义外，还有合作区域主义、行政区域主义、财政区域主义、结构区域主义等多种方式。除了以上这些方式，还有政府间合约以及功能转移，通过建立专区和职能机构实施的区域化治道，达到治理的目的。

第四，改善大都市区社会状况和生活质量，将区域规划、节约资源和环境保护有效结合一并治理。

新区域主义的大都市区治理在实践中一般表现为三种方式：一是在州政府的政策议程及其实施过程采用“精明增长”计划。2000年，美国规划协会（APA）联合60家公共团体组成了“美国精明增长联盟”（Smart Growth America），确定精明增长的核心内容是：用足城市存量空间，减少盲目扩张；加强对现有社区的重建，重新开发废弃、污染工业用地，以节约基础设施和公共服务成本；城市建设相对集中，空间紧凑，混合用地

① 李娣：《美国城市群发展对中国的启示》，载中国国际经济交流中心：《中国智库经济观察》，社会科学文献出版社2014年版，第174页。

功能，鼓励乘坐公共交通工具和步行，保护开放空间和创造舒适的环境，通过鼓励、限制和保护措施，实现城市经济、环境和社会的协调发展。①2003 年，APA 在丹佛召开规划会议，会议的主题就是利用精明增长来解决城市蔓延问题。会议指出了精明增长的三个主要要素：保护城市周边的乡村土地，鼓励嵌入式开发（infill development）和城市更新（urban regeneration），发展公共交通。

二是政府、私人部门、非营利组织三类主体合作，对特定的大都市区问题协同治理。

瓦尔克（Walker）总结了美国地方府际合作的 25 种类实践形式，包括推动共同志愿服务、非正式协议、正式府际协议、府际服务契约、服务外包、多数社区伙伴关系、跨部门合作、非营利公共法人的共同运作、共同实施境外管辖权、区域议会、联邦诱导型跨域团体、区域服务特区、府际功能转移、兼并、法人化、单一财产税基分享制度、政府平衡基金、服务统合、共同推动区域改革、单一目标导向的特区政府、区域特殊管理局、城市区域管理局、地方政府合并、联盟型城市政府、城市政府等。②

政府间服务合同是美国大都市区地方政府普遍采用的合作方式。政府间服务合同是两个或两个以上政府签订的有法律约束力的协议，根据协议规定，其中一个政府同意按照议定的价格向另一政府提供某项服务，服务的质量与数量都可在合同中约定。如一个未设高中的地方学区可以把自己的学生送到邻近学区的高中接受教育并向该学区支付费用。小的社区常常从一些专门化的政府单位购买图书馆、娱乐设施或消防服务。县政府常常与自治体签订合同，付费给后者以维护穿越自治体的县级公路。采取这种政府间服务协议，地方政府仍然承担提供服务的责任，但

① 黄小青：《城市规模预测方法与应用——以广西北部湾经济区城市群为例》，社会科学文献出版社 2013 年版，第 247 页。

② 耿云：《新区域主义视角下的京津冀都市圈治理结构研究》，《城市发展研究》2015 年第 8 期。

是可以通过契约由其他政府单位负责服务的生产。据统计，目前有45个州允许地方政府签订服务合同。国家城市联盟的一项调查发现，人口超过10万的城市中有1/2采取了政府间服务合同，而人口超过30万的城市中这一比例高达3/4。

地方政府间合作的另一种形式是共同权力协定，是指两个或两个以上的政府共同建造和管理某项设施或共同提供某项服务，主要包括共同设施协定和共同服务协定。政府间关系咨询委员会1974年进行的一项调查发现，大都市区中40%的中心城市和22%的郊区自治体都参与了共同设施建设。垃圾掩埋场是共同设施协定中最常见的合作项目，而污水处理厂、机场和医院也经常以此种方式进行建设和管理。

在共同服务协定下，参与协定的各地方政府仍然提供各种服务，但在某个领域更为专业化，并向其他政府提供这种专业化的服务。如警察服务可以分为内部通信、预防性巡逻、警察培训、犯罪实验室、拘留所的管理等若干组成部分。在服务协定下，一个政府可以提供警车和巡逻保护，而另一政府则提供警察人员；一个政府可以同其他政府共享其犯罪实验室，而后者则可以提供自己的警察研究学会。政府间关系咨询委员会发现，与共同设施协定相比，城市更多地参与到共同服务协定中：在所有参与调查的城市（包括非大都市区城市）中有35%签订了共同服务协定，其中中心城市的比例为62%，而郊区的比例则为39%。另外，人口超过5万的县中，有57%也参与到共同服务协定中。其中涉及最多的三项服务依次为污水处理、消防和文化娱乐。①

在协同治理理念中，不仅体现出政府之间和上下级之间的权力和资源分享，而且体现出政府与企业、非政府组织和公民之间的权力和资源分享。比如对“棕色地带”的治理。所谓“棕色地带”是指被废弃、闲置的或未得到充分利用的工业和商业设施，这些地区的再开发是1995年启动

① 刘彩虹:《整合与分散：美国大都市区地方政府》，华中科技大学出版社2010年版，第164—170页。

的全国性更新改造工程一部分，旨在帮助城市社区从经济上和环境上复兴这些地产，缓解其潜在的对居民健康的威胁，恢复经济活力。在“棕色地带”改造过程中，提倡相关州、社区及个人全力配合，共同实施全面清理方案，依据可持续发展原则重新开发此地，彻底防止“棕色地带”再生。这是近年来美国联邦政府针对中心城市进行环境治理的一项重要举措，也是各地方政府和私营部门参与的成功范例，各政府组织、各企业和个人形成了新区域主义伙伴关系。由于“棕色地带”多半位于中心城市，因此可看成是新区域主义改善中心城市的具体步骤。

三是围绕联邦政府与州政府的政策项目，形成大都市区的区域协作关系，如“公司伙伴关系”和“社区间伙伴关系”。在芝加哥大都市区，很多商界精英在 1999 年倡导组建“芝加哥大都会 2020”，该组织不仅就一两个区域性问题进行协调，而是范围很广，并有战略性考量，在其网站上醒目的徽标是“同一个区域，同一个未来”，成员以私营机构为主，资金来源也是私人基金会，如麦克阿瑟基金会提供三年一度的 400 万美元基金。①

20 世纪 90 年代中期以来，新区域主义的理论广泛被各学派所接受，特别是传统区域主义也吸收了新区域主义的治理理念，对自身传统的理论和改革措施加以完善和改进。

三、美国大都市区政府治理的特点

美国大都市区的治理从一元到多元，从单一维度向多维度转变，从推崇构建大都市区政府的体制改革转变为注重地方政府管理过程的“治理”改革的效果是显而易见的。美国大都市的治理模式发展过程呈现了以下特点：

① 刘建芳：《区域主义：美国大都市区治理的理论与实践》，《东南大学学报》（哲学社会科学版）2014 年第 5 期。

（一）始终坚守地方自主权同时维护政府权威

始终坚守地方自治是美国大都市政府“巴尔干化”现象不断严重的重要原因之一，一方面是美国民众追求自由、崇尚自治，另一方面是美国设置市对人口数量要求较低，再加上美国大都市区域内政府单位不存在隶属关系，有着强烈的疏分主义倾向，致使美国大都市区内出现了地域碎化和职能碎化的政治顽疾。但是这些追求民主与自由的人们并没有忘却，大都市区的发展需要城市和郊区、政府和社会的联合和合作，离不开权威主体对区域性共同事务和矛盾的整合应对，因此努力寻求地方自治与中央权威的平衡点。

首先，国会的权威性发挥了重要作用。为了规范市场，避免各州的贸易限制和贸易壁垒对自由贸易产生破坏，国会有权力制定凌驾于各州所制定的存在矛盾和对立的法律之上的全国统一的法律。美国国会通过《州际商务法》《航空解除管制法》《汽车运送法》《公共汽车管理改革法》等法律防止各州的贸易限制，维持国家市场经济的正常运行。其次，美国最高法院所扮演的仲裁人的角色在美国州际关系处理中也至关重要。最高法院通过对具体案件的裁决，打破了地方保护主义的枷锁，充当了宪法条款的解释者和州际冲突的裁决者。此外，在美国很多大都市设立了获得联邦政府和州政府支持的地方政府协会，它们在解决跨区域问题上具有灵活方便的优势，例如1961年成立的“旧金山湾区地方政府协会”（ABAG），其起初的职能定位是大都市区发展规划咨询机构，旨在向区内地方政府和州政府提出解决各类区域性问题的方案，后来又逐渐成为专门进行区域性废弃物处理和空气质量控制的管理机构，这类大量的区域性组织，在团结、协调地方政府共同面对跨区域问题上发挥了重要作用。

（二）政治单位的增加造成利益关系的重叠

这一点既是美国大都市在治理过程中出现的问题，也是其特点。美国大都市的发展中不仅仅是郊区化的发展导致了政府林立，更为突出的是其他政治实体如雨后春笋般不断出现并且发展壮大。相重合的社区土地，相重合的利益诉求，使这些政治实体间的利益关系发生了重叠。

一方面，政府能够更好地整合资源，让这些政治实体之间形成良性竞争，优胜劣汰，能够满足民众对公共服务多方位的选择需求，更好地为大都市区的发展作出贡献。另一方面，若是政府权威不够强硬就会导致资源分配不均，为了自身的利益诉求，这些政治实体在一定程度上会形成恶性竞争，面对大都市民众所需的公共服务，最为优先考虑的是自身利益，这会阻碍大都市区的发展，使大都市区域内的政治利益关系交错，政治关系复杂化。

（三）寻求民主与效率的平衡点

民主和效率能否兼顾是国家治理和城市治理的难题。为了追求规模经济，中心城市急速兼并郊区，以人员、物资、资金、信息等各种“流”的形式，通过交通、通信等基础设施传递、扩散的途径使大都市区快速发展起来，初期效率是达到了，但伴随大都市区发展为大型大都市，地方政治“巴尔干化”现象不断加剧，美国的改革家们开始寻求新的发展契机。在20世纪的后期面对大都市区爆发的重重危机，人们开始对大都市区的政府单位进行整合管理，公共选择学派推崇多中心的治理模式认为这样才能更好地保障民众的民主权利，但是又容易降低办事效率。后来出现的重塑政府权威的做法，受到了公共选择学派的强烈抨击和反抗。为了更好地实现民主和效率的平衡，出现了在保证地方自治的情况下，大都市区域内的政府单位进行协商，建立具有弹性的相关管理机构和组织，对大都市区内的共同问题进行管理的“新区域主义”，这让大多数人能够接受和选择并应用于大都市的整合治理当中去，这种方式沿用至今。

总的来看，美国大都市的发展是对城市化发展的升级，在其发展过程中20世纪60年代和80年代分别出现了大的危机，但是每一次危机到来和度过都是美国大都市区的新生和发展的节点。美国大都市发展的治理过程是艰辛的，但是由城市发展为大都市进化为大型大都市的美国大都市区一步一步地前进，使城市化升华到了更高的层次。

四、美国大都市区政府治理的启示

美国大都市在发展过程中出现的问题和实践经验能够为我们国家政府治理所借鉴。在我国京津冀区域合作协同治理中，要立足国情和中国特色社会主义社会的实践，对西方的治理模式进行创新性发展和转化。

（一）根据具体情况进行治理模式的调整

政府治理没有固定的模式。在美国都市化发展的初期，分散的管理模式就是大都市区初建的伴生品，但是在都市化发展过程出现的政治利益关系的重叠和空间的异化让改革者们意识到过度地分散会导致大都市区崩溃，便开始了对这种模式的修正之路即集中模式的管理。因此，我们发现，从 20 世纪初到 20 世纪 90 年代，美国大都市政府治理是在这种走偏和修正的道路上不断反复的，可以说在这一个变革过程中始终贯穿着分散和整合两种相反的张力，影响这种变革的原因不外乎联邦、地方、政府、市场等多种力量角力的结果，有学者对美国大都市区政府治理体制归纳为如下的动态过程（见图 3–1）。也就是说，美国的大都市区治理既有紧密型的统一组织的治理，也有松散型的区域治理，归纳起来有三种治理模式：单中心体制论、多中心体制论和大都市区域主义模式。有学者通过考察后指出，华盛顿大都市区政府委员会（MWCOG）主要体现了单中心体制论的观点，旧金山湾区政府联合会（ABAG）则更多地体现了多中心的观点，而纽约大都市区的治理实践则是大都市区域主义的体现。因此，区域治理研究不应去寻求一种唯一正确的组织模式，而应该关注各种可能的治理模式。①

① 马海龙：《京津冀区域治理协调机制与模式》，东南大学出版社 2014 年版，第 111—130 页。

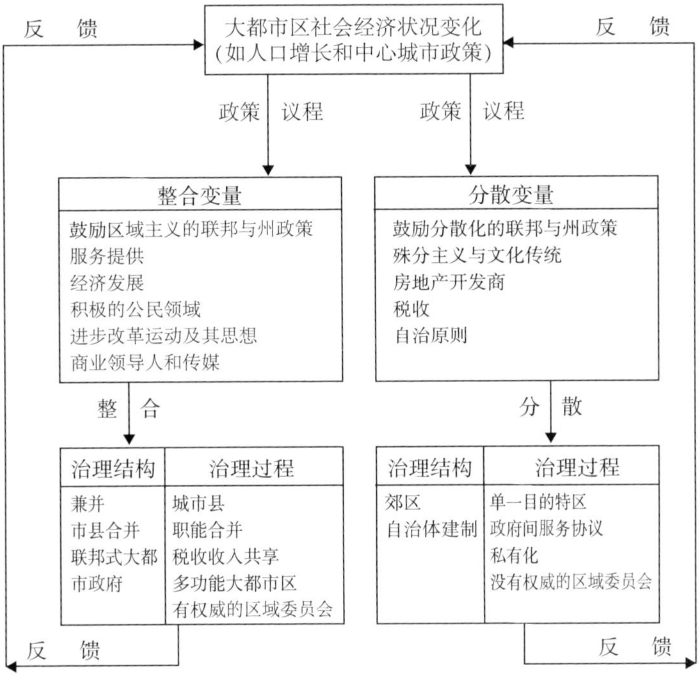

图 3–1　美国大都市区的治理体制①

我国的国情是地域辽阔、民族众多，各地自然条件千差万别，经济发展水平各不相同，各种社会和区域问题多种多样，这就要求我们根据不同区域发展的实际情况采取合适的治理模式。在我国，推进区域治理必须坚持党的领导，依靠政府的力量。构建京津冀区域协同治理机制，前提是协调三地政府的关系。有学者恰当地指出，由于“行政分割以及区际矛盾在内的我国的行政分散状况在短期内难有效根除，因此在一定程度上需要建立一个统一的、集权的权威中心进行大都市区的协调与整合，而不是不顾现实跨越式建立起网络整合框架”。② 实践证明，在我国的政治体制下，京津冀区域涉及两个直辖市和一个省，以及首都北京辖

① 刘彩虹:《整合与分散：美国大都市区地方政府》，华中科技大学出版社 2010 年版，第 247 页。

② 靳亮:《我国城市圈治理的“三步走”路径选择——基于美国大都市区治理的经验》，载《安徽师范学院学报》2014 年第 2 期。

区内诸中央部委及其下属的企事业单位，没有强有力的组织领导和协调推进机制难以推动区域协同的深入发展。在具有成熟的统一权威协调机制之后，可利用这种权威中心，引导区域内多元利益主体的互动与参与，形成多元的治理格局。

（二）处理好中央与地方、地方与地方之间的关系

我国属于单一制国家，在维护中央权威和发挥地方自主性的原则下能够很好解决政府“巴尔干化”问题。在政府协同治理的过程中，从我国国情和京津冀区域的实际来看，自下而上的模式不符合实际而且有历史的教训，完全依靠市场和社会主导不现实，因此在治理初期应发挥中央政府的指导作用，建立中央政府推动、地方政府参与的治理体系。在中央主导下制定区域发展规划、协调各种矛盾和问题，推动三地展开高层协商。此外，为了避免引发“治理空窗”现象，京津冀城市群各城市之间以及各职能部门之间的横向和斜向协调要联动起来，这是整个城市群协调发展的关键。当前，京津冀三地政府之间的交流非常频繁，但是相互协调少；形成了很多共识，但是需要真正落到实处。为此，必须对现有的协调平台进行整合，建立一个由“三地四方”（中央政府，京津冀三省市）都参与的协调平台，形成“三地四方”互动以及协调的制度化、常态化和规范化。①

（三）实现公共服务提供的多元化

从美国治理实践来看，区域治理不仅是联邦政府、州政府和各市政府之间的利益平衡，也是政府与市场力量之间的均衡，还是政府与社会、市场与社会公众之间的利益博弈的过程和结果。华盛顿大都市区政府委员会（MWCOG）在协调地方政府进行规划方面发挥了作用；旧金山湾区政

① 曹海军、刘少博:《京津冀城市群治理中的协调机制与服务体系构建的关系研究》,《中国行政管理》2015 年第 5 期。

府联合会（ABAG）则建立了更为庞大复杂的协调体系，整合了区内9个县和101个市；波特兰大都市区不直接控制地方政府，主要通过协调规划、交通、垃圾处理和公园管理来平衡地方政府利益。除了协调地方政府行动外，这些组织都充分重视企业和社会公众的参与，与企业和各类社会组织展开对话、交流与合作。ABAG吸纳了企业代表、社区代表和各类群体代表参与决策的制定和执行，并且派出代表参与其他区域组织的会议，与其他组织建立联合政策委员会；波特兰大都市区则通过建立各类委员会来集合专家、居民等当面的意见和建议。①

美国霍顿学院政治学教授罗纳德·J.奥卡森（Ronald J.Oakerson）特别强调公民参与的作用，他归纳了多中心治理过程的特征，包括高度的公民参与，一种较少对抗、较多共识的政治风格，强大的政治代表性，公共企业家精神的普遍渗透，社会差异与自主分类的居民，极大地扩展个体自主治理能力的责任模式等六方面的特征。他认为，在大都市地区，多中心的政府设计与极度依赖于公民社会的治理结构的出现是联系在一起的，多中心理论创建了公民空间，或者说在公民和官员之间达成建设性约定的机会，这一共同治理结构增强了大都市决策的许多重要属性，导向了有效的治理。②

政府治理是一个不断分权化过程，涉及权力结构和权力关系调整和重塑，既体现在政府层级及部门之间的权力分配和责任转移，也表现为政府权力、责任向市场和社会转移和授权的过程。在京津冀区域治理中当然也存在政府向市场和社会放权的问题，要突破传统行政的政府一元主体思维，尊重各种利益群体的利益诉求，重视吸纳企业和社会公众的参与，推进京津冀政府协同治理的进程。

---

① 马海龙：《京津冀区域治理协调机制与模式》，东南大学出版社2014年版，第129页。

② ［美］理查德·C.菲沃克：《大都市治理——冲突、竞争与合作》，许源源、江胜珍译，重庆大学出版社2012年版，第20—28页。

第二节 欧盟为代表的“多层次治理”模式

一、治理背景和欧洲一体化的进程

欧盟多层次治理模式的形成与发展与欧洲一体化的发展和进化有着不可分割的联系。欧洲一体化进程从 1951 年欧洲煤钢共同体的诞生算起，经历了半个多世纪的历史。在这一过程中，西欧国家通过一体化的形式逐渐走向联合，让渡部分国家主权，逐步建立起了一个新的民族国家联合体的政治结构。欧洲煤钢共同体（European Coal and Steel Community，ECSC）是根据“舒曼计划”（Schuman Plan）建议而来的。1950 年 5 月 9 日，法国外交部长罗伯特·舒曼（Robert Schuman）正式发表了由时任国家计划署高级专员让·莫内（Jean Monnet）负责起草的一项声明——“欧洲煤钢联营”计划——也被称作“舒曼计划”。声明建议将法国和联邦德国的煤炭、钢铁工业联合起来经营，并建立一个超国家的共同机构对之进行管理，以解决西欧各国、特别是法德之间的矛盾，防止新的战争爆发，并为西欧联合的实现打下现实的基础。此后，法国、联邦德国、意大利、比利时、荷兰、卢森堡六国在舒曼计划的基础上，经过谈判签署《巴黎条约》，成立了欧洲煤钢共同体。

莫内认为，要想使管理行之有效，这一共同体机构就不能是政府间性质的，而应是超国家性质的一个拥有实权的独立机构，即具有最高权威的共同执行机构——高级机构——负责协调各成员国的煤钢生产，保证共同体内部的有效竞争。可以说，舒曼计划的独特性就在于通过建立超国家机构来管理煤钢共同市场。① 此外，根据共同体条约，煤钢共同体还设立了其他联营的机构：一是共同体议会，对高级机构实行监督，并有权通过

① ［法］皮埃尔·热尔贝:《欧洲统一的历史与现实》，丁一凡等译，中国社会科学出版社 1989 年版，第 98 页。

弹劾，解散高级机构；二是代表成员国政府的部长特别理事会，是负责联络、沟通的辅助性机构；三是拥有独立的司法权，负责解释共同体法律并对各成员国行为进行监督仲裁的法院。

在煤钢共同体的上述机构中，高级机构无疑处于中心地位，拥有独立的实权。对此，莫内在煤钢共同体成立大会上作了补充，他说："为了共同体总体利益，我们将完全独立地行使我们的职责。在执行任务过程中，我们既不秉承他人旨意，也不接受任何政府或任何组织的指示，我们将不参与和我们的职责的超国家特点不相符的一切行动。我们注意到各成员国政府所做的下述承诺：尊重我们这一超国家的特点，在我们执行任务时，各国不试图对我们施加影响。"① 虽然强调高级机构的中心地位和超国家性，但是莫内认为高级机构要对议会大会负责，这个议会大会最终将直接选举产生，它有权解散高级机构。在对高级机构的行为有疑问时，可求助于欧洲法院。总之，条约规定的权力将由带有联邦特性的机构来实施，这些以议会民主和法治原则为基础的机构，在其职权范围内是至高无上的。高级机构和成员国之间的政策将由部长理事会"除例外情况外"以少数服从多数的投票方式进行"协调"。可见，欧洲煤钢共同体的机构设置体现了三权分立的精神，它们间是互相约束和制约的，高级机构也不例外。②

皮埃尔·热尔贝在《欧洲统一的历史与现实》一书中指出："一个负责管理煤钢共同市场的超国家机构的建立已经勾画出一个联邦政府的轮廓。这将是可能导致欧洲经济和政治统一进程的最初阶段。"③ 可以说，欧洲煤钢共同体的诞生与超国家的建立，是欧盟多层治理结构形成的最初阶段。

---

① ［法］让-莫内：《欧洲第一公民——让·莫内回忆录》，孙慧双译，成都出版社 1993 年版，第 196 页。

② 朱贵昌：《多层治理理论与欧洲一体化》，山东大学出版社 2009 年版，第 54 页。

③ ［法］皮埃尔·热尔贝：《欧洲统一的历史与现实》，丁一凡等译，中国社会科学出版社 1989 年版，第 98 页。

此后建立的欧洲经济共同体和欧洲原子能共同体都按照煤钢共同体的模式建立了相应的治理体制，但也有部分调整和发展。例如，与建立欧洲煤钢共同体的《巴黎条约》特别强调高级机构的独立性和权威不同，建立欧洲经济共同体和欧洲原子能共同体的《罗马条约》特别强调的是成员国协商的意愿，而不是一个与各国政府无关的机构的权威。《罗马条约》对超国家机构——欧共体委员会的权限和独立性有着更多限制，不过需要指出的是，尽管委员会只是部长理事会的“执行机构”，但是由于它拥有提议权，因此它在欧盟治理中发挥着其他机构不可替代的作用。部长理事会虽然有权作出决议，但它往往只能根据委员会的提议来作出决议。如果它要修改或否决委员会的某项提议，它必须获得一致同意。这样，委员会即使权力有限，也在整个决策的过程中起着重要作用，因为它是迫使部长理事会采取行动的推动者。① 两者相互协调、相辅相成、共存于多层次治理结构中。

与巴黎条约相比，罗马条约进一步推动了欧共体多层治理体制的形成与发展。这不仅表现在罗马条约中超国家机构与国家机构之间形成了相对平衡与制约的关系，更重要的是该条约大大扩展了欧共体的活动范围，无论是欧共体的超国家机构还是政府间机构都无法单独完成条约规定的复杂任务。这样，多种机构共同合作、多个层面的治理共同进行就成了一种必然要求。

欧洲一体化的初衷本来是希望通过超国家主义的方法来抑制欧洲民族主义的过度膨胀，限制单个国家以牺牲他国利益为代价毫无节制地追求狭隘民族利益的过度行为，但欧洲一体化在早期的顺利发展和超国家治理的加强，却在无意中刺激了欧洲民族主义的复兴。法国前总统戴高乐对超国家欧洲的批评就是欧洲民族主义复兴的表现之一。在他看来，只会有“民族国家的欧洲”，而不可能有什么“超国家的欧洲”，在他看来，民族国

① ［法］皮埃尔·热尔贝:《欧洲统一的历史与现实》，丁一凡等译，中国社会科学出版社 1989 年版，第 193—194 页。

家是欧洲的现实和建设欧洲的支柱。① 尽管以戴高乐为代表的欧洲民族主义者企图贬低欧共体超国家机构在欧洲建设中的作用，但是，反而促进了欧洲一体化的治理机制中欧共体机构框架的基本完成，即 1967 年三个共同体机构实现了合并，1974 年欧洲理事会机制正式确立。当然，在这一时期，政府间主义占了上风，民族国家的作用得到了加强，欧共体委员会的作用受到很大限制，但是与 20 世纪 60 年代中期相比，政府间的方式已不再与共同体机制相对立，而是成为一体。这表明国家层面的治理与超国家层面的治理在经过一段时期的摩擦后开始走向一致。

1986 年欧共体 12 国签署了《单一欧洲法令》，使经历了长期停滞的欧洲一体化进程得以重新启动。《单一欧洲法令》大大扩展了欧共体的职能和活动范围，促使各种各样的利益集团强化它们在欧共体层面的存在，使得重启后的欧洲一体化进程不仅激活了欧洲的超国家主义，而且也推动了次国家主义的发展。同时，共同农业、渔业政策的实施也把成员国内的地方、地区政府动员起来，各地方、地区政府通过建立欧洲地区大会、欧洲联合会，设立联络处等方式强化他们在欧共体层面的存在，积极参与欧共体的治理。同样，欧共体一方面为了更好地制定和实施共同体政策，另一方面也为了抗衡成员国政府对超国家治理的反对，也积极鼓励各行业组织、各利益集团、社会团体、民间机构、地区和地方政府在欧洲治理中发挥更大的作用。与此同时，成员国内部也出现了中央权力下放和地区自治的发展趋势。所有这些发展都推动了欧洲次国家主义的兴起和次国家治理的发展。②

1992 年欧共体成员国签署了于 1993 年生效的《马斯特里赫特条约》，即《欧洲联盟条约》（以下简称《马约》），从此欧共体更名为欧洲联盟。根据《马约》的规定，欧盟是由三大支柱，即第一支柱的经济、社会和贸

① ［法］让·莫内：《欧洲第一公民——让·莫内回忆录》，孙慧双译，成都出版社 1993 年版，第 519 页。

② 徐静：《欧洲联盟多层级治理体系及主要论点》，《世界经济与政治论坛》2008 年第 5 期。

易政策，第二支柱的外交安全政策，第三支柱的司法内政政策支撑的复杂的柱形结构。虽然三大支柱有了单一的机构框架，但三大支柱的运作机制和决策方式各不相同，政府间主义、超国家主义、次国家主义的运作方式，简单多数、有效多数、一致同意的表决方式，在三大支柱及每个支柱内部各个领域中同时并存，逐渐形成一种复杂的多层治理体系。《马约》的签订和欧盟的成立，标志着欧盟多层治理模式的形成。①

二、欧盟多层次治理模式及其运行体系

（一）欧盟多层次治理体系

“多层次性”被认为是欧盟治理模式的核心特征。在欧盟的治理体系形成过程中，多层次治理理论也成为欧美学者研究的热点问题。他们倾向于认为，在欧洲一体化的过程中，形成了国家权力向上、向下和向侧的多维度的转移，即政府权威同时向超国家层面、次国家层面以及公共私人网络分散和转移。正如欧盟委员会前主席普罗迪曾说：“我认为我们不得不放弃辅助性原则指导下的等级竞争思想，而转向一种网络安排考虑，即政策的酝酿、提议、执行和监督由不同层次的治理共同完成。”②2004 年 10 月 29 日，欧盟 25 个成员国齐聚罗马，共同签署了《建立欧洲的宪法条约》(*Freaty Establishing a Constitution for Europe*，简称《欧盟宪法条约》)，促成了一部欧洲宪法的诞生。欧盟宪法条约的制定预示着欧盟未来有联邦宪法化的趋势，因此由欧盟多层级治理模式来探讨欧盟、成员国及地方政

---

① 朱贵昌:《走向“多层治理”的欧洲与民族国家的未来》,《南开学报》(哲学社会科学版) 2007 年第 1 期。

② European Commission Working Group, *Multi-level Governance: Linking and Networking the Various Regional and Local Level* , Report by Governance-Working Group 4a, European Commission, 2001.

府的权限划分和互动关系相当重要。[①] 其实，欧盟多层级治理概念最初是由美国学者盖里·马克斯于1993年在对欧洲共同体的结构政策进行分析时提出的。随后，经过马克斯本人、里斯贝特·胡奇、查理·杰弗里、贝阿特·科勒—科赫、彼特斯和皮埃尔、艾得伽·葛兰德、托马斯·里斯—凯本、西蒙·希克思、弗里茨·沙普夫等多位学者的发展，多层级治理理论逐渐完善。

所谓多层次治理，指在不同制度层次上各个治理系统之间协商式的交易行为。其出现是弥补以层级节制或命令控制行为基础的官僚无能，所衍生出的一种重要的协调工具。彼特斯和皮埃尔指出多层次治理与传统府际关系不同在于：（1）多层次治理专注于包含跨国、国家及次国家制度和治理者的行动系统。（2）多层次治理强调协商和网络的互动，而非结构性或其他法制架构作为其制度关系的特色。（3）多层次治理无法就不同制度层级间的合理关系做一事前判断。彼特斯和皮埃尔还进一步区分了“什么是多层次治理”“什么不是多层次治理”，以下表说明。[②]

表 3–1　多层次治理概念区分

什么是多层次治理	什么不是多层次治理
1. 治理结合公私行动者在视情况而定的交换和合作下之连接过程。 2. 不同制度层级间一种特别的关系种类，行动者、竞争的场域和制度，并不是层级节制，而是更复杂且网络型的关系。 3. 一个协商的类别而非被正式化法律架构界定的类别，在某些范围内，多层次治理协商反映出制度性协商相互重叠的本质。 4. 一个政治游戏，各个游戏玩家参与和在复杂的游戏中获胜一样重要。	1. 多层次治理不是传统府际关系；多层次治理比传统府际关系模型有更大范围的行动者投入。 2. 多层次治理过程不是一个层级节制类型；多层次治理监视着跨国机构如何限制和引导对次国家行动者的沟通或反之亦然。 3. 多层次治理不是被止式合约或法则限制的过程。

① 徐静：《欧盟多层级治理与欧盟决策过程》，上海交通大学出版社2015年版，第53页。

② 转引自李长晏：《迈向府际合作治理：理论与实践》，中国台湾元照出版有限公司2007年版，第114—116页。

盖里·马克斯最早把多层级概念引入欧盟研究，“最初是集中于处于中心位置的国家和欧盟层面的机制相互作用所产生的派生物，以及或多或少与之伴随发生的决策权力向次国家权威的分散，从而使它们有权力介入和影响欧盟的政策过程”。① 他通过对决策权向欧盟机制和次国家权威两个向度的拓展来阐述欧盟多层治理这一概念：“欧洲一体化是一个政体创建的过程，在这一过程中，权威和对政策制定的影响被多层政府分享——次国家的、国家的和超国家的等。简言之，政治控制的中心已发生了变化，国家主权被欧盟成员国间的集体决策和欧洲议会、欧盟委员会及欧洲法院的自治角色所稀释。”②

查理·杰弗里希望能够更好地完善欧盟多层级理论的体系结构。他认为，马克斯主要的关注点在欧盟多层治理中的国家之间以及各个国家与欧盟机构间的互动，但杰弗里认为影响欧盟决策更为重要的因素是成员国国内，就是指“次国家领域”。他对多层治理结构中次国家的权威的解释使用了一个反方向的角度，即“由下至上”的参与模式。该模式消除了传统的“由上至下”模式中次国家权威只在国家间及国家与欧盟机制间的互动中起消极的作用，从而肯定了次国家权威积极的参与能力。

科勒—科赫把多层次治理区分为两种不同的理解：第一种是把“层次”理解为领土意义上的各级政权（欧盟—民族国家—地区）；另一种则把“层次”理解为各不相同的行为体系，指欧盟框架中的某个问题通常不仅在政治领域进行讨论，而且同时在各种背景下讨论（如超国家、国家、跨国家、国际背景）。③ 她借助利奇法尔特关于民主体制类型研究的分类标准，把政治关系的组织原则与政体的宪政逻辑两个范畴相互结合，并在

① Jeffery C，“*Sub-National Mobilization and European Integration : Does it Make Any Difference?*”，*Journal of Common Market Studies*，Vol. 38（1），2000，pp.1–23.

② G.Marks，L.Hooghe & Blank K，“*European Integration from the1980s: State-Centric v. Multi-level Governance*”，*Journalof Common Market Studies*，Vol. 34（3），September 1996.

③ ［德］贝阿特·科勒—科赫、托马斯·康策尔曼、米歇勒·克诺特：《欧洲一体化与欧盟治理》，顾俊礼等译，中国社会科学出版社 2004 年版，第 168 页。

此基础上将欧洲联盟治理总结为四种模式：一是“国家主义”模式，以多数规则为基础，依靠对“共同目标”的忠诚来维护；二是“法团主义”模式，包括不同社会利益，它们在同一结构中寻找共同的利益；三是“多元主义”模式，它将多数规则和个人对利益的追求结合在一起；四是“网络治理”模式，其基础也是利己的行为体，目的在于在谈判过程中“增加共同利益”。①

西蒙·希克思则是在多层性特征的基础上对欧盟多层治理的内涵进行了拓展。他认为，欧盟是一个新的层面上的治理制度，这种治理呈现以下特征：“首先，治理不再排他性地由国家来引导，而是包容了所有可指导、掌控或管理社会的社会政治和行政角色。其次，在这个过程中国家与非国家角色的关系是多中心的和非等级的，而且是相互依存的。第三，治理职能的重点在于社会和政治风险的规则化，而不是资源的重新分配。”希克思指出：“欧盟是一个由共享的价值与目标、由共同的决策风格所集中在一起的成员国和超国家的制度网。”②

德国学者弗里茨·沙普夫强调“多层次治理模式”的问题解决能力与制度合法性，认为影响决策的关键因素是机构制度。他依据欧盟不同领域制度化程度的差异性，将欧盟“多层级治理模式”划分为五种类型：相互协调模式、政府间协调模式、超国家或层级模式、共同决定模式和开放协调模式。③这五种多层级治理的模式混合了“没有政府的治理”和“开放方法的协调机制”的模式，强调了治理的层级性、复杂性、互动性和网络性。

从上述几种典型划分来看，科勒—科赫倾向于从比较政治学的分析视角对多层次治理进行分类，此种方法在欧洲联盟委员会制度

---

① ［德］贝阿特·科勒—科赫：《欧洲治理的演变与转型》，吴志成编译，载俞可平：《全球化：全球治理》，中国社会科学文献出版社2003年版，第268页。

② Simon Hix，“*The Study of the European Union II: the ‘New Governance’ Agenda and Its Rival*”，*Journal of European Public Policy*，5（1），1998，pp.38–65.

③ Fritz W. Scharpf，“*Notes toward a Theory of Multilevel Governance in Europe*”，*MPIFG Discussion Paper 00/5*，2000.

(Comitology)发挥重要作用的领域具有很好的解释力。然而，她的研究范围仅限于欧共体内部，当涉及税收竞争、“第二支柱”以及“第三支柱”等政策领域时，此种分析方法难免有些力不从心。而沙普夫的分类方法，将国际关系理论与比较政治学的方法加以整合，并从中提炼出单一的划分标准，同时很好地把对制度合法性和决策能力的分析融入对各种模式的阐释之中。此外，他的理论范畴既涵盖了尚未形成制度的政策领域，又包含了最新的治理模式。[①] 下面我们介绍沙普夫的五种治理模式。

一是相互调整模式。相互调整模式是在国际机制尚未建立或不能建立的领域、国家之间所采取的一种互动模式。在这一模式中，国家间没有共同行动的义务，每个国家都自主地支配自己的行为。欧共体内部的税收政策、社会保障政策等领域经常以此种模式进行调节。

二是政府间协商模式。政府间协商模式立足于欧洲层级之上，是制度化水平最低的一种模式。通过定期召开的政府间首脑会议以及由政府首脑组成的欧洲联盟委员会峰会，成员国政府相互协商、达成共识，并制定共同同意的条约。这些条约即成为成员国行为的共同约束。根据《马约》的规定，这一模式主要应用于“第二支柱”(共同外交与安全政策)以及“第三支柱”(司法与内务合作)。

三是超国家/等级模式。在这种模式中，决策和执行能力完全集中在欧洲层级，超国家行为体在没有国家政府参与的情况下控制和掌握决策权。通常，由于某些问题的专业性和复杂性，过于广泛地参与反而会使决策效率低下。因此，在特定领域内的等级治理是十分必要的。欧洲法院、欧洲联盟委员会、欧洲中央银行等超国家机构权限范围内的治理都属于此种模式。《马约》中明确规定了欧洲中央银行在价格稳定方面所具有的职能。而欧洲法院和欧洲联盟委员会的超国家治理功能则在那些能够抑制“消极一体化”，促进商品、劳务、资本和人员的自由流动等的经济一体

① 吴志成、李客循:《欧洲联盟的多层级治理：理论及其模式分析》,《欧洲研究》2003第6期。

化领域起着十分重要的作用。

四是共同决策模式。共同决策模式将政府间协商和超国家治理相结合，形成了一种“网络治理”机制。共同决策模式在欧洲共同体的相关立法领域（如卫生、安全、环保等）有着广泛的应用，同时在涉及第二、第三支柱的政策领域也经常被采纳。欧洲联盟委员会将来自不同层级不同行为体的政策信息加以综合，并最终做出立法决策。因此，这种模式既具有等级决策的权威性，又强调政府间决策的协商性。在共同决策过程中，委员会将来自理事会、成员国政府、欧洲议会、次国家政府、合伙组织以及大公司和利益集团的不同意愿加以汇总，并把这些意愿转化为相应的立法议题。

五是公开协调方法。公开协调方法也称作开放式协调法，是为了弥补共同决策和政府间协商模式中决策能力低下和合法性不足的缺陷而提出的新的治理模式。它最早见诸《阿姆斯特丹条约》中有关就业问题的条款，并由里斯本欧洲联盟委员会会议确定，最终成为一项涵盖信息、科研、教育以及就业等方面的政策机制。这种方法要求成员国预先确定共同的政策目标，并将这一共同目标以“国家行动计划”的形式加以确定，最终由委员会组织评估各国的行动结果并由理事会向各国传达。

（二）欧盟多层次治理模式的运行过程

全球治理委员会《我们的全球之家》研究报告认为，治理是各种公共的或私人的个人和机构管理其共同事务的诸多方式的总和，它是使相互冲突的或不同的利益得以调和并且采取联合行动的持续的过程。欧盟多层次的治理模式的运行主要是权能分配和互动的过程。欧盟治理结构的制度安排，主要体现在欧盟五个主要机构的性质和职能上。欧洲联盟理事会（Council of the European Union，又称部长理事会）主要由成员国的部长级代表组成；欧洲理事会（The European Council，又称欧盟首脑会议或欧盟峰会）由成员国国家元首或政府首脑及欧洲理事会主席、欧盟委员会主席组成。这两个机构是欧盟的主要立法机构，主要代表了各成员国的利益。

欧盟委员会（European Commission，简称委员会）、欧洲议会（European Parliament）和欧洲法院（Court of Justice）是欧盟的超国家机构，主要代表欧盟的整体利益。委员会是欧盟的常设和执行机构，欧洲议会拥有部分立法权和咨询与监督的权力，欧洲法院是欧盟的最高法院，主要从司法角度保证欧盟法律的有效贯彻实施。由于欧盟多层治理是在超国家即欧盟、国家和次国家层次全面展开的，且欧盟治理主要表现在其政策过程，因此可从主要政策制定和政策执行这两个层面分析这三个层次的权能分配的过程。

1. 决策层面

决策层面的多层性主要指在欧盟政策创议和政策形成过程中超国家层次（supranational level）、国家层次（national level）以及次国家层次（sub- national level）共同参与。在这个过程中，由于不同的议题，需要不同的行为主体，各个行为主体之间是没有等级之分的，对最终的决策结果共同发生作用。

（1）政策创议过程的多层次参与

政策创议过程的多层次参与主要指欧盟层次、国家层次和次国家层次对欧盟政策创议过程的参与。

欧盟层次对政策创议过程的参与主体主要是欧盟委员会。根据欧盟法律，欧盟委员会拥有正式的政策创议权。委员会在欧盟决策过程中，与其他机构相比，拥有更为广泛的资源作为保障，使委员会能够充分发挥其作为欧盟主要立法创议者的作用。

国家层次对政策创议过程的参与主体主要为部长理事会和欧洲理事会。这两个机构通常被认为是各个成员国利益的代表。一方面，由于这两者的人员构成，欧盟委员会在起草提案时往往会听取部长理事会的意见。在决策过程中，部长理事会和委员会之间的合作变得密切，提案者与决策者的界限逐渐模糊。另一方面，委员会委员一般是其所在国推选，现实中，委员会委员会受到所在国的国家利益的牵制，影响委员会的政策创议过程。

次国家层次对欧盟政策创议过程的参与主体主要是地方政府或地方当局以及利益集团等。一方面，地区政策的发展使得区域行为主体可以直接越过国家层级与欧盟联系，寻求它们在超国家层级的利益，国家政府不能垄断其与欧洲层级相联系的渠道；另一方面，各种各样的国家、地方组织和公司在布鲁塞尔进行政策游说活动。

从理论上和现实情况来看，委员会有法定的创议权，在政策议题设定中有决定性的权力。部长理事会和欧洲理事会作为欧盟的政府间机构对政策创议具有最重要的影响。地方政府或地方当局、利益集团等对政策创议缺乏控制手段，在其中发挥的影响力相对有限。但是在决策过程中不同的政策有不同的机制，也有不同的行为主体的参加，这样就导致各成员国的国内政治的“国家—次国家”层次碰触到超国家层次，从而使成员国的国内政治的变化直接受超国家政策的影响。“超国家—国家—次国家—跨国家”这样多层次的网状的相互关系在欧盟的决策过程中体现得尤为明显。

（2）政策立法的多层次介入

由于当前各个层次的机构权力重叠，单一的国家已经慢慢失去了个别的控制权，所以我们可以看到，政策立法是多个行为主体共同作用的结果。以欧洲议会为代表的欧盟层次和以部长理事会为代表的国家层次是决定欧盟政策立法形成的主要行为体，其中部长理事会拥有相对优于欧洲议会的决策权，次国家层次由下而上运作从而对欧盟政策立法施加影响。

一是欧盟层次。政策形成阶段欧盟层次的主要参与者是欧洲议会。欧洲议会在欧盟政策形成过程中依据不同的政策制定程序其作用而有所不同。从《欧洲联盟条约》生效以来，欧盟四大主要的立法程序主要包括咨询程序、合作程序、共同决策程序和同意程序。在咨询程序和合作程序中，部长理事会掌握立法提案的最终决定权；在共同决策程序中，立法提案的最终决定权由部长理事会和欧洲议会共同行使；在同意程序中，欧洲议会拥有立法提案的最终决定权。自 20 世纪 80 年代中后期开始，欧洲议会的立法权不断扩大，在增加共同决策程序且不断扩展适用范围后，作为欧盟的超国家机构——欧洲议会有对欧盟立法进行全面介入的权力和一定的否决权。在多层治理结构中，超国家机制成为对成员国这一强势角色的平衡力量。

二是国家层次。欧洲理事会和部长理事会所进行的立法活动，实际上是在集体行使成员国让渡出来的主权权力。欧洲理事会和部长理事会的政府间性质，保证了在欧盟层次上主权权力的行使是牢牢地掌握在成员国手中的。

部长理事会中各国的部长级代表被授权代表各国政府。由于部长理事会所达成的相关协议对成员国政府具有政治和法律上的约束力，部长理事会成为各成员国为了各自国家利益在欧盟层次明争暗斗的主要机构，但在关系重大国家利益的事务上仍需要各成员国的一致同意。欧洲理事会是欧盟的最高决策机构。《欧洲联盟条约》D条规定："欧洲理事会应为联盟提供其发展所需的动力，并确定欧盟的总体政治方针。"

尽管欧洲一体化的深入发展使国家层次政策制定主体在欧盟政策制定过程中的控制权呈弱化的趋势，但其主导地位仍是明确的。特别是在欧盟的共同外交与安全政策以及司法与内务合作这两个政府间领域，国家层次的决策模式限制了欧盟超国家机构的参与。

三是次国家层次。成员国地方政府对欧盟政策形成过程的参与，打破了成员国对国内事务特别是地区政策的垄断权。各种类型的利益集团成为次国家层次中影响欧盟政策形成的行为主体之一，它们往往在国内和欧盟这两个层次来施加其对欧盟政策立法的影响力。例如，在欧盟范围内有很多和欧洲企业家联盟、欧洲工会联合组织、跨国环境组织等超国家范围而进行活动的利益集团，它们通过各种各样的游说活动来保障自身利益的实现。

从当前欧盟多层次的治理过程中，我们不难发现欧盟多层治理的权威来源不再限于成员国政府，权力运作也呈现出上下互动的特征。合作、协商和确立认同成为欧盟多层治理的重要内容。

2. 决策的执行层面

在欧盟治理过程中，政策的执行需要多方行为体的合作，因为欧盟作为一个主权国家联合体尚不具备完全执行其政策的独立性。随着欧洲一体化的发展，政策执行逐渐出现出超国家层次和国家层次共享执行权。

一是欧盟层次。欧盟层次政策执行的主要形式是欧盟委员会法定的行政执行权（包括制定行政立法权）和欧盟政策实施的监督权。委员会代表超国家层次在政策执行方面的职能主要分为以下三点：第一，为了增强政策立法的可操作性，制定具体的执行细则或行政立法。第二，管理欧盟财政。第三，监督欧盟政策的实施，以确保欧盟政策执行的效率和效果。委员会行政监督权的行使是欧盟层次介入欧盟政策执行过程的主要方式，只有在竞争政策等少数特定政策领域中，委员会才从事直接的行政管理，大多数政策执行工作都是由各成员国的有关机构来实施的。因而，欧盟层次在政策执行上的权力较为有限，委员会尚未成为实施欧盟政策的主要行为体，但委员会所具有的行政执行权和监督权仍使欧盟层次的政策执行在总体政策执行中占有重要的分量。

二是国家层次和次国家层次。成员国政府及其地方政府分别代表国家层次和次国家层次，是欧盟多层治理中政策执行的主要承担者。成员国政府及其地方政府所具有的欧盟政策执行权的法律基础，主要是欧盟的条约和二级立法。但在现实中，国家层次即成员国政府和次国家层次即地方政府在执行欧盟政策的过程中会受到多种因素的制约，主要有以下两个方面：第一，欧盟政策所涉及的范围宽泛，成员国要对其准确把握有一定难度；第二，欧盟的政策立法代表的是欧盟的整体利益，在某一政策领域，一些国家为了保障其既得利益，有可能影响对欧盟政策准确有效地执行；第三，国内利益集团和地方政府对有损其利益的政策，在不违反欧盟法律的限度内可能进行消极抵制，从而影响了欧盟政策的有效执行。

从对欧盟政策执行的多层分析可以看出，欧盟多层治理在政策执行阶段虽然表现出较强的政府间色彩，委员会的行政执行权和政策实施的监督权较为有限，且受到国家层次和次国家层次的制约。但可以明确的是，超国家层次即欧盟层次、国家层次和次国家层次在欧盟政策执行过程中均发挥着重要的影响，这一影响力或依据正式的规则体系或依靠施加影响来实现，其结果是在超国家机制和政府间机制之间构建了一种动态的平衡，这是欧盟的一种制度创新。①

三、欧盟多层次治理模式的特点

欧洲一体化的发展史实际上就是欧洲联盟多层治理体制逐步形成的历史。在这一进程中，欧盟各成员国通过让渡部分主权，建立了一套比较完整而又非常独特的治理体制。之所以非常独特，是因为它既有超国家性质的机构，又有政府间机构以及次国家机构，各种不同性质的机构相互制约和平衡，共同构成欧盟的组织制度框架。

（一）独特的多层次网络化治理结构

一方面，参与影响欧盟治理结构的角色呈多层性，即超国家、国家和次国家角色构成欧盟治理中的三大主要行为体。另一方面，从政策功能的视角来看，治理结构的多层性还体现在功能过程的阶段性上，即政策的制定与执行两大主要的政策功能过程。多层性的上述两个方面是相互联系的，行为者试图通过功能过程实现自身的预期和利益。

一是行为体和权威来源的多元化。就政治行为体而言，参与欧盟政治决策的主体是多层次的，它既包括各种超国家机构如欧盟委员会、欧洲议会、欧洲法院，也包括各成员国政府以及由各成员国政府组成的部长理事会、欧洲理事会，还包括次国家机构如地方政府、利益集团、私人机构、非政府组织等。这样，参与治理的权威来源更加多样化。

在欧盟，多元行为体间的互动呈现协调与合作的特征。从上述的欧盟治理运行过程看，欧盟的政治活动在两个或更多个层面上进行，各个层面之间并不是彼此分离的，而是在功能上相互补充、在职权上交叉重叠、在

① 刘文秀、汪曙申:《欧洲联盟多层次治理的理论与实践》,《中国人民大学学报》2005 年第 4 期。

行动上相互依赖、在目标上协调一致的，由此形成了一种新的治理架构。欧盟治理结构中的各个行为体之间没有等级之分，超国家机构并不凌驾于成员国之上，并且成员国与次国家政府对超国家机构没有隶属关系。各成员国政府既不能垄断欧盟政治，也不能垄断国内各政党和利益集团等非国家行为体与欧盟政治的联系，不存在“谁控制谁”的问题，而是依靠协商和谈判来解决共同面临的问题。可以说，欧盟政治体强调权力非集中、开放地运用和多种行为体的共同参与。①

二是网络化的决策过程。网状概念是欧盟多层级治理的主要核心概念。② 所谓“政策网络”，是指因资源依赖而联系在一起的一群组织或者许多组织群的联合体。英国公共政策专家罗德斯（Rhodes）依据网络组织间整合的强弱、成员互动稳定性及成员排他性区分了五类政策网络：政策社群、专业网络、政府间网络、生产者网络和议题网络。③ 由于对欧盟广泛的多样性和行政管理的文化和结构的差异性处理更具有灵活性，网状和网络概念目前已被广泛运用于欧盟和成员国的所有政策领域且对欧盟的治理已越来越重要。欧盟的决策过程就是这其中的一种或几种网络的集合。

例如，这种治理模式的网络化特点在欧盟气候变化政策的制定和实施中表现得尤为明显。④ 具体来说，在欧洲一体化不断发展的背景下，参与欧盟决策的行为体显示出多元化的特征，涵盖了欧盟主要机构（在气候变化领域主要是欧盟委员会中的气候变化行动总司及相关委员会）、成员国中央政府，以及次国家行为体（如与能源、环境领域相关的利益集团、议题网络、跨国公司等）等几个不同层面。不同层面的行为体则代表了共同利益、成员国利益和特殊利益等不同需求，它们之间相互制约和平衡，构

① 朱贵昌：《走向“多层治理”的欧洲与民族国家的未来》，《南开学报》（哲学社会科学版）2007 年第 1 期。

② Markus Jachtenfuchs, “*The Governance Approach to European Integration*”, *Journal of Common Market Studies*, Vol. 39 (2), 2001, pp.245–264.

③ R.A.W. Rhodes & David Marsh, “*New Directions in the Study of Policy Networks*”, *European Journal of Political Research*, Vol. 21, 1992, pp.181–205.

④ 巩潇泫：《欧盟气候治理中的跨国城市网络》，《国际研究参考》2015 年第 1 期。

成具有网络性的欧盟组织框架。所以，欧盟政策制定过程可被视为不同层面的行为体为达到一致目标进行的互动和协商过程。

网络化的运用对中东欧国家加入欧盟，使欧盟的扩大也起到了重要作用。欧盟委员会的前主席普罗迪曾强调“水平性”，决策权是由多重行为体在不同层次上分享，而非仅由单一行为体（即国家）在单一层次上独揽。① 多层面的官方和非官方的行为体，加上欧盟治理呈现超国家、国家、次国家、跨国家的取向，政治场域不再只限于成员国之间，权力也由密集沟通的超国家机构和成员国分享。② 决策程序主要依赖科学与民主的动力驱动和程序控制，而非自上而下的权力控制。在这个过程当中，各行为体通过平等的协商来协调他们之间的利益冲突。③

（二）多层次治理拥有权威的法律保障

法律保障是治理按规则有效运作的重要保证。由于欧盟共同市场与单一市场是在成员国分割的市场基础上建立起来的，各国内市场拥有各自的法律框架，但成员国的法律制度不具有域外效力，而且法律制度各异，不可能成为共同市场上具有统一适用性的法律制度。所以，欧盟层面的法律体系为整个共同市场与单一内部市场提供了统一的行为准则。随着单一市场的逐步建立，欧盟有关市场的法律体系也在逐渐扩大与完善，除了宪法性规定外，它还涉及竞争法、公司法、知识产权法、证券法、国家援助、政府采购、四大自由流动、共同贸易政策、经济与货币政策等，以及与市场相关的社会政策领域，如教育、福利等。统一的法律制度减少了交易成本，增强了交易的安全性与稳定性，从而促进了共同市场范围内经济活动

① Marks Hooghe and Gary Marks, “*Unraveling the Central State, but How? Types of Multi-governance*”, *American Politics Science Review*, Vol. 97 (6), 2003, pp.233–243.

② J. Neyer. *Discourse and order: On the Conditions of governance in Non-hierarchial Multi-level system*, http://www.arena.uio.no/publications/working-papers2002/papers/02_09. xml.

③ 孙业文:《多层治理理论视角下的欧盟合法性》，山东大学 2014 年硕士学位论文。

的增长。①

欧盟多层治理是欧洲一体化发展进程中的一种制度创新，像主权国家一样，欧盟体系也设置为立法、行政、司法三权分立的格局。不同的是，多层治理的法律保障体现于欧盟法律对超国家机制和主权国家在欧盟治理中权力分配（立法、行政和司法）的界定，以及欧盟法律在欧盟整体层次、成员国国家层次和地方政府层次的适用性上。欧洲法院是欧盟多层治理法律保障的实施主体，国家层次和次国家层次是欧盟政策执行的主要行为体，但要受欧盟委员会和欧洲法院的监督，欧盟层次的治理也受制于成员国层次的约束，从而形成了一种新型的权力制衡关系。②

具体而言，欧洲法院通过对成员国及共同体机构行为的司法审查，确立了欧盟与成员国之间权能关系的若干原则。自 20 世纪 60 年代开始，欧洲法院通过司法实践，首先是确立了有关共同体法的一些具有根本意义的基本原则，特别是由 1963 年"Van Gend en Loos"和 1964 年"Costa"等案确立的直接效力原则与最高效力原则，解决了共同体法与成员国法之间的关系，确立了共同体法在整个共同体领域的效力，为共同体法在整个共同市场内的实施奠定了宪政基础。在 1971 年"ERTA"案、1979 年德国"Cassis de Dijon"等案件中，欧洲法院确立了欧盟默示权力原则，使得欧盟机构在没有特别授权的情况下，为履行条约所规定的义务与职责，可以采取决策。默示权能原则扩大了欧盟权能的范围。更重要的是，在共享权能领域，通过 1977 年"Denkavit"案等案件的判决，欧洲法院确立了先占原则，即在欧盟已经通过立法或采取措施的领域，成员国不得再通过与之抵触的立法或措施。

值得一提的是，在共同体发展过程中，成员国法院与欧洲法院之间形成了一种良性互动，两者相互配合，构成共同市场上一个完整的司法体

① 程卫东：《欧盟法律制度：为市场经济秩序奠基》，《21 世纪经济报道》2006 年 2 月 16 日。

② 王再文、李刚：《区域合作的协调机制：多层治理理论与欧盟经验》，《当代经济管理》2009 年第 9 期。

系，并能够满足共同市场对司法保护的要求。一方面，私人可以利用国内司法体系及特定情况下欧洲法院主张由共同体法赋予他们的权利与自由，另一方面，先予裁决程序为成员国国内法院与欧洲法院建立联系提供了一个独特的机制，借此机制，欧洲法院能够力促共同体法在各成员国的统一实施，并进而保证法律的稳定性与统一性。

需要指出的是，法律制度发挥作用并不是自发完成的，它是各市场参与主体在法律基础上积极互动的结果。每个市场参与者认真对待自己的权力、权利，并利用法律制度维护自己的权力、权利，是法律制度在市场经济秩序建立与维护中发挥积极作用的动力。①在欧盟，委员会认真履行自己实施欧共体法的职责，向欧盟理事会提出了许多对欧盟市场经济建设至关重要的法案，敦促成员国实施共同体法，并向欧洲法院提起了许多对欧盟市场及整个欧盟发展具有重要意义的案件；欧盟个人，包括企业与自然人，通过向国内法院主张由欧盟法赋予他们的权力，促进了欧盟法在成员国的实施及在成员国法院的适用，并促进了成员国法院与欧盟法院之间的联系；而欧盟司法体系则在保障欧盟法的有效性及欧盟法体系的发展方面发挥了关键作用。

总的来看，欧盟在发展过程中能够做到有法可依。在欧洲一体化的渐进性发展过程中逐渐形成了一整套欧盟法律体系，包括成立欧盟及其前身欧共体的国际条约以及后续修改的一系列条约。欧盟 27 国的领导人在 2007 年 12 月签署并于 2009 年 12 月 1 日生效的《里斯本条约》是目前欧盟最有力的法律保障，对缔约国产生特定法律约束力，产生所缔结条约约定事项的国家责任，具有国际法的所有特性。另一方面，在欧盟治理过程中严格执法。从确定一体化的目标和任务、创建区域治理的体制机制、制定共同政策和协调成员国的政策，直到筹建基金、预算收支，甚至是产品的技术标准等等，都必须依据法规办事，严格依法治理。②这就意味着欧

① 程卫东：《欧盟法律制度：为市场经济秩序奠基》，《21 世纪经济报道》2006 年 2 月 16 日。

② 伍贻康：《欧盟治理模式的特征和发展态势》，《世界经济研究》2008 年第 5 期。

盟权力有严格的制约和监督，为了防止各行为体的不依法行事，还专门制定了“授权原则”“辅助原则”，来限定行为体的权力。无论是成员国还是欧盟的领导人，都不能违反欧盟的法律法规，否则就会受到起诉和司法惩处，所以欧盟多层治理拥有强有力的法律保障。

（三）“权能转移”催生新的治理技术

欧盟治理的核心在于欧洲一体化进程的推进，而欧洲一体化进程就是公共权力在欧洲层面形成的过程。随着欧盟的日益壮大发展，超国家层面机构的不断产生，欧盟治理结构的网络化和治理主体的非国家化，越来越倾向于超国家层面出面来解决欧盟治理中的“疑难杂症”，这使得成员国不得不通过各种形式来重新获取国家权力。欧洲一体化以来，成员国政府权限出现了向上的超国家层次、向下的次国家层次和向侧的公民社会（或跨国家组织）的转移，甚至国家的主权也出现了个别让渡。再加上欧盟网络化的发展和多层次的治理模式，跨国组织的出现以及新的成员国的不断加入，形成了多个行为体，这些行为体由于面临不同的议题能够起不同的主导作用，这就使得国家层面的公共权力的中心地位逐渐弱化，出现“去公共权力”的现象，这是一种“公共权力”巴尔干化的趋势，充分分体现出多层次治理过程中权能的转移。为了应对这种变化，欧盟首先对其具有集体约束的决策方式进行了改革，其次引进了“通过软法实现一体化”的手段。约格斯（Christian Joerges）归纳了欧盟治理的新模式。①

一是专门委员会的出现。在欧盟发展过程中实施政策的权能更多地转移到欧盟委员会，成员国政府通过建立由政府代表和政府任命的专家组成专门委员会体系，保留他们的影响力。政府的代表和专家与欧盟委员会合作，共同制定欧盟政策。欧盟内部大市场政策制定过程中的诸多方面都表现出上述的合作。

① 转引自文峰:《欧洲一体化进程中的欧盟治理》,《暨南学报》（哲学社会科学版）2010 年第 3 期。

二是确立“出口国规范原则”和“合理性规范原则”。欧洲法院对“Cassis de Dijon”案的判决，该案认为商品和服务的自由流动并不能通过欧洲范围内的法律协调实现，只能通过彼此承认的原则得以实现。[①] 该原则影响了欧盟成员国之间乃至成员国与欧盟的权能分配，在彼此承认的原则之下，成员国需要告之其规则制定的意图，并且为其意图提供足够的理由，使其具有合理性，不再需要成员国之间的烦琐的谈判。通过这次判决，成员国的立法机构重新获得了自主权，但是由于欧盟固有的程序机制，各成员国必须考虑欧盟的管制原则和规则和其他成员国的发展变化。

三是建立半私人的监管组织。欧盟单一市场的建立，以及对解除成员国层面上规制的推动，要求在欧盟层面上确立规则的呼声急剧增加。由于这是一个高度复杂和烦琐的过程，为了不让欧盟机构陷入技术性谈判，欧盟将制定标准化的事务让渡给那些半私有机构，如欧盟规则委员会和欧盟电子规则委员会。这些半私人的组织负责制定“根本的安全条件”，同时负责实施程序的设计。

四是发挥独立机构的独特作用。各种独立机构运作于多样化的政策领域，负责信息收集、协调成员国的政策执行和依据欧盟法制定个案决策等。独立机构的出现改进了欧盟的政策制定与执行局面。早在1958年，欧洲法院便通过著名的“米罗尼判例”规定，尽管不排除有将权力授予非条约规定的机构的需要，但只有得到明确界定，并能够受到严格审查的行政权力才可以移交到这些机构手中。这样就将独立机构牢牢放在欧盟委员会的制度框架之下。由于欧盟机构和成员国行政机构以及国家机构之间的合作越来越密切，独立机构日益显现出其功能和作用。在超国家层面上形成了一个相对自主的“行政空间”，独立机构依靠网络治理的特性，对规范市场的统一的规则和程序发挥了很大影响。[②]

---

① 王晓星:《从“Cassis de Dijon”案件透视欧洲统一市场的形成》,《当代经济》2009年第24期。

② 谭康林:《欧盟独立机构与欧洲治理模式的变迁》,《武汉大学学报》(哲学社会科学版)2011年第4期。

五是采用开放式协调法（OMC）。其理念是，只有通过将所有相关的国家行为体和非国家行为体都纳入协调过程，形成共识并相互监督，才能实现有效决策和结果趋同。与其他治理模式的主要区别是，OMC并不试图产生具有约束力的法规来实现治理。根据里斯本欧洲理事会的规定，OMC有四个主要组成部分：确定实现政策目标的指导性原则；确定最佳的实践标准和相应的衡量指标；通过确定具体目标，将共同的指导性原则转化为成员国政策；定期的监督、评价和同行评阅。① 上述协调方法的运用已经逐渐从宏观经济政策管理、就业以及结构性政策改革扩展至其他领域，如社会事务、研究和创新领域等，是协商民主形式在欧盟治理中典型引用。除此之外，"类OMC"的治理方法已经被运用在欧盟广泛的政策领域内。

（四）成员国政策趋同化和欧盟化

在欧盟一体化不断发展过程中，不仅仅是统一货币的出现，在政治一体化也不断攀上新的高度。新老成员国不断地融合的过程中，各个成员国虽然拥有不同的政治观点，成员国政策开始呈现出欧盟化。

伴随欧盟一体化的发展和融合，一方面，各层级行为体无障碍的联系，就像次国家层面和超国家层次的直接沟通寻求利益的诉求，另一方面，国家层面"去公共权力"化的发展，使得欧盟公民开始产生非排他性的多重政治认同。多层次治理学者发现欧盟公民政治认同并不是零和的博弈，而是具有共容性的。根据欧盟委员会"欧洲温度计"（Eurobaronleter）自1991—1995年的民意调查，有30%的受访者认为欧盟是国家认同的威胁，但有46%的受访者认为欧盟确保了他们的国家认同；有23%认为欧盟发展下去他们的国家会消失，但有62%认为欧盟认同与国家认同是相容的。1999年10月的"欧洲温度计"的民意调查中，有52%认同欧盟身

① 张浚：《"开放式协调方法"和欧盟推进全球治理的方式：以救援政策为例》，《欧洲研究》2010年第2期。

份，其中包括42%自认为是本国人也是欧盟人，6%自认是欧盟人也是本国人，4%认为仅是欧盟人；只认同其本国的受访者则占45%。“欧洲温度计”在2000年9—11月的民调中多重政治认同的受访者占了53%，个别国家认同者占了44%。所以说，有过半数的欧盟公民同时认同其本国国籍和欧盟的双重政治身份。这样的多重的政治认同和共同利益的诉求使得各行为体在制定政策上逐渐出现趋同化。

伴随成员国政策上趋同化，是品质上的内化：成员国国内行政部门的决策及决策者会自动消化欧盟多层级治理所产生的限制。① 另外，在共同体优惠这一基本概念下进行谈判，成员国政府也会在拟定政策时便会先行与其他成员国或其他行为体进行磋商，一方面探讨欧盟政策的可变性，一方面进行自我调整，使其政策的利益出发点与欧盟大体一致，并与其他行为体的政策持续对话，于是“欧盟因素”就转化为成员国政府内部决策机制的一个环节。所以说，成员国政策的欧盟化程度在数量和质量上得到了更多的体现。②

四、欧盟多层次治理过程的启示

（一）促进政策协调的合法化和连续性

首先就是要有强有力的法律保障。在欧盟发展中，依法治理和严格执法给欧盟多层级治理的有序推进提供了强有力的保障。欧共体委员会自20世纪70年代便开始制定大量的环境指令和法规，环境指令（包含气候治理）在实施结果和时间上对成员国有约束力；法规则具有强制性特点，是对成员国的全面约束并要求立刻执行。1990年，欧共体通过了《能源

① 蓝玉春：《欧盟多层级治理：论点与现象》，《政治科学论坛》（中国台湾）2005年第24期。

② 徐静：《欧洲联盟多层级治理体系及主要论点》，《世界经济与政治论坛》2008年第5期。

与环境》文件，首次将能源政策和环境政策统一起来直接服务于应对全球气候变化的温室气体减排目标。为了更好地实施欧盟气候变化政策，欧盟在其内部的跨国层面采取集体行动，综合运用法律、市场、财政及科技等减排工具，在能源、服务业、工业和交通运输等重点领域有针对性地制定一体化的减排机制。①

我们在京津冀协同发展中要不断根据现实情况建立健全适应京津冀协同的法律法规，做到有法可依。

另一方面，由于京津冀三方经济发展水平的不一致性，导致各方利益的立足点和方向可能不一致，因此避免政策失去连续性，依法合理地限制三方的权力，严格执行既定的各项政策是非常重要的。注意在协调满足不同利益诉求的同时，最大限度地发挥各方优势，拓展多层次上参与和影响政策的通道，使京津冀三地能够有序地发展。

（二）构建多层次的区域政策协调机制

在法律保障合法性的前提下，构建健全的多层次的区域政策协调机制是当前公共治理的重要任务。要充分利用三地的天时、地利、人和，创议科学且可操作性强的政策。

在“人和”这一方面，京津冀三地高校众多，拥有各种专业性的人才和专家，并且有雄厚的后续人才储备，可以建立智库，发挥头脑风暴的作用，成员由中央、区域和三地相关的各部门负责人、各学科专家和产业代表组成，任务是为京津冀区域提供整体性创新战略、区域政策和重大优先事项的独立意见和建议，协调各层行为体，形成一体化政策体系，可以实现系统上下多层次的网络化的政策整合。

在“地利”这一方面，京津冀三地相邻，拥有地缘和地域优势，相似的生活习性和政策的趋同性，加上便捷的交通条件，可以构建和健全全面

① 曹德军:《嵌入式治理：欧盟气候公共产品供给的跨层次分析》,《国际政治研究》2015 年第 3 期。

覆盖京津冀的区域网络，这样能够使政策协调机制的建立，政策的创议、执行和反馈能够更加便捷地进行。当前，为了贯彻落实京津冀区域环境保护合作机制的基本法律和京津冀地方政府的联合立法，亟须设立跨区域跨流域的环境保护机构，为京津冀地区制定环境保护的统一规划、统一标准、统一环评、统一监测、统一执法机制。

在“天时”这一个层面，要注意发挥非政府组织在政策制定和提供公共服务方面的积极作用，这样制定的政策才能够更好地体现人民的意志，由于多方共同参与，能够增加公共政策的认同感。

（三）建立权利的让渡和协调机制

京津冀三地的政治地位、经济地位、文化地位具有差异性和差距性，这要求在京津冀区域协同发展过程中要注重三方各种资源的合理协调。要更好地协调三方的资源，实行多元化、多渠道的生态补偿方式与措施，促使资源输入方在项目、技术、人才等方面向资源输出方进行合理补偿，通过建立市场化的利益机制和行政协调机制，实现三地政府间以及政府与其他社会主体之间有效的利益平衡。① 要使京津冀形成协同发展的模式，做到三方民主协同。这就要求三地政府转变职能定位，减少对区域市场活动的直接干预控制，在区域治理过程中扮演协调者和伙伴关系的角色，建立京津冀区域治理服务平台，充分整合吸纳各层次行为体的优质资源，积极搭建政府、非政府组织、科研机构、大学和企业间的合作平台，转变传统的治理结构和互动规则，在京津冀区域治理系统内形成多元行为体参与和公私合作、协同发展的治理体系。

---

① 刘一玮:《京津冀区域大气污染治理利益平衡机制构建》,《行政与法》2017 年第 10 期。

第四章　政府制度创新与京津冀政府协同治理

在制度经济学看来，制度环境包含着一系列用来建立生产、交换与分配基础的政治、社会和法律规则。在京津冀这一特殊区域内，中央和地方各级政府掌握着各种政治、经济、文化和社会资源，是京津冀协同发展和协同治理的主导力量，承担着提供区域经济社会协同发展的宪法秩序、法律法规和主导意识形态。因此，京津冀协同发展和政府协同治理机制的构建所需要的制度环境，在很大程度上取决于政府制度创新和制度供给的能力。

第一节　政府制度创新对区域协同发展的作用

一、政府制度创新理论分析

（一）制度的含义

美国著名新制度经济学家诺思（Douglass C. North）认为，制度是社会的游戏规则，是为决定人们的相互关系而人为设定的一些约束，它构成了人们在政治、社会或经济等方面发生交换的激励结构。制度经济学认为，制度因素无时无刻不在影响着经济活动中的当事人，制度规定着当事人的思维方式，制约着当事人的行为。制度也是一种生产力，不同制度安排下的经济绩效是不一样的，有效率的制度安排是经济增长的关键。

旧制度经济学派的经济学家们从社会心理学和经济学角度对制度的一般本质进行了界定。凡勃伦（Thorstein B.Veblen）、康芒斯（John R. Commons）认为，制度包含了由社会一定范围内的每个人都必须遵守的一系列行为准则和规范。这种对制度的界定，体现了制度的一般本质，即制度是一种“行为规则”，作用和目的在于对个人行为的规范。

新制度经济学派经济学家的代表人物诺思从最一般意义上给制度做了如下界定：“制度是一个社会的游戏规则，更规范地说，它们是决定人们的相互关系的系列约束。制度是由非正式约束（道德的约束、禁忌、习惯、传统和行为准则）和正式的法规（宪法、法令、产权）组成的。”① 诺思对“制度”的界定，既给出了制度的准确定义，又对制度进行了科学的分类。诺思认为，制度提供的一系列规则由社会认可的非正式约束（制度）、国家规定的正式约束（制度）和实施机制三部分所构成。

马克思虽没有关于制度含义的明确描述，但在他的理论中始终贯穿着制度分析的思想。马克思认为，制度因素并非独立于社会经济发展之外，而是社会经济发展的内生变量。任何社会生产都是在一定的生产关系及其制度条件下进行的，并且不同的制度其效率也是不同的。

（二）制度创新的含义

一般认为，创新的概念和理论是由美籍奥地利经济学家熊彼特（Joseph A.Schumpeter）在1912年出版的《经济发展理论》一书中首次提出和阐发的。熊彼特认为，创新是一个经济概念而非技术概念，就是建立

---

① ［美］道格拉斯·C.诺思：《制度、制度变迁与经济绩效》，陈郁、罗华平等译，上海三联书店1994年版，第3页。

一种新的生产函数，把一种从来没有过的关于生产要素和生产条件的“新组合”引入生产体系，包括引进新产品、引用新技术、开辟新市场、控制原材料的新供应来源和实现企业的新组织等情况。所谓“企业创新”，并不仅仅局限于产品开发、技术改善等技术创新活动，也包括一部分制度创新的内容，如企业组织或产业组织的创新。

之后，美国经济学家戴维斯（Lance E.Davis）和诺思重点研究了制度变革的原因和过程，并提出了制度创新模型，补充和发展了熊彼特的制度创新学说。他们认为，制度首先是指“制度环境”，即“一系列用来确定生产、交换与分配基础的政治制度与法律规则”，其次是制度安排，即“支配经济单位之间可能合作与竞争的方式的一种制度安排”。[①] 前者相对稳定，可作为制度创新模型的外生变量，制度创新则主要指制度安排的变化。

简言之，制度创新意味着提供一种新的制度安排，使人们获得一种在现有的制度安排下无法获得的额外收益。实际上，制度创新是行为主体不满足于当下的制度安排，为了获取潜在的更大利益而改变原有制度安排的主动性的活动，是经济或利益主体获得追加利益而对现行制度进行变革的种种措施和对策。

（三）政府制度创新与区域经济发展

政府制度创新是指在人们现有的生产和生活条件下，政府或（与）其他公共部门通过创设新的、更能有效激励人们行为的规则、机制和政策，实现经济社会的可持续发展和变革的行为过程。其核心内容包括政府职能、政府组织、政府管理方式和手段等方面的制度革新。从公共服务提供者的角度来说，政府制度创新很大程度上依赖于中央和地方政府以改革的勇气创新治理理念和手段，努力为经济社会活动创造优质、高效、廉洁的服务环境，解决区域经济发展过程中因市场本身的缺陷而产

① 转引自逄锦聚：《政治经济学热点难点争鸣》，高等教育出版社2004年版，第36页。

生的问题。[①]

区域经济是一种综合性的经济发展的地理概念，它是以一定的地域为范围，以地域的合理分工为基础，一定区域内经济发展的内部要素和外部条件相互作用而产生的经济综合体。区域经济发展战略是对一定地域内的经济、社会等目标进行的总体布局和规划。当前，珠三角、长三角、环渤海是我国区域经济发展规划的主要集中地区，创新驱动能力最早和最强，被称为带动中国经济快速发展的“三驾马车”。有学者统计，在2012年三大都市圈GDP已超过全国比重的40%，其中长三角占20%，京津冀占11%，珠三角占10%左右。

改革开放以来，东部沿海地区是我国经济发展速度最快的地区。其中，珠三角地区是我国经济发展活跃度最高的地区，GDP已经接近中等发达国家水平，并且依旧保持着快速发展的趋势；长三角地区是我国当前经济发展最快且规模最大的经济核心区；而环渤海经济圈虽然起步较晚，但势头强劲，发展前景良好，是继珠三角和长三角之后的又一大经济发展密集区。

但无论从经济总量或者是人均GDP等方面来看，以京津冀都市圈为核心的环渤海地区与珠三角、长三角相比，还存在很大差距，综合实力、公共服务供给水平有待提高。随着全球化竞争的不断加剧和改革开放的不断深入，新形势和新问题的出现，对进入“新常态”的我国经济提出了更高的挑战。近年来，市场机制在京津冀区域资源配置中的决定性作用日益增强，但后劲仍旧乏力，且市场机制本身有盲目性和自发性等缺陷，全面建成小康社会战略任务的重要性和迫切性要求中央和地方政府通过制度创新来对区域内的资源进行配置、优化和整合。包括政府、企业等组织一系列的制度创新，对于以京津冀都市圈为核心的环渤海经济区的加快发展有着至关重要的作用。

---

① 袁刚、张小康：《政府制度创新对区域经济发展的作用》，《行政与法》2014年第8期。

二、京津冀都市圈的发展潜力与困境

（一）京津冀都市圈的发展潜力

首先，地理位置优越。环渤海经济圈包括辽东半岛、山东半岛和京津冀都市圈，其中京津冀都市圈的地理位置处于环渤海经济圈的中心地带，是环渤海经济圈的经济核心。地理位置的优越性体现了京津冀都市圈在带动整个环渤海经济圈经济发展中的重要性。京津冀在历史上同属燕赵大地，地缘相连、人文相亲、文化一脉、业缘相融，在诸方面有天然联系。京津冀都市圈的健康有序发展将会极大的带动和促进整个环渤海经济圈的经济发展，其举足轻重之政治、经济和文化的中心地位是其他省市不能够取代的。

其次，成长性良好。随着改革开放的不断深入，京津冀都市圈的经济发展呈现出快速、稳步的态势，综合实力不断增强。国民生产总值和人均GDP不断的提高，产业结构的不断优化升级，是其经济不断发展和综合实力不断提升最有力的证明。京津冀地区生产要素互补性强，拥有便利的交通设置和发达的交通网络，具有比较完备的产业体系和科技人才优势。随着国家战略京津冀协同发展和千年大计雄安新区的加速推进实施，京津冀城市布局和空间结构将更加科学，产业结构将更加合理，基本公共服务提供将更加优化，生态环境保护将更加完善，京津冀都市圈的未来发展更显现其良好的发展潜力。

虽然京津冀都市圈的起步稍晚于珠三角和长三角，经济发展落后于珠三角和长三角，但京津冀区域是我国北方最大的产业密集区和区域经济体，具有良好的基础条件和经济发展态势，是国家管理、对外交流、技术贸易和交通运输的枢纽，是特大城市最集中、科技和教育最发达的地区，具备区位、资源、产业、技术、人才等多方面优势。在京津冀协同发展国家战略的大力推进下，京津冀都市圈将是我国最具发展潜力的经济区域，是新时期我国经济发展的新动力和新引擎。珠三角、长三角和京津冀都市圈形成的“三驾马车”定会带动和促进我国经济快速发展。

（二）京津冀都市圈的发展困境

第一，区域发展不平衡。

京津冀都市圈是我国最具发展潜力的经济增长极，但在京津冀都市圈内部，区域发展不平衡且差距较大。天津和北京占据“中心”位置，而河北省处于“外围”，这种“中心—外围”的经济结构是造成这种不平衡的重要原因。作为“中心”城市的北京和天津，地理位置优越，区位条件独特，经济集聚和人口集聚明显，是整个区域的经济中心和高地，而处在“外围”的河北省经济发展相对落后，与北京和天津存在较大差距。有统计显示，20 世纪 90 年代初期京津冀地区经济发展基本处于均衡水平，20 世纪 90 年代末期区域经济发展失衡持续加剧，进入 21 世纪以来失衡格局并没有得到显著调整。①

同时，长期以来，京津单方面发展并没有带动整个区域的快速发展，两个特大城市与周边地区相对独立的小城市群在发展上存在脱节，彼此空间联系松散而薄弱，远低于长三角和珠三角的城市化水平和城市经济发展水平。

第二，“行政区经济”现象明显。

所谓“行政区经济”，是指由于行政区划这一堵“看不见的墙”对区域经济的刚性约束而产生的一种特殊区域经济现象。② 京津冀地区虽然发展迅速，但是地区间矛盾突出，究其原因，就是“行政区经济”现象普遍存在。行政层级之间是自上而下的垂直运行系统，而区域经济的运行是以区域主体之间的横向联系为动力发生的，“行政区经济”犹如一堵看不见的“玻璃幕墙”，对区域经济的横向联系产生刚性约束。③ 虽然“行政区

① 刘浩、马琳、李国平：《1990s 以来京津冀地区经济发展失衡格局的时空演化》，《地理研究》2016 年第 3 期。

② 刘君德：《中国转型期凸现的“行政区经济”现象分析》，《理论前沿》2004 年第 10 期。

③ 马海龙：《京津冀区域协调发展的制约因素及利益协调机制构建》，《中共天津市委党校学报》2013 年第 3 期。

经济”现象在我国很常见，但在京津冀地区有北京和天津这样的直辖市，北京同时又是我国的首都，各种国家部门在此聚集，而且国有企业在京津冀地区所占比重较高，政府的行政干预力量过强，这些都使“行政区经济”现象在京津冀地区显得尤为突出。

第三，自然资源匮乏，环境治理压力大。

根据北京统计局对京津冀三地协同发展分析结果显示，京津冀地区土地面积 21.6 万平方公里，占全国面积的 2.3%。北京、天津作为京津冀经济发展的核心地区，土地资源总量相对较低，占全国土地面积的比重分别为 0.2% 和 0.1%。土地资源的相对匮乏在一定程度上限制了京津城市空间的发展。

数据显示，京津冀地区属水资源匮乏区域，水资源总量不足全国的 1%，相对于常住人口和 GDP 占全国的比重（分别为 8.1% 和 10.4%）明显偏低。再加上水污染严重、治理成效不理想，给原本水资源匮乏的京津冀地区协同发展又增加一道障碍。

根据环保部对全国空气质量的监测，京津冀地区是当前全国空气污染最严重的地区，全国空气质量最差的 10 个城市中有 7 个位于这一地区。空气污染严重影响了当地居民的生产、生活，不仅对该地区居民的身体健康带来巨大危害，还给地方政府在经济发展和环境治理方面带来沉重的压力。

第四，区域协同创新动力不足。

区域协同创新是指在一定区域内，企业、高校及科研院所、科技服务机构等，在政府政策或自身意愿引导下，进行信息、技术、资金和劳务等资源及要素的交流，通过协作、互动促进创新活动的过程。① 通过区域协同创新可以实现知识成果向生产力的转化，增强区域竞争力，推动区域经济发展。调查显示，三地创新政策和平台存在巨大落差。比如，北京

① 袁刚、张小康：《政府制度创新对区域经济发展的作用——以京津冀地区为例》，《行政与法》2014 年第 3 期。

有中关村示范区，天津有自贸区和示范区，河北却既无示范区和自贸区，也缺乏国家级战略性标志性平台，难以对接国家资源和承接京津资源。在创新资源和科技投入也存在着不平衡。2015年，北京全社会研发经费支出、研发经费投入强度和技术市场成交额分别占全国的9.6%、5.95%、35.1%，天津、河北在这三方面的数据分别为3.49%、2.39%、3%和1.14%、5.5%、0.4%。数据显示，2015年北京技术合同72272项、成交额3452.6亿元，只有3%的技术成果流向津冀两地，仅中关村每年流向“珠三角”的技术成果就超过津冀之和的1.5倍。这种创新资源分配格局无法促进京津冀整个区域分享技术外溢与规模效应，不利于实现区域之间的可持续发展。①

此外，由于受到部门利益和地方利益的制约，京津冀区域科技创新分工尚未形成，科技资源共享不足，创新链与产业链对接融合不充分，区域科技合作机制不健全。北京市社会科学院发布的《北京公共服务发展报告（2015—2016）》指出，当前京津冀科技协同创新的环境总体还有很多不足，存在行政区划割裂下的科技战略不协调、政策体系不衔接、法律环境的不适应、创新文化不融合等问题，造成区域协同创新动力不足。

第五，区域合作和治理协调机制不健全。

京津冀协同发展的话题已经持续了很久，1986年时任天津市市长的李瑞环就倡导环渤海地区15个城市共同发起成立了环渤海地区市长联席会，到2004年京津冀三地达成《廊坊共识》，再到近几年，京津冀协同发展又一次被提上日程。但是由于利益关系的分割和协调乏力等原因，京津冀地区协同合作依然面临着许多难题。其中，缺乏区域合作和协调机制是制约京津冀地区协同发展的重要因素。与长三角相比，该地区合作之初，有关政府特别重视区域合作制度和利益协调机制的建设工作，到目前，长三角已基本形成了层次分明、分工合理的四级区域合作与协调机制。

① 李峰、赵怡虹:《建设京津冀协同创新示范区的路径与保障机制研究》,《当代经济管理》2017年第3期。

京津冀区域协同刚刚起步，治理协调机制还很不健全，虽然三地之间签署了一些双边或多边合作协议，但主要还是靠文件和（或）会议落实和解决面临的共同问题，市场和社会参与不充分，缺乏协作治理评估、激励和约束机制，立法冲突依然存在，执法依据和标准难统一，协作治理的财政保障不明确，且“行政区经济”发展模式和科层制管理体制惯性的影响久远，区域经济目标的实现仍然受到行政区目标的制约，加之三省市的现实需求不在一个层级，使得政策资源分配上的弱势地区难有发言权，在公共服务均等化、构建统一要素市场等方面的实质性合作步履维艰。因此，必须通过制度创新，加强区域合作的顶层设计，构建完备有效的治理协调机制，才能打通区域合作的梗阻，为京津冀协同发展提供动力和保障。

三、政府制度创新对区域协同发展的作用

党的十八届三中全会通过的《中共中央关于全面深化改革若干重大问题的决定》指出，政府的职责和作用主要是保持宏观经济稳定，加强和优化公共服务。保障公平竞争，加强市场监管，维护市场秩序，推动可持续发展，促进共同富裕，弥补市场失灵。在政府的这八个作用中，有许多作用如保障公共服务、促进共同富裕、弥补市场失灵、推动可持续发展等都从不同方面弥补了市场的缺陷。例如，在个人收入分配领域，单靠市场调节的结果，必然会造成两极分化，难以实现共同富裕。又如，在市场失灵区，市场调节是无效的。再如，市场调节是从企业的局部利益出发的，难以协调局部利益和整体利益的矛盾，往往会造成资源的掠夺性开采，难以建设资源节约型、环境友好型社会，实现可持续发展。可见，在充分发挥市场配置资源的决定性作用的同时，必须更好地发挥政府的作用。[①] 科学

① 胡乃武:《市场决定性作用并不排斥发挥政府职能》,《中国社会科学报》2014 年 1 月 17 日。

的宏观调控，有效的政府治理是发挥社会主义市场经济体制优势的内在要求。因此，政府要在发挥市场的决定性作用的基础上，通过经济、法律和公共政策等手段，合理引导资源配置和要素流动，维护公平竞争的市场秩序，为市场经济健康发展创造良好环境，推动区域协调发展。

新制度经济学派认为，制度创新的主体主要有政府、非政府组织和个人，其中政府是制度创新的主要供给者。与其他社会自组织不同，政府在进行制度创新过程中具有其他组织不具备的先天优势。首先，政府具有先天的强制优势，政府是唯一能够合法地使用暴力的机关。政府凭借其普遍合法性、合法强制力等优势，可以建构个人或其他社会组织所无法企及的宏观水平的制度。其次，政府具有制度创新的成本优势，进行制度创新需要投入较高的成本，个人或其他社会组织很难承受这一高额的费用，而政府在资源投入方面相对有保障，并且政府进行制度创新可以使全体社会成员共同获益。再次，制度作为一种公共物品，本身就应该主要由政府来提供，而且由政府来提供公共物品要比个人或其他社会组织更有效。从京津冀都市圈的实际情况看，政府在制度创新方面具有先天的政治优势。京津冀都市圈位于我国政治、文化中心，推进京津冀区域一体化已纳入国家发展战略，京津冀地区依托北京市，先天的政治优势更有利于解决协同发展过程中遇到的各种具体问题。

《世界发展报告》指出："如果没有有效的政府，经济的、社会的和可持续的发展是不可能的，有效的政府——而不是小政府——是经济和社会发展的关键，这已越来越成为人们的共识。"① 随着改革开放的不断深入，新形势和新问题的出现对政府提出了新的挑战，政府通过制度创新优化、整合、配置资源，调控要素流动，对区域经济的发展有着至关重要的作用。

政府制度创新对区域协调发展的作用主要体现在：

① 世界银行《1997 年世界发展报告》编写组:《1997 世界发展报告：变革世界中的政府》，中国财经出版社 1997 年版，第 17—18 页。

第一，制度创新可以优化资源配置，扩大资源供给，提高资源利用率，缩小区域间经济发展的差距。资源的匮乏并不是经济落后的决定性原因，优化资源配置、合理利用资源才是促进经济发展的关键所在。政府制度创新能够拓展资源供给和补偿渠道，促进发展资源向落后地区合理流动，从而为落后地区获得潜在收益创造条件。所以，政府通过制度、体制和机制创新，可以实现京津冀三地资源的最优配置，提高资源使用效率，弥补欠发达地区资源不足，缩小河北省与京津两市的差距，促进京津冀地区经济社会的健康发展。

第二，政府提供公共产品的先天优势可以降低治理成本，有效促进区域公共治理。政府进行制度创新有着天然的资源优势，可以弥补个人或其他社会组织在人力、物力、财力和信息等方面的不足，降低制度创新的成本，而制度创新的效益由社会全体成员共享。实践证明，政府能否提供制度性的公共产品并不完全取决于某个地区的发达程度，而在于能否通过体制和机制创新，增大多元利益主体的获利空间，为区域治理提供合作动力。这就说明，落后地区也有提供高质量的制度性公共产品的可能性，这在一定程度上弥补了其本身的先天不足。京津冀地区位于国家的政治中心，有着先天的政治优势，中央和地方政府可以通过制度创新，制定区域发展规划和政策，创新和整合各类资源，降低合作治理的成本，从而提高区域治理绩效。

第三，制度创新能够促进区域间合作协调机制的建立，保障区域协同和协作治理的良性循环。健全的区域合作协调机制是区域协同发展的重要保障，京津冀地区由于利益关系的分割和现行体制的制约，区域协同和协作治理依然面临着许多问题。其中，缺乏完善的整体合作协调机制（如区域整体高层协调机制、企业跨地区转移的利益协调机制、合理的财政转移支付机制等）是制约京津冀协同发展的关键因素。政府通过制度创新，完善协作治理的组织机构和政策过程，优化府际合作的利益机制、法治机制，有助于打破行政壁垒和利益藩篱，实现要素自由流动，创造公平的发展和竞争环境，助力京津冀地区经济社会的良性运行。

改革开放的实践和成就证明，经济、政治、文化、社会、生态文明建设和发展需要相应的制度创新的支撑。党的十八大明确提出了增强创新驱动发展新动力，创新开放模式，培育带动区域发展的开放高地，加快转变经济发展方式的新要求。党的十九大报告指出，创新是引领发展的第一动力，是建设现代化经济体系的战略支撑。加快建设创新型国家的战略任务要求中央和地方政府发挥好制度创新的引导和规范作用，不断增强创新能力，提高公共服务供给水平和效率，努力实现区域经济健康有序地发展。

四、推动政府制度创新促进京津冀区域协同发展

为促进区域经济社会持续、稳定、健康发展，实现区域协同发展，政府有义不容辞的责任和义务。怎样出色地完成这一项长久而又艰巨的任务，对目前我国区域经济合作中的地方政府提出了严峻的挑战。如何推进政府制度创新是完成这项任务的关键所在。

（一）观念创新先行，指导政府制度创新

区域创新是实现区域协同发展的关键。党的十九大明确提出了实施区域协调发展的新战略，要求建立更加有效的区域协调发展新机制。实际上，区域协同发展是基于我国经济发展新常态的背景，针对区域经济发展的新问题、新变化和新趋势，为更有效解决区域之间发展不平衡、不协调问题而提出的新发展路径。①

各地政府要树立改革和创新意识，更好地去指导和推进制度创新。要从思想观念上进行创新，树立正确的权力观、政绩观等，树立责任意识、大局意识、区域意识、协同意识，工作观念要与时俱进，才能更好地推进制度创新的进程。需要说明的是，观念创新对于区域内相对落后地区来

① 侯永志、张永生、刘培林等：《区域协同发展：机制与政策》，中国发展出版社 2016 年版，第 102 页。

说，尤为重要。当前，河北相对于京津两市来说，经济水平落后，发展差距较大。所以，要从根本上改变这一现状，就必须进行改革创新，在中央政府的正确指导下，紧紧抓住京津冀协同发展和建设雄安新区的宝贵机遇，用改革的理念去解决协作治理和发展中的困难，消除地方保护等妨碍区域合作的思想障碍和体制障碍，以开放的思维创新区域合作形式、拓展合作内容，构建更加开放的政府协作治理环境。

（二）推进政府效能制度创新，促进区域协调发展

一要进行政府职能创新。党的十九大报告指出，经济体制改革必须以完善产权制度和要素市场化配置为重点，实现产权有效激励、要素自由流动，价格反应灵活、竞争公平有序、企业优胜劣汰。因此，要完善各类国有资产管理体制、深化国有企业改革、全面实施市场准入负面清单制度、深化商事制度改革，加快完善社会主义市场经济体制。要在政府宏观调控作用下，充分发挥市场在资源配置中的决定性作用，把该由市场解决的问题交给市场，政府要做到有所为有所不为。政府应该把主要精力用在制定经济社会发展政策、规划，提供公共物品和服务，维护市场秩序等领域，注重发挥国家发展战略的导向作用，健全财政、货币、产业、区域等经济政策协调机制。

二要深化地方政府机构和行政体制改革。统筹考虑各类机构设置，科学配置党政部门及内设机构权力、明确职责；统筹使用各类编制资源，形成科学合理的管理体制；赋予省级及以下政府更多自主权；在省市县对职能相近的党政机关探索合并设立或合署办公；完善干部考核评价机制，建立激励机制和容错纠错机制，根据京津冀区域内不同的资源禀赋条件，结合比较优势和劣势以及现有发展基础，建立差异化绩效考核体系，调动区域内各级政府的积极性和创造性。

三要推进地方人事制度的改革。公务员的工作水平和整体素质是决定政府决策是否科学、政策执行是否有力、政府合作是否顺畅的重要条件。因此，要从服务重大国家战略的全局高度，加强京津冀公务员管理协作，

助推京津冀协同发展。加大公务员交流力度，组织京津冀开展行政机关基础岗位公务员跨地区挂职锻炼和交流任职；加强公务员考录协作，推动京津冀公务员考试专家、测评基地、试题等资源三地共享；根据京津冀协同发展工作进展情况，建立表彰专项，做好京津冀协同发展表彰奖励工作；推进公务员分类管理、职务与职级并行、聘任制管理改革；围绕雄安新区建设和发展需要，从公务员职位管理、考试录用、考核奖励、培训监督等方面，鼓励并支持雄安新区先行先试，创新公务员管理政策。

四是进行治理方式和手段的创新。政府合作和协同治理的事务纷繁复杂，各种利益关系相互交织，仅通过行政手段来管理很难服众也难以有效持续。因此，要提高治理手段的现代化，综合运用政策、法律和市场等方式推进协作和协同。要注意发挥市场机制的作用，不断推进产权交易制度，在资源环境保护过程中引入市场化的手段；在公共服务资源供给和产业转移方面引入市场的手段，发挥市场在提高公共服务供给效率和产业结构优化方面的积极作用；制定统一的区域市场规则，进一步清理和废除妨碍统一市场和公平竞争的各种规定和制度，让市场更好发挥配置资源的决定性作用。要注意发挥法治协调机制的作用，实施紧密型的法治协调模式，完善京津冀区域政府合作的立法、执法和司法协同，推进区域行政协议的法治化，建立行政协议履行和争议解决机制，为京津冀区域发展营造良好的社会环境、竞争环境、信用环境和法治环境，从而保障京津冀区域协同发展。要注意发挥政府政策的导向作用，制定符合区域发展规划的产业引导、财政税收和人才流动等政策，提升区域政策执行的效率。

（三）建立健全区域府际合作机制，推进政府制度创新

第一，完善区域利益协调机制。利益协调是区域协同发展的核心问题，建立互惠互利的利益调节机制是打破地方保护主义，推进京津冀区域协同发展的根本之路。首先，建立政府间协调、部门间协商、社会协商等多层次的网络协调体系，畅通利益表达渠道，确保区域内行政主体、市场和社会组织等都能充分自由地表达其利益诉求。其次，充分考虑区域内各

主体的利益诉求，构建和谐的利益分配机制，形成以共识、信任、协商、开放、透明为基础的伙伴关系，建立起制度化的利益共享机制。最后，根据各地区的实际情况和产业结构规划，综合运用行政、法律和市场手段建立利益补偿机制，给予区域合作中的利益受损者一定的补偿，以保护参与各方的利益，保障区域治理机制运行顺畅。

第二，完善区域组织协调机制。构建有层次、有效的组织协调机制是促进区域一体化的基本前提和重要保障。要进行制度创新，建立以“规划—立法—政策”为基本模式的协同发展制度体系。通过制定合理的发展规划，引导京津冀协同发展有序推进；通过制定相关的法律法规，保障各项规划目标顺利落实；通过制定完备的政策条例，促进区域协同战略长期高效执行。① 建立国家级高规格的区域协同领导机构和咨询机构，制定区域内统一的发展规划，协调重大项目和重大矛盾。建立以地方首长联席会议制为主导的横向协商机制，注意防止政策条块分割问题，解决跨地区的分工协作问题。同时，按照“政府主导、企业参与、市场选择”的原则，鼓励和引导地区间企业、行业自发建立沟通合作关系，打破市场壁垒，消除地方保护主义，使资金、人才、信息、资源等在区域内自由流动，实现区域经济发展由政府和市场双重推动的格局。

（四）完善政府管理制度，推动政府制度创新

首先，积极推进区域内地方政府决策制度的创新。要保证区域协同发展，从政府层面讲首先要有一个科学合理的决策制度。因此，各地方政府要坚持决策事项公开透明，决策过程全民参与，决策结果有人负责的决策方式，充分发挥民智，保证决策的科学合理，减少华而不实的政绩工程，杜绝区域内资源的浪费。

其次，建立健全政务信息公开制度。将区域内各地发展政策、规划等

---

① 叶堂林、祝合良、潘鹏:《京津冀协同发展路径设计》,《中国经济报告》2017 年第 8 期。

信息通过网络、报纸等媒体向社会公开，接受人民群众的监督。发挥专家咨询委员会作用，做好正面宣传和政策解读，合理引导社会预期，做好舆论引导。对于人民群众在区域协同发展方面的意见和建议要仔细研究，吸收各方面的意见促使发展规划更加科学和合理。

最后，建立健全行政问责和法律问责制度，强化区域内各地方政府的责任意识，避免政策落实出现“选择性执行”现象。对于区域内出现的问题，如决策失误和执行不力而造成的资源浪费和环境污染等问题要追根究底，严惩责任人。

第二节　区域合作中的政府角色和政府职能转变

一、区域合作的内涵

区域合作是以横向经济联系为纽带，在自愿的基础上，按照互利互惠、共同发展的原则，区域间不同行为主体在某些领域突破某种封锁进行联合的一种组织行为和经济行为。① 区域合作是与区域的分工相伴而产生的，由于在区域分工深化过程中，各区域经济发展的专业化倾向日益突出，伴随着区域之间竞争的加剧也出现了区域之间相互依赖程度的加深。出于各自发展利益的需要，区域之间在分工的基础上就必然开始寻求合作。区域合作有多种类型和层次，从空间分布来看，区域合作可以是相邻国家间组成的区域共同体，如欧共体、北美自由贸易联盟等；可以是一国内部相邻地区间组成的区域合作联盟，如长三角、珠三角、京津冀区域合作；同时，区域合作也可以是一国内部非相邻地区的合作，如我国政府提倡的东部与中西部地区的合作。

---

① 马彦琳、郝寿义：《经济全球化背景下区域经济研究的若干趋势》，《华中科技大学学报》（人文社会科学版）2002 年第 4 期。

新世纪以来，我国区域合作的内容越来越广泛。例如，2004 年 6 月 3 日在广州正式签署的《泛珠三角区域合作框架协议》中列举了十个合作领域，包括基础设置、产业与投资、商业与贸易、旅游、农业、劳务、科教文化、信息化建设、环境保护和卫生防疫。2004 年 9 月 17 日在广州正式签署的《泛珠三角区域省会城市合作协议》中，明确了将在信息、交通、经贸与物流、产业与投资、金融、旅游等服务业、科教文卫和人力资源开发与管理七个领域展开合作。2008 年 9 月 7 日国务院发布的《关于进一步推进长江三角洲地区改革开放和经济社会发展的指导意见》涉及的合作领域更加丰富，包括服务业、工业结构、自主创新、重大基础设施、资源利用和环境治理、文化建设和社会事业建设、区域市场等一体化。从国内这些区域合作协议或指导意见来看，区域合作的内容具有多样性、普遍性和复杂性的特点，包括经济、社会、文化等领域，随着区域合作的推进，必然要深入到政治领域，如法律、安全等，合作内容会进一步深化和拓展。

区域合作是生产力社会化和地区分工发展的必然结果，是区域经济社会发展的内在要求。随着市场经济的发展，区域合作成为经济一体化的重要形式。区域合作的经济意义在于，区域之间通过优势互补、优势共享或优势叠加，把分散的经济活动有机地组织起来，把潜在的经济活力激发出来，形成一种合作生产力。通过合作所获得的经济综合优势所产生的经济效益是分散条件下难以取得的。合作为分工提供了保障，使区域经济专业化能够存在和发展。通过合作可以冲破要素区际流动的种种障碍，促进要素向最优区位流动，加强区际经济联系，形成区内和区际经济网络，提高区域经济的整体性和协调能力。因此，区域合作是促进区域经济持续健康发展的重要举措，也是实现区域协调发展和有效公共治理的重要途径。①

随着区域经济发展的深入，人口、资源与环境的矛盾不断加剧，区域合作多种议题相互交织，区域性空气污染治理、流域水资源治理等跨界

---

① 范恒山:《关于深化区域合作的若干思考》,《经济社会体制比较》2013 年第 4 期。

公共事务问题越来越广泛，区域合作治理呈现新的特征和趋势：一是区域合作的类型日益多样化，互补型、共建型、分配型、补偿型区域合作带来利益纷争愈来愈复杂化；二是区域合作中政府之间的层次日益复杂化，增加了区域合作治理的难度，对区域合作治理机制的选择要求越来越高；三是随着全球化竞争不断加剧，地方政府之间的竞争与协作也愈加紧密，各方在区域合作中的自主性也不断提高。[①] 地方政府之间的竞争与协作的相容性，迫切需要有一套规则，把两者纳入制度化的调整之中，防止利益冲突带来的负面效应。因此，区域合作需要稳定的制度安排提供激励。

二、区域合作中的政府角色

随着经济全球化竞争加剧和我国改革开放的不断深入，区域合作是京津冀地区协同发展的必然选择。加强区域合作可以提升区域国际竞争力，更好地应对世界经济挑战，是统筹区域发展、落实国家发展战略的需要。但是，京津冀地区面临着区域内经济发展不平衡、区域行政分割阻碍了区域经济的有效整合、缺乏有效的区域合作协调机制等困境，这些问题在不同程度上阻碍着京津冀地区的协同发展。

区域经济的健康持续发展要求发挥市场在资源配置中的决定性作用，但是科学的宏观调控，有效的政府治理，是发挥社会主义市场经济体制优势的内在要求。我国目前正处于经济社会的转型期，社会主义市场经济体制尚不完善，政府在区域经济发展中仍然扮演着重要的角色。政府的职责就是要打破区域内行政分割，引导生产要素的合理流动和资源的合理配置，促进落后地区的经济发展，缩小地区间的差距。因此，政府的角色定位关系到区域合作的顺利开展和协同治理目标的实现。

---

① 邢华:《我国区域合作治理困境与纵向嵌入式治理机制选择》,《政治学研究》2014年第5期。

（一）合作观念创新的倡导者

区域合作实际上就是通过合作制度的创新实现生产力的创新，区域合作要在正确的思想观念指导下进行。在正确的观念指导下，会加速区域间的合作，反之，则会阻碍区域间合作的顺利发展。所以，政府要首先从思想观念上进行创新，改变落后的、错误的思想观念，从而更好地去指导区域合作。

首先，坚持正确的权力观、利益观和政绩观。习近平总书记讲过，马克思主义权力观就是坚持权为民所赋，权为民所用。权力观、利益观和政绩观是密切相关的，要正确使用权力，把实现人民群众的美好生活作为一切工作的出发点和落脚点，凡是群众反映强烈的问题都要严肃认真对待，凡是损害群众利益的行为都要坚决纠正。要深刻认识京津冀协同发展和雄安新区建设国家战略的重大意义，按照发展规划要求，完善协同举措、创新协同机制，推进一盘棋建设、一体化发展。

其次，树立开放合作意识。要跳出行政区观念的束缚，树立经济区域的观念，破除地方本位主义，积极引导市场和社会参与治理，摒弃只有共识没有实际行动的做法，积极构建高效灵活的合作治理体系，共同推进京津冀协同发展。

最后，树立环境意识。政府要坚持绿色发展理念，把经济发展、产业结构调整和保护环境结合起来，抛弃“先污染、后治理”的思想意识，把经济发展工作和环保工作摆在同等重要的位置。构建政府为主导、企业为主体、社会组织和公众共同参与的环境治理体系，建立市场化、多元化的生态补偿机制，改革生态环境监管体制，坚决制止和惩处破坏生态环境的行为。

（二）制度创新的主要领导者和实施者

政府在制度创新方面，有着个人和其他社会组织所不具有的公共权威和资源优势。在提供制度性公共产品方面，政府可以从人力、物力和财力等方面给予充分的保障。同时，政府还可以降低制度创新成本，使创新收益可以为全社会所共享。在政府合作方面，构建健全的区域合作与协调机制，是处理政府间的利益关系，实现优势互补、协同发展的重要保障。政府作为制度创新的领导者和实施者，可以通过体制和机制创新，统筹各种政策和资源，协调各方利益，为区域协同发展创造优良的环境。

（三）区域发展规划的制定者和执行者

在区域经济发展的过程中，地区之间各要素相互作用，形成了一个极其复杂的系统，而且各地有不同的利益需求，产生了许多矛盾和冲突。对这些矛盾进行协调，促进地区间的合作，单靠市场的作用是远远不够的，这就要求有一个公正、公平、公开的，能协调区域内各方利益的实体来主持区域发展规划，而政府正是这样一个拥有行政权威及公正性的实体，它可以通过法律法规以及政策手段来进行利益调整，管理经济活动。①

首先，政府以国家的法律法规为依据，针对本地实际情况制定法律法规、行政规章等，对个别市场主体进行规范，解决由企业发展带来的外部性问题，保证市场竞争的公平性。其次，政府可根据国家经济发展战略，制定符合地方实际的经济发展政策，形成产业互补、取长补短的地区特色经济格局。此外，根据本地区经济发展的特点，可以在人才、资金等方面作出重点规划，为区域经济发展提供强大的动力。

（四）区域合作运行环境的维护者

首先，政府是地方公共服务的提供者。政府通过完善本地区的基础设施建设为经济发展奠定良好的物质基础；政府通过社会事业方面的工作，促进本地区人口素质的提高，缩小地区间的发展差距；政府通过加大科技投入力度，加强科技开发，由科技创新引领经济发展的新格局。

---

① 李克强:《区域经济规划理论与方法》，中央民族大学出版社 2006 年版，第 110—111 页。

其次，政府是地方利益冲突的协调者。在区域经济大发展过程中，各地不同的利益诉求容易导致资源、人力的巨大浪费。因此，政府以中立仲裁者的权威地位，建立利益协调机制，制定统一可行的政策方案，协调地区之间的利益冲突，实现区域经济发展的整体目标。

最后，政府是区域经济发展的监管者。在区域经济的发展过程中，仅仅依靠市场的作用是远远不够的，政府可以运用相关法律法规，通过有关机构对各市场主体进行监督和管制，保证各市场主体之间的良性竞争，促进区域经济的健康发展。

三、区域合作中的政府职能转变

（一）政府职能内涵

职能又称功能、职责。就国家而言，职能是一个与公共权力、公共责任紧密相关的概念。政府职能是指政府等行政管理主体行使国家行政权力，依法对国家事务、社会公共事务进行管理所发挥的基本职责、功能和作用。

首先，政府职能与行政目的相联系。行政目的表现为政府行政目标与政府行政动机的统一，行政目的引导政府职能，即为了实现行政目的而设定相应的政府职能。其次，政府职能与公共政策相联系。公共政策是政府履行其职能的主要形式，公共政策的有效性是政府履行职能的基础。因此，为了履行职能而必须正确地制定和有效地执行公共政策。最后，政府职能与制度创新相联系。人类社会的不断发展进步，促使人们不断进行行政改革以调整或改变行政关系，进而实现政府制度的不断创新，并通过创新不断实现社会整体发展进步。在此意义上，行政改革是政府制度创新的基本形式之一，而转变、修正、调整政府职能，增强政府公共政策和行政管理的有效性，是行政改革最经常的诉求对象。

（二）政府在区域合作中的主要职能

为了缩小地区间经济发展水平的差距，各地政府需要发挥提供公共产品和服务、完善基础设施和社会事业、创造条件吸引资源、协调市场秩序等职能。这些职能中央政府无法全部包办，也是市场自发调节无法实现的，而且这些职能对区域经济的发展、缩小地区间经济发展水平差距而言，有着必不可少的作用。区域间的良好合作，目的是促进区域经济健康有序发展，推动区域协同发展。所以，政府在区域合作中的主要职能，对于促进区域经济发展起着不可替代的作用。

第一，制定区域经济发展政策。首先，政府是区域经济发展政策的制定者。各地政府要在国家宏观调控政策引导下，根据本地区的实际情况，制定适合本地区发展的经济政策。其次，政府要合理配置相关资源，创新经济制度要素。政府应转变职能，改革组织机构，创新管理手段与管理方式，减少对市场经济的不必要干预。同时，政府要深化国企改革，进一步推动非国有企业的发展，培育市场主体，营造良好经济发展环境。此外，政府要加强市场监管，建设健康有序的经济发展环境。

第二，优化配置公共资源。首先，政府要保障地区公共产品供给，完善基础设施服务建设。基础设施环境的改善，有利于吸引技术、资金等要素，促进区域经济发展。从京津冀地区实际来看，河北较之京津两市来说，基础设施环境尚不完善，不利于京津冀协同发展，政府应加大力度，完善交通、通信等基础设施建设。其次，政府应加大科技投入和市场信息供给力度。加大对科技教育事业的投入，加快科技创新和技术进步，同时，还要加大市场信息的供给力度，避免因为信息不对称而导致的重复建设和产业结构趋同。最后，政府应打造中介服务体系，适时培育各类民间组织。中介服务体系主要包括：知识产权服务中心、技术咨询机构、律师事务所等，这些中介服务体系可以为区域经济发展提供有力支撑条件。政府同时还要积极培育各类民间组织，例如行业协会这样的组织，打破行政区划的限制，推动区域经济合作。

第三，监管地区经济秩序。首先，立足长远发展目标，规范市场经济秩序。政府应该通过法律、行政等手段来监管市场经济秩序，要依法办事，保证市场运行公正、公平。从地区长远利益和长远目标出发，杜绝地方保护主义，维护市场经济秩序，推动区域经济整体发展。其次，政府要及时纠正市场失灵，切实加强对市场的监督。政府对市场的有效监督管理，可以稳定市场，促进市场协调发展，通过运用各种合理、有效的政策，使各市场主体形成良好的竞争与合作关系，保证区域经济健康发展。

第四，建立健全社会保障体系。社会保障作为政府主要职能之一，是政府干预资源配置、保证市场经济规范运行的重要手段。完善社会保障体系能够维护社会稳定，促进经济发展，推动社会进步。

（三）政府职能转变与区域合作

随着经济全球化和区域经济一体化的不断发展，传统的行政管理模式面临着诸多挑战，必须通过政府改革和制度创新，激活市场主体潜力，提供优质公共服务，为区域经济发展创造良好的条件。加快政府职能转变是加强区域合作的重要手段，也是实现地区间协同发展和协同治理的必经之路。

1. 中央政府职能转变与区域合作

京津冀地理位置特殊，既是环渤海经济圈的核心区域，又是全国的政治中心、国际交流中心、文化中心、科技创新中心。抛开中央政府只谈京津冀三地政府的职能转变，显然是不全面的。2013 年 5 月 15 日，李克强总理在国务院机构职能转变动员电视会议上强调：加快转变政府职能，深化行政体制改革，是党中央、国务院作出的重大决策。转变政府职能，就是要解决好政府与市场、政府与社会的关系问题，通过简政放权，进一步发挥市场在资源配置中的基础性作用，激发市场主体的创造活力，增强经济发展的内生动力；就是要把政府工作重点转到创造良好发展环境、提供优质公共服务、维护社会公平正义上来。就是说，既要把该放的权力放开到位，又要把该管的事务管住管好。

第一，要放权到位，激发市场主体创造活力，增强经济发展内生动力。

首先，要以简政放权促进经济稳定增长。市场主体是社会财富的创造者，是经济发展内生动力的源泉。为了实现经济的稳定增长，只靠政府的刺激政策或是直接投资是不够的，还必须依靠市场机制。相反，如果过多的依靠政府主导和政策拉动来刺激经济增长，不仅会在一定程度上阻碍经济发展，还有可能产生新的矛盾和风险。所以，中央政府要坚持市场化改革取向，做到最大限度减少对生产经营活动和产品物品的许可，最大限度缩小投资项目审批、核准、备案的范围，最大可能减少对各类机构及其活动的认定，原则上取消不符合行政许可规定的资质资格许可。

其次，要以简政放权推动经济转型。推动经济发展要立足当前，也要着眼长远，加快推动经济转型升级。政府要调整产业结构，在优化工业结构、推动现代农业发展的同时，大力发展服务业。加快经济转型升级，还必须创新体制机制。政府要转变职能，下放权力，减少对企业的直接干预，打破市场分割和垄断，逐步消除制约转型发展的体制机制障碍，使企业和产业在竞争中优化升级，为经济转型提供“源头活水”。

再有，要以简政放权释放就业创业创新活力。我国人力资源十分丰富，人才的创业创新蕴藏着新的人口红利，而过多和费时过长的行政审批恰恰制约着我们这一最大优势的发挥。要通过转变职能、减少审批环节，继续清理不必要的资质资格许可和认定，注意发挥和落实行业协会的作用与责任，在不降低资质资格水平的前提下，降低就业创业门槛，营造就业创业的公平环境，调动创新创造的积极性。

最后，要以简政放权更好地发挥地方政府的作用。我国地区之间经济社会发展很不平衡，中央政府和地方政府都应该充分发挥积极性，做到放权到位。要充分发挥地方政府贴近基层的优势，从有利于地方政府更好地履行职责的要求出发，把一些确实需要审批且地方审批更方便有效的事项，以及数量较多、面积广的生产经营活动的事项，坚决下放给地方政府。

第二，要管住管好该管的事，创新行政管理方式，提高政府治理能力。

中央政府机构职能转变，不仅要取消和下放权力，还要改善和加强政府管理，关键是创新行政管理方式，增强政府治理能力，健全公共服务体系，提高政府效能，建设现代政府。

首先，要切实加强市场监管。目前，我国市场经济秩序还很不规范，诚信缺失、假冒伪劣、侵权、寻租等现象还很突出。所以，在放权的同时也要加强对市场的监管，政府管理要由事前审批转变为事中事后监管，这样有利于建立公平的环境，实现公平的竞争，保证经济的健康发展。

其次，要创新公共服务提供方式。加强社会管理和公共服务，是政府的重要职责，为人民群众提供优质公共服务的职责必须加强。政府的作用要与市场和社会的力量结合起来，增加服务供给，满足社会需要。政府要深化改革、利用市场机制、创新供给方式，更多地利用社会力量，凡是适合市场、社会组织承担的，要交给市场和社会组织承担，政府不包办一切。要加快事业单位改革步伐，提供更多更有效的服务。大力引入社会资本，增加竞争，满足多样化需求。这样既能加快解决公共服务产品短缺问题，又能形成公共服务发展新机制。

再有，要优化必要的行政审批程序。要提高规划布局和标准制定的水平，还要从体制上加以保证，完善审批制度，建立标准明确、程序严密、运作规范、制约有效、权责分明的管理制度。

最后，要加强和改善宏观管理。中央政府作为宏观部门要有所为有所不为，转变职能、减少微观事务管理之后，要加强宏观调控。更加重视经济社会发战略和政策的研究制定，保持经济总量平衡，促进重大结构优化，维护全国市场统一开放，保障国家经济安全。

2. 地方政府职能转变与区域合作

地方政府职能转变滞缓，与市场经济发展的要求不相适应，是导致区域合作进程缓慢的重要原因之一。京津冀区域合作中存在观念落后、缺乏有效的协调机制、管理手段和方式陈旧等问题。加快京津冀地方政府职能转变刻不容缓。

第一，树立协同发展合作共赢理念。区域协同发展关键在观念上的转变，地方政府要强化协同发展理念，找准自身定位，加强合作，坚持优势互补、互利共赢。首先，地方政府要正确看待行政利益，规范自身的竞争行为，从区域整体利益出发，立足发挥各自比较优势、立足现代产业分工要求、坚持区域优势互补原则、树立合作共赢理念。其次，树立打造共同的统一市场的意识。将建立区域一体化作为区域发展的战略目标，建立跨地区产业整合推进机制，制定有利于促进投资的政策，进一步优化地区经济结构与布局，使各种生产要素在区域间自由流动，降低经济发展成本。最后，要牢固法治政府和服务型政府理念。推进依法行政，坚持查处各类违法行为和懒政怠政的现象，学习借鉴综合管理和公共服务方面的先进经验，为实现区域经济协同发展提供良好的氛围。

第二，建立合理的政府管理体系。区域经济一体化虽是市场经济的产物，但并不是完全由市场自发形成的。区域经济一体化需要在政府的有力干预和宏观调控下加以规范和推动，建立合理的政府管理体系、完善政府的制度与组织、加快转变政府职能是大势所趋。不同地区之间的有效合作，必须要有合理的组织机构和顺畅的协调机制为基础。区域经济一体化需要成立专门职能的政府组织协调机构，负责区域合作在政策研究、统筹规划、联系沟通、指导实施、信息服务、法规咨询等方面的工作，推动和引导区域全方位、多层次和有效的全面合作。就京津冀地区而言，在京津冀一体化过程中可以建立“京津冀区域协调发展委员会”，委员会可由中央及京津冀三地地方政府相关领导组成，下设决策机构、执行机构和监督机构，从而使京津冀地方政府合作组织化、制度化。

第三，政府职能方式要重新定位。首先，树立科学的政绩观。要改变单纯注重经济增长的政绩评价方式，构建新的政绩考核体系，不仅包括经济增长数量、增长速度的指标，还有经济增长质量、社会经济效益和环境保护方面的指标。既要考核经济增长，又要注重区域经济建设，区域环境保护和区域可持续发展；从区域整体利益出发，协调好局部利益，既要抓眼前利益又要目光长远，正确认识长远利益；政绩考核要突出地方干部开拓创新能力和水平的情况；考核结果要与干部奖惩、任用直接挂钩，奖惩有度，激发干部的积极性和创造性。其次，创新政府管理手段和方式。减少运用行政命令干预地方经济，注重运用行政规划、行政指导、行政信息和行政咨询服务等手段引导企业行为，为企业良好发展创造条件，在区域经济合作中实现生产要素的自由流动和资源的优化配置。最后，要加快职能转变进程。向服务型、协同型、法治型政府转变，树立正确工作理念、健全管理体系、创新管理手段与方式，加强区域间合作，从区域整体利益出发，完善区域间利益协调机制，共创合作共赢的新局面。

第四，加强区域法治建设，牢筑区域发展的法治基石。区域经济合作，区域协同发展的有序推进，离不开强有力的法治保障。法治具有权威性、稳定性和规范性的优势，是经济社会健康有序发展的基石。法治能够把办法、经验制度化，减少发展阻力，为改革清“路障”，为发展树“路标”，对科学有序推进区域间协同发展起到重要引领和保障作用。当前，我国区域发展过程中，一些政策、法规还存在不一致甚至相抵触的现象，阻碍了资源和要素的自由流动，影响了市场配置资源决定性作用的发挥。所以，推动区域经济合作，促进区域协同发展必须坚持法治先行，通过法治建设凝聚发展共识、化解发展矛盾、保障发展秩序。

首先，坚持法治统一原则，推进地区间协同立法。尽快将有关政策提升为稳定的法律法规，以法律的形式保障区域协同发展的科学性、有效性和可持续性。

其次，坚持平衡协调原则，明确区域协同发展的权利义务。加强区域法治建设，要坚持权利与义务对等原则，充分发挥区位优势的同时，依法确立合理的补偿制度。结合地区间的功能定位，以法律形式明确各地区的权利义务关系，建立科学有效的利益调节机制和程序，为区域间实现优势互补、合作共赢的协同发展牢筑法治基石。

再次，坚持市场主导与政府引导相结合的原则，释放区域协同发展的市场潜能。区域协同发展，必须坚持市场在资源配置中的决定性作用的同时，更好地发挥政府作用。以科学有效的法律规范打破市场壁垒，促进资源和要素流动，同时规范政府行为，为区域协同发展提供更优质的服务。

最后，政府要坚持可持续原则，促进区域协同发展行稳致远。区域协同发展与生态环境、资源合理利用、社会公正公平相协调。政府通过法治建设可以为区域协同发展提供法治保障，确保区域协同发展行稳致远。

第三节 区域合作治理中的政府制度创新

协同治理是“公共政策决策、管理的过程和结构，它能够使人们建设性地跨越公共机构、政府等级以及公共、私人与市政领域的边界，以实现其他方式无法达到的公共目标”。① 联合国全球治理委员会认为，协同治理的过程能使各种矛盾的利益和由此产生的冲突得到调和，并产生合作。这一过程既建立在现有的机构和具有法律约束力的体制之上，也离不开非正式的协商与和解。

一、区域治理模式

通过对治理理论和协同治理理论的研究，考察以美国大都市区为典型代表的整合治理模式、欧盟为典型代表的多层次治理模式的经验，以及国内许多学者关于都市圈协同治理的讨论，总结出以下几种治理模式。

第一，以“国家干预”为主的“政府模式”②。这种模式是受传统区域主义理论影响而形成的，强调建立新的政府层级和纵向的科层规章，认为要通过结构性调整加强中心城市政府的支配权。解决都市圈治理的碎片化问题，就要取消区域内各个独立的市政府，通过市县合并等方式将它们合

① 王浦劬、臧雷振：《治理理论与实践：经典议题研究新解》，中央编译出版社 2017 年版，第 304 页。

② 崔晶：《都市圈地方政府协同治理：一个文献综述》，《重庆社会科学》2014 年第 4 期。

并成为一个庞大统一的大都市区政府，以期获得区域内社会治理的公平和公正。这种模式的支持者认为，它能够更好地应对区域治理中的各自为政、资源分配不均等问题，能够拓展规模经济，并且给本地区民众提供更廉价更有效的服务。但这种模式存在着实践上的困难，一是区域内的地方政府出于自身利益的考虑未必能够组成一个统一的大都市区政府；二是几十个地方政府同意建立一个统一的大都市区政府，但是这样一个区域政府涉及行政区划的诸多变动，也需要中央政府的同意和核准。

第二，多中心治理模式。多中心治理以自主治理为基础，允许多个权力中心或服务中心并存，通过相互合作给予公民更多的选择权和更好的服务，减少“搭便车”行为，避免“公地悲剧”和集体行动的困境，扩展了治理的公共性。[①] 首先，多中心治理的主体是复合主体，包括政府、企业、非营利组织、公民社会、社会组织等。其次，多中心治理的结构是网络型的。在公民社会里，每个公民镶嵌在由各种关系织就的社会网络中，政府和企业也存在于网络中，但仅具有社会网络还不能实现真正意义上治理的网络化。新闻媒介和信息技术的不断发展，才真正把所有人和组织融合进网络世界。再次，多中心治理的目标是实现公民利益最大化和满足公民多样化的需求。公民、社会团体、企业不仅能够有效地表达其意愿，而且能够积极参与公共事务的治理和绩效评价。这些不取决于政府官员的意愿，而是由多中心的权力结构设计、多样化的治理结构安排和切实可行的民主参与制度的设计得以实现。最后，多中心治理的方式是“合作—竞争—合作”的连续体。公共物品的生产、使用、维持本身就需要一种合作。但由于各中心是自治的，各中心为追求利益最大化而展开生产、使用和维护公共物品的竞争，而竞争又是通过谈判、协商、制定合法的合同达成一致行动策略，最后在意愿一致的复合体中又开始合作。

第三，协同治理模式。这种模式主张通过谈判形成都市圈不同层级

① 孔繁斌：《公共性的再生产：多中心治理的合作机制建构》，江苏人民出版社 2012 年版，第 38 页。

政府、社会团体和私营部门间的协作机制，以此来共同解决区域公共问题。[①] 这种区域治理模式强调在现有政府的基础上建立横向的政府间合作，力图解决不同行政区的冲突。协同治理模式与传统政府管理模式的区别在于，前者强调治理，而后者注重管理。主张“以灵活的治理横向网络代替单一僵化的政府管理模式，吸纳区域内其他非营利组织、商业社团和公民组织参与整体治理”。同时，协同治理模式也试图避免“多中心治理模式”带来的区域内各地方政府各自为政、效率低下的问题，试图通过灵活的政策网络倡导区域的整合和协调发展，提倡区域性合作组织的构建。

二、长三角、珠三角区域治理模式

（一）长三角区域合作和治理模式

长江三角洲地区是我国经济最具活力、开放程度最高、创新能力最强、吸纳外来人口最多的区域之一，是“一带一路”与长江经济带的重要交会地带，在国家现代化建设大局和全方位开放格局中具有举足轻重的战略地位。它以上海市为中心向外辐射，包括江苏和浙江两省，共由 16 个地级以上城市构成，区域面积 21.17 万平方公里。[②] 长江三角洲经济圈的治理模式经历了萌芽起步阶段、协调发展阶段和协同治理阶段。

第一，萌芽起步阶段。1982 年 12 月，国务院发布《关于成立上海经济区和山西能源基地规划办公室的通知》，决定成立“上海经济区”。上海经济区以上海为中心，包括苏州、无锡、常州、南通和杭州、嘉兴、湖州、宁波（后来又增加绍兴等城市），一共 10 个市、55 个县，土地面积

① 崔晶:《大都市区跨界公共事务运行模式: 府际协作与整合》,《改革》2011 年第 7 期。

② 2016 年 6 月，国家发展改革委员会发布《长江三角洲城市群发展规划》，规划范围包括: 上海市，江苏省的南京、无锡、常州、苏州、南通、盐城、扬州、镇江、泰州，浙江省的杭州、宁波、嘉兴、湖州、绍兴、金华、舟山、台州，安徽省的合肥、芜湖、马鞍山、铜陵、安庆、滁州、池州、宣城等 26 市，国土面积 21.17 万平方公里。

7.4 万平方公里，人口 5059 万人。1983 年 8 月，上海经济区规划工作会议召开，成立了上海经济区省、市长联席会议制度。该会议制度为长三角协议的缔结提供了第一个程序平台。

第二，协调发展阶段。1992 年，由上海、无锡、宁波、舟山、苏州、扬州、杭州、绍兴、南京、南通、常州、湖州、嘉兴、镇江 14 个市经协委（办）发起、组织，成立了长江三角洲 14 城市协作办（委）主任联席会。1997 年，上述 14 个城市的市政府和新成立的泰州市共 15 个城市通过平等协商，自愿组成新的经济协调组织——长江三角洲城市经济协调会。协调会设常务主席方和执行主席方。常务主席方由上海市担任，执行主席方由除上海市外的其他成员市轮流担任。协调会每两年举行一次正式会议。协调会在常务主席方设联络处作为常设办事机构，负责日常工作。各成员市的协作办（委）作为协调会具体的联络、办事部门。经济协调会分别在 1997 年、1999 年和 2001 年召开了三次会议，三次会议都取得了丰硕的成果，签订了一系列协议，涉及长三角地区经济、交通、科技、旅游等各个方面。

第三，协同治理阶段。2001 年上海、浙江、江苏两省一市政府领导共同磋商，发起建立沪苏浙经济合作与发展座谈会制度，标志着长三角区域一体化发展到政府间协同治理阶段。2004 年，启动沪苏浙三省市主要领导座谈会制度，长三角区域合作纳入最高决策层的视野，从而形成了“高层领导沟通协商、座谈会明确任务、联络组综合协调、专题组推进落实”的区域合作机制。2008 年 9 月 7 日，国务院发布《关于进一步推进长江三角洲地区改革开放和经济社会发展的指导意见》（国发〔2008〕30 号），提出抓紧编制《长江三角洲地区区域规划》的任务要求，这意味着长三角一体化发展已上升为国家战略。2008 年 12 月 15 日，在浙江宁波召开了长三角地区主要领导座谈会，明确长三角地区政府层面要建立“三级运作、统分结合、务实高效”的区域合作机制。按照宁波会议的部署，各省（市）抓紧筹建相关工作机构，成立联席会议办公室，具体负责推动长三角区域合作工作。在 2009 年 8 月召开的由常务副省（市）长参加的长三角地区合作与发展联席会议上，讨论通过了《长三角地区合作与发展联席会议制度》和《长三角地区重点合作专题组工作制度》等文件，进一步完善了新的合作机制，为建立健全联席会议制度和促进“协调层”高效运转创造了条件。[①]2009 年，两省一市吸纳安徽省作为正式成员出席长三角地区主要领导座谈会、长三角地区合作与发展联席会议。2010 年 6 月 7 日，《国家发展改革委关于印发长江三角洲地区区域规划的通知》（发改委〔2010〕1243 号）正式下发，明确“要充分发挥长三角区域合作协调机制的作用，加强联系互动，推动规划实施”。2016 年 6 月 3 日，国家发展改革委员会发布《长江三角洲城市群发展规划》，提出：健全长三角三省一市政府层面的“三级运作”机制，强化议事决策功能，充分发挥长三角地区合作与发展联席会议的组织协调功能。

长三角区域目前形成了以“三级运作、统分结合”为主要特征的政府协同机制框架结构，形成了以决策层为核心、以政府政策协调为导向、以法律制度为基石，由决策层、协调层和执行层共同组成的多层次、网络化的协同治理体系。决策层为“长三角地区主要领导座谈会”，每年召开一次，由三省一市主要领导参加，主要任务是决定长三角合作的方向、原则、目标与重点等重大问题，审议、决定和决策关系区域发展重大事项，是最高层次的联合协调机制。

协调层为“长三角地区合作与发展联席会议”。一般每年的第三季度召开一次，按照长三角地区主要领导座谈会轮值顺序轮流承办，由三省一市常务副省（市）长参加，主要任务是做好主要领导座谈会筹备工作，落实领导座谈会部署，协调推进区域重大合作事项。

执行层包括“联席会议办公室”“重点合作专题组”，以及“长三角城市经济协调会（城市经济合作组）”，具体推动长三角区域合作工作。一是联席会议办公室。在三省一市发展改革委员会内专门设立长三角办，承

① 解艳波、陆建康：《长三角地区一体化发展思路研究》，《江苏社会科学》2010 年第 2 期。

担联席会议办公室的职责，负责提出长三角区域合作重要事项的建议，并检查督促和通报重要合作事项的落实情况。二是重点专题合作组。由业务主管部门牵头成立相应重点专题合作组，主要负责区域合作有关专项工作的实施。三是城市经济协调会（合作组）。主要是推动长三角地区城市间的经济合作。

从区域协调进程来看，长三角区域一体化的机制在不断完善。一是区域一体化协作方式从最初的上海经济区省市长会议制度，逐步发展成为包括了省（市）长座谈会制度、常务副省（市）长的经济合作与发展座谈会制度、城市市长主导的经济协调会制度和省市有关部门间的沟通协商制度等层面的协调机制，形成了决策、协调、执行等完善的决策体系，还成立了重点领域的专业委员会和区域发展促进基金，以推动跨区域重点领域和重大事项的合作。二是区域一体化的领域不断拓展深化，从最初的经济层面扩大到经济、社会、生态等领域，开展了医疗保险、异地养老、知识产权保护、环境治理等方面的协作。三是区域范围不断扩大，从最初的 10 个城市扩展到目前的三省一市。四是区域一体治理模式逐渐形成，从上海经济区的初步协作，到长三角 16 个城市区域协调，再到三省一市协商制度，长三角区域治理从同质竞争的独立治理模式向多元主体的协同共治模式不断转型。①

（二）珠三角区域合作和治理模式

珠江三角洲地区，简称“珠三角”，是我国改革开放的先行地区，是我国重要的经济中心区域，在全国经济社会发展和改革开放大局中具有突出的带动作用和举足轻重的战略地位。主要由珠江沿岸广州、深圳、佛山、珠海、东莞、中山、惠州、江门、肇庆 9 个城市组成，2008 年土地面积 5.46 万平方公里，总人口约 4772 万人。

---

① 侯永志、张永生、刘培林等：《区域协同发展：机制与政策》，中国发展出版社 2016 年版，第 142 页。

为引导珠三角经济区健康发展，1994年，广东省委七届三次全会首次提出“珠江三角洲经济区”这一概念，并着手对珠江三角洲经济区进行规划。广东省政府成立由主管省领导、珠三角地级及以上市市长和省计委、省科委、省建委三个部门负责人组成的“珠三角经济区规划领导小组”，制定了《珠江三角洲经济区现代化建设规划纲要》。1995年6月，根据珠三角经济区发展战略，完成了《珠江三角洲经济区城市群规划》的制定工作。该规划明确珠三角的都市圈发展战略布局：以珠三角有机协调的城市群为整体，以广州为核心，以广州至珠海和广州至深圳的发展线为主轴，建设大广州和珠江口东岸、西岸三大城市地区，建设都会区、市镇密集区、开敞区、生态敏感区4种用地类型的空间协调发展模式。

2008年12月，国务院批复《珠江三角洲地区改革发展规划纲要（2008—2020年）》，这被视为珠三角一体化的历史起点，也是我国区域协同发展的第一个战略。随后，广东省委、政府发布了关于贯彻实施《珠江三角洲地区改革发展规划纲要（2008—2020年）》的决定，指出：省有关部门要通过联席会议，专项工作小组等形式，加强协调合作，并充分发挥省部合作机制的作用。省有关部门和珠三角各市要加强协调沟通，建立重大专项工作和重大项目建设的紧密合作机制。珠三角各市间可通过建立主要领导联席会议制度、政府工作协调机制、部门专责小组等多层次协调联动机制，共同推进实施规划纲要。在此基础上，珠三角各市区域合作的意识开始确立，并且在诸多领域展开初步合作，区域治理制度的基本框架已然形成。

首先，珠三角区域一体化的意识开始确立。2008年6月，广东省委、省政府出台《关于争当实践科学发展观排头兵的决定》，为推进珠三角一体化进行政治动员。该决定第一次明确提出：要加快推进珠三角经济一体化，提高珠三角区域辐射引领能力。为此，要统筹区域发展重点，科学引导产业布局。加强统筹协调、优化分工合作、促进资源共享、增进互利共赢，推进城市规划、基础设施、产业发展、生态环保一体化，推动同城化发展，进一步增强珠三角的竞争力和综合实力，为全省经济发展发挥引擎作用，增强促进区域协调发展的动力。

其次，珠三角地区在诸多方面实现了制度合作。具体表现在：

第一，加强区域统一规划。2005 年 1 月，《珠江三角洲城镇群协调发展规划（2004—2020）》经广东省人大常委会审议通过并付诸实施。为推进《珠三角城镇群规划》的实施，省政府设立了珠三角城镇群规划管理办公室（设在省住房建设厅），作为专门负责实施珠三角城镇群规划的常设机构。2006 年，省人大常委会颁布了《珠三角城镇群协调发展规划实施条例》，确定了协调会议为珠三角区域协调工作的主要方式和推进珠三角城镇群协调发展的重要制度保障。协调会议由主管副省长组织召开，省直有关部门和珠三角各市政府参加，对涉及珠三角的省域及市域规划的编制、一级空间管治区范围的划定、具有区域性影响的建设项目的规划选址等事项进行协商。为加强省市城乡规划的协同，2007 年 7 月成立了珠三角规划局长联席会议制度，并制定了会议章程。

珠三角城镇群规划管理办公室的设立、《珠三角城镇群协调发展规划实施条例》的颁布和规划局长联席会议制度的建立，不仅标志着珠三角城镇群建设进入了协商合作、协调发展的新阶段，也标志着珠三角省级层面的议事机构从临时性向常设性机构探索。但在实际运作中，因该协调机制更多地局限于城乡规划建设领域，且缺乏相应的考核目标任务和激励、监督机制，加上省市领导更替，近年来这一协调机制并没有发挥应有的作用，且处于休眠状态。

2008 年 12 月，经国务院批准，《珠江三角洲地区改革发展规划纲要（2008—2020）》（以下简称《珠三角规划纲要》）正式实施。明确提出：珠三角九市要打破行政体制障碍，遵循政府推动、市场主导，资源共享、优势互补，协调发展、互利共赢的原则，创新合作机制，优化资源配置。为加强组织动员和组织建设，广东省政府及部分省直部门、珠三角九市政府均设立了实施《珠三角规划纲要》领导小组及其办公室形成了强有力的组织保障和自上而下的垂直领导体系。在省级层面，成立了实施《珠三角规划纲要》领导小组及省纲要办（设于省政府办公厅）。在都市圈层面，省委省政府采取“俱乐部”做法，将珠三角划分为广佛肇、深莞惠、珠中江三个都市圈（区），并分别以广州、深圳、珠海为牵头城市，成立由都市圈各市市委书记或市长组成的领导小组，负责重大事项的决策和协调，领导小组会议由各都市圈相关城市协商召开；同时建立了都市圈市长或党政联席会议制度，并在都市圈各市党委或政府设立专门的办公室作为日常办事机构。在市级层面，成立了以市委书记或市长任组长，常务副市长为副组长，市直部门负责人以及县市（区）主要负责人为成员的实施《珠三角规划纲要》领导小组和办公室（一般设于市发改局），具体负责和贯彻落实本城实施《珠三角规划纲要》的各项任务和工作。①

2016年3月，国务院印发《关于深化泛珠三角区域合作的指导意见》，推动泛珠三角区域合作向更高层次、更深领域、更广范围发展。泛珠三角区域包括福建、江西、湖南、广东、广西、海南、四川、贵州、云南等九省区和香港、澳门特别行政区。意见指出：要创新完善合作机制，充分发挥行政首长联席会议制度作用，扩大泛珠三角区域合作与发展论坛的影响力；建立合作资金保障机制，支持设立泛珠三角区域合作发展基金，推广运用政府和社会资本（PPP）合作模式，支持开发性金融机构在合作中发挥积极作用。

第二，都市圈规划。1995年《珠江三角洲经济区城市群规划》确立了三大都市圈即中部都市圈（广州、佛山）、东岸都市圈（深圳、东莞、惠州）和西岸都市圈（中山、珠海、江门）的发展规划。2009年广东省政府发布《关于加快推进珠江三角洲区域经济一体化的指导意见》，提出：要以科学发展观为统领，以体制机制创新为动力，以交通一体化为先导，以广州、佛山同城化为示范，坚持政府推动、市场主导，省市联手推进基础设施、产业发展、环保生态、城市规划、公共服务一体化，做到基础设施统一规划、互联互通，产业发展优势互补、合理竞争，环境保护联防联治、统一执法，生态系统整体联结、同保共育，城市规划统筹协调、相互

① 李建平：《珠三角区域一体化协同发展机制建设研究》，《南方建筑》2015年第4期。

衔接，公共服务统一标准、流动可用，实现珠江三角洲协调、有序、可持续发展，在全省以及全国的经济发展中继续发挥重要引擎作用。

第三，行政区划改革。将大城市行政区周围的县或县级市改为区，纳入大城市行政区范围内，为解决市管县产生的诸多矛盾以及为大城市与周边地区的统一规划和协调发展创造条件。如广州将原来代管的县级市花都与番禺并入广州，佛山将其原管辖下的顺德、南海、高明和三水撤市并区而组建了大佛山。

第四，地方政府之间的频繁互动与签署合作协定。各级政府通过各种学习团、交流团等形式，到相关地方区域学习、访问、交流，寻求合作机会，学习各地方在经济和社会发展方面的经验。同时，地方政府间还签署了多项合作协定。2009 年 2 月 27 日，深圳、惠州与东莞签署了《推进珠江口东岸地区紧密合作框架协议》；3 月 19 日，广州与佛山签署了《广州市佛山市同城化建设合作框架协议》；4 月 17 日，珠海、中山与江门签订了《推进珠中江紧密合作框架协议》；6 月 19 日，广州、佛山与肇庆签署了《广佛肇经济圈建设合作框架协议》。这些协议的签署标志着珠三角一体化在三个经济圈的发展已经进入实质性阶段。自 2009 年以来，广佛肇、深莞惠和珠中江经济圈在交通、产业、环保、科技、教育、文化、卫生、体育、警务和食品监督等领域分别签署了 65 项、46 项和 59 项合作协议，其中环境合作协议就有 20 多项。

第五，部门间协商与协议。通过部门间的协商与协议开展合作，是珠江三角洲区域合作的亮点，也是最具成效的合作策略。部门间的协商与协议具有相当的弹性，适合区域合作先易后难的治理原则。如 2009 年 3 月 30 日，在广东省政府应急办的倡议和指导下，珠三角 9 市应急管理合作联席会议第一次会议在广州召开，签署了《珠江三角洲地区应急管理合作协定》。为了推进合作，建立了珠江三角洲地区应急管理办事机构负责人联席会议制度。联席会议每半年举行一次，由珠江三角洲地区 9 市轮流承办，研究决定区域合作重大事宜，协调推进区域合作。联席会议设会议主席，由承办会议的市应急管理办事机构主要负责人担任。

总的来看，为推进区域一体化发展，珠三角协同发展机制建设大致呈现以下阶段性特点：一是2008年之前政治动员的浅层一体化。设立了省级层面的议事协调机构，推动区域规划的编制与实施；设立了常设机构和规划局长联席会议，推进空间发展的协调。二是2009年之后探索制度建设的深度一体化。为着力推进《珠三角规划纲要》的实施和珠三角区域一体化发展，在继承政治动员机制基础上，从组织建设、目标考核、制度建设等方面进行了全新构建，初步形成了以政府协同治理为主导的多层级协同机制，推动着珠三角由“浅层一体化”向“深度一体化”迈进。

三、京津冀区域协同治理的政府制度创新

（一）京津冀区域合作现状

前文提到，京津冀区域合作并不是近几年才被提上日程，而是早在20世纪80年代，京津冀区域合作就与长三角区域合作、珠三角区域合作同时被提上了议事日程。30多年来，伴随着我国从计划经济向市场经济转轨的制度变迁，京津冀区域合作经历了几个阶段发展。第一阶段是从20世纪80年代初至90年代初，京津冀区域合作进入启动阶段。最具代表性的就是1989年北京市和唐山市共建京唐港，还有一个标志性的事件是1982年北京市首次提出了“首都圈”概念，首次正式将京津冀地区作为一个区域来考虑。第二阶段是进入20世纪90年代后，京津冀区域合作进入转型阶段，这一阶段京津冀区域合作成绩不大。第三阶段是进入21世纪以来，京津冀地区的区域合作重新提上议程，受到社会各界的广泛关注。特别是党的十八大以来，各种合作协议的签署，以及在中央政府和各地政府的共同努力下，京津冀区域合作进入了复兴、扩展和深化的阶段。

第一，区域合作意识明显增强，协同发展迈入新阶段。随着近年来区域合作的不断推进，京津冀区域发展总体规划和重点专项规划的编制工作陆续出台。

2008 年，由天津市发展改革委员会倡议和发起，京津冀发展改革委员会共同在天津召开“第一次京津冀发改委区域工作联席会”，共同签署了《北京市天津市河北省发展改革委员会建立“促进京津冀都市圈发展协调沟通机制”的意见》。2010 年，京冀签署《北京市、河北省合作框架协议》。2011 年，“京津冀一体化”“首都经济圈”的概念写入了国家“十二五”规划并成为国家战略。2013 年 3 月，京津签署了《北京市天津市关于加强经济与社会发展合作协议》。同年 5 月，河北省分别于京津签署了合作框架协议。尤其是 2015 年 6 月，《京津冀协同发展规划纲要》（以下简称《规划纲要》）正式印发，标志着京津冀协同发展顶层设计基本完成。《规划纲要》明确了京津冀地区整体定位和三省市功能定位，明确了京津冀协同发展的方向及发展重点，围绕交通一体化、生态环境保护、产业转型升级、科技创新等重点领域出台了 12 个专项规划和一系列政策，落实《规划纲要》的“四梁八柱”基本建立。2016 年，全国第一个跨省级行政区的“十三五”规划——《“十三五”时期京津冀国民经济和社会发展规划》印发实施，更是进一步打破了三省市各自“一亩三分地”的思维定式。

区域整体定位是“以首都为核心的世界级城市群、区域整体协同发展改革引领区、全国创新驱动经济增长新引擎、生态修复环境改善示范区”，体现了三省市“一盘棋”的思想，突出了功能互补、错位发展、相辅相成。三省市定位中，北京是“全国政治中心、文化中心、国际交往中心、科技创新中心”；天津是“全国先进制造研发基地、北方国际航运核心区、金融创新运营示范区、改革开放先行区”；河北省是“全国现代商贸物流重要基地、产业转型升级试验区、新型城镇化与城乡统筹示范区、京津冀生态环境支撑区”。从协同发展的政策内涵来看，三省市功能定位更加突出了“分工协作、共同发展”的理念。具体而言，一是更加强调各方的平等参与、主动融入。以往的首都经济圈规划主要着眼于解决北京以及首都周边地区的发展作用，而对河北、天津以及更宏观的发展规划明显不足，使得两地始终处于被动地位。二是充分突出了首都中心特点，也充分体现了津冀尤其是河北省的利益诉求，具体定位的政策内涵更科学。三是体现了整体性与区域性的关系，强调三省市服从和服务于区域整体功能定位，特别是在疏解北京非首都功能、推进区域协同发展中所扮演的角色。这样，较好地解决了以往按照行政区划定位与一体化协同发展要求之间的矛盾问题。①

2017 年 4 月 1 日，中共中央、国务院决定设立雄安新区，标志着京津冀区域已经进入更高水平的协同发展阶段。雄安新区对于疏解北京非首都功能具有重大的现实意义和深远的历史意义。按照中央部署，雄安新区要抓好建设绿色智慧新城、打造优美生态环境、发展高端高新产业、提供优质公共服务、构建快捷高效交通网、推进体制机制改革、扩大全方位对外开放七大重点任务，京津冀建设绿色生态宜居新城区、创新驱动引领区、协调发展示范区、开放发展先行区，打造贯彻落实新发展理念的创新发展示范区。2017 年 10 月 18 日，党的十九大就实施区域协调发展战略专门对建设雄安新区提出了新要求，即以疏解北京非首都功能为“牛鼻子”推动京津冀协同发展，高起点规划、高标准建设雄安新区。目前，按照“党政合设”和“精简、高效、统一”的原则，组建了雄安新区党工委、管委会，作为河北省委省政府派出机构；组织了专业团队对雄安新区整体规划② 进行设计；发展改革委员会正会同相关部门和河北方面制定雄安新区的政策框架，待新区规划审议通过后，同步出台，其中征迁安置政策体系已经制定，尚需进一步完善并走相关法律程序；高铁等交通项目正在规划和实施中。

第二，非首都功能疏解有序推进，“大城市病”有所缓解。疏解非首都核心功能、解决“大城市病”一直是京津冀协同发展中的重中之重。一是通过“控增量、调存量”加快产业疏解。2016 年，工信部编发《京津冀

① 侯永志、张永生、刘培林等：《区域协同发展：机制与政策》，中国发展出版社 2016 年版，第 182—184 页。

② 整个规划体系可概括为“1+3+54”：“1”是指雄安新区总体规划，“3”是指起步区控制性规划、启动区控制性详细规划，以及白洋淀生态环境治理和保护规划，这 4 个都是综合性规划；“54”则是指 22 个专项规划和 32 个重大课题研究。

产业转移指南》，明确了非首都功能疏解重点。在控制增量方面，自2014年以来，北京受到禁限的行业占地区行业总量的55%，城六区受到禁限的行业比例高达79%；在调整存量方面，2014年来北京累计清理退出“三高两低”企业1341家，仅2015—2016年，就调整疏解350个商品交易市场，调整疏解建筑面积达160万平方米，调整疏解商户2.8万家。二是通过新址搬迁加快教育医疗机构疏解。在高等教育疏解方面，北京建筑大学、北京城市学院、北京工商大学等疏解已经取得显著进展，其中北京建筑大学整体搬迁至大兴区，北京城市学院搬迁至顺义区，北京工商大学搬迁至房山良乡高教园区，北京化工大学、中国人民大学、中央民族大学等高校的疏解也在有序推进中。在优质医疗资源疏解方面，同仁医院在亦庄办分院，朝阳医院在石景山办分院，地坛医院整体搬迁到朝阳北皋地区，天坛医院和北大口腔医院整体搬迁至丰台花乡，积水潭医院在回龙观办分院，北大医院在回龙观办国际分院，清华长庚医院在天通苑建院，北京辖区约50家医疗机构已与河北省60余家三级医院开展了多种形式的合作。

打造北京行政副中心实现北京四套班子及各委办局向通州疏解。2015年7月11日，北京市委通过了关于贯彻《京津冀协同发展规划纲要》的意见，明确提出聚焦通州，加快“市行政副中心”的规划建设。完成了城市副中心总体设计、6处重点地区详细设计、通州区总体规划和17项专项规划的编制；统筹推进基础设施、公共服务、生态环境、智慧城市、产业结构五大领域350项重大工程；与中国农业银行共同出资设立了1000亿元规模的副中心建设发展基金；行政办公区一期工程全面施工。三年来围绕非首都功能疏解，通过全方位、高强度的调整控制，北京人口压力明显减小。截至2016年末，北京市常住人口为2172.9万人，增量同比减少了16.5万人，其中城六区常住人口出现由升到降的拐点。①

第三，合作协议陆续落地，体制机制创造新突破。三省市建立了跨越

① 祝合良、叶堂林、张贵祥等:《京津冀发展报告（2017）》，社会科学文献出版社2017年版，第6—8页。

区域的联席会议机制，在横向协商机制的促进下，《关于推进京津冀产业协同发展战略合作框架协议》《京津冀区域环境保护率先突破合作框架协议》《京津冀文化领域协同发展战略框架协议》等合作协议纷纷签署。为加快打造京津冀协同创新共同体，制定实施《北京加强全国科技创新中心总体方案》，落实京津冀系统推进全面创新改革试验方案，全面开展 18 项改革实验，制订实施建设京津冀协同创新共同体工作方案、中关村京津冀协同创新共同体建设行动计划，推动区域科技资源共享和重大创新成果在津冀转化。2014 年 9 月，京津冀通关一体化改革在全国率先实施，建立了关检互认、口岸直通、信息共享机制。医药产业转移异地监管取得突破，服务业扩大开放综合试点推出三个阶段 136 项具体措施。为加大人才在京津冀有序流动，北京通州、天津武清、河北廊坊三地试点合作，签署了人才合作框架协议，推出了人才绿卡、鼓励企事业单位间科研人员双向兼职等十多项先行先试政策。2017 年，《京津冀人才一体化发展规划纲要》印发实施。这些举措体现出京津冀优化配置资源的体制机制优势，诸多经验被国内其他省区市借鉴。①

第四，重点领域一体化初见成效，优势互补、互利共赢、协同发展的趋势开始显现。

产业对接步伐加快，产业空间布局得到优化。2015 年，河北省工信厅与北京、天津两市经信委签订《京津冀产业有序转移合作协议》，将进一步优化三地产业布局，实现错位发展。此外，工业和信息化部先后印发了《京津冀协同发展产业升级转移规划》《京津冀产业转移指南》（工业和信息化部公告 2016 年第 27 号）、《京津冀及周边地区工业资源综合利用产业协同发展行动计划》（工信部〔2015〕229 号）等文件，引导京津冀地区产业合理布局和有序转移。2015 年 6 月，财政部引发了《京津冀协同发展产业转移对接企业税收收入分享办法》，明确了企业迁入地和迁出

① 京津冀三地党刊联合课题组:《京津冀协同发展的工作成果与未来展望》,《前线》2017 年第 9 期。

地三大税种税收收入五五分成，意在扫除三地加快产业转移过程中因地区间税收利益博弈带来的障碍。2017 年 12 月 20 日，京津冀三省市协同办发布《关于加强京津冀产业转移承接重点平台建设的意见》，三地初步明确了“2+4+46”个产业承接平台，包括北京城市副中心和河北雄安新区两个集中承载地，曹妃甸协同发展示范区、北京新机场临空经济区、天津滨海新区、张承生态功能区四大战略合作功能区及 46 个专业化、特色化承接平台。产业一体化会逐步从偏重单方面转移疏解向更加注重区域产业链上下游协同、全区域优化产业布局方向转变。

交通一体化建设成效显著，“1 小时交通圈”正在形成。一是交通规划体系逐步完善。2015 年 12 月，国家发展改革委和交通运输部联合印发《京津冀协同发展交通一体化规划》，促进城市间互联互通，推进“单中心放射状”通道格局向“四纵四横一环”网络化格局转变。2016 年 11 月，国家发展改革委员会公布《京津冀地区城际铁路网规划修编方案》，计划京津冀地区到 2020 年前将实施北京到霸州铁路等 9 个项目，未来将在中部核心区主要城市形成 0.5—1 小时交通圈，中心城市之间形成 1—2 小时交通圈，中心城区与周边城镇形成 0.5—1 小时通勤圈。二是一大批重大项目相继开工、建成，北京新机场航站楼核心区工程已开工，京津城际延伸线、津保铁路、张唐铁路已投入运营，京昆高速公路涞水段、京台高速、京秦高速天津段已建成通车，消除瓶颈路段 1400 公里，“断头路”问题得到明显缓解。三是重大体制机制改革取得突破，京津冀城际铁路投资公司已进入运作阶段，河北机场集团已纳入首都机场集团统一管理，津冀港口群集疏运体系改善方案已编制完成，津冀联合组建了港口投资公司，环渤海地区港口将由“各自为政”转向“相互联手”，大大提升了京津冀地区的港口物流服务水平。四是重点管理措施得到落实，京津冀高速公路 ETC 已与全国实现联网，省际毗邻地区道路客运班线公交化运营逐步推进，京津冀三地交通信息共享共用、法规标准一体与执法统一取得阶段性成果。

生态环境保护力度加大，联防联控机制日益完善。2015 年 11 月，京津冀三地环保厅局正式签署《京津冀区域环境保护率先突破合作框架协议》，明确以大气、水、土壤污染防治为重点，以联合立法、统一规划、统一标准、统一监测、信息共享、协同治污、联动执法、应急联动、环评会商、联合宣传等十个方面为突破口，联防联控，共同改善区域生态环境质量。2015年12月，国家发展改革委员会发布《京津冀协同发展生态环境保护规划》，对大气、水、土壤防治和主要污染物排放总量提出具体目标。2016年6月，环保部联合三地政府印发《京津冀大气污染防治强化措施（2016—2017)》。北京、天津、唐山、保定、廊坊、沧州等率先统一重污染天气预警分级响应标准，并开始运行区域大气污染防治信息共享平台。2016年上半年京津冀三省市PM2.5平均浓度比同期分别下降了17.9%、12.5%和20.3%。2017年8月，环保部、发展改革委员会、工信部等多部委及北京、天津、河北等省市共同印发《京津冀及周边地区2017—2018年秋冬季大气污染综合治理攻坚行动方案》。方案提出，2017年10月至2018年3月，京津冀大气污染传输通道“2+26”城市PM2.5平均浓度同比下降15%以上，重污染天数同比下降15%以上。为了配合大气污染防治，2017年环保部门强化与公安部门的执法联动，进行了堪称史上规模最大、惩治力度最大的环保督查。2017年3—8月，北京市PM2.5月均浓度均实现历史同期最低。

生态建设协同力度加大，京津风沙源治理、张承地区生态清洁小流域治理和农业节水等生态工程持续推进，122万亩张家口坝上地区退化林分改造任务全面完成。2016年4月，国务院办公厅发布《关于健全生态保护补偿机制的意见》，明确提出要在京津冀水源涵养地实施生态补偿试点工作，京津冀生态环境保护资金补偿机制正在形成。绿色低碳发展不断深化，京津冀地区绿色低碳发展格局初步形成。三地通力合作推进淘汰落后产能、大力压减燃煤、发展清洁能源、控制工业和扬尘污染等。北京连续两年投入近10亿元支持廊坊、保定两市淘汰改造燃煤锅炉，区域PM2.5平均浓度2016年比2013年下降约33%。生态扶贫工作不断推进。2016年10月，国家发展改革委员会等六部委联合印发《京津两市对口帮扶河北省张承环京津相关地区工作方案》，京津冀三地针对生态涵养地的“一对一”对口帮扶工作进展顺利。同年12月，京冀双方签署《全面深化京冀对口帮扶合作框架协议》，津冀双方签署《对口帮扶承德市贫困县框架协议》，北京市13个区对口帮扶张承保三市16个县（区），天津市5个区对口帮扶承德市5个县。

（二）京津冀区域协同治理的政府制度创新

长三角、珠三角等都市圈的快速发展引领了我国区域发展的浪潮。长三角和珠三角作为我国区域一体化的先行者，在区域合作和治理模式创新方面进行了有益探索，并且取得了一定的成就，积累了宝贵的经验，对于京津冀区域协同治理具有重要的借鉴价值。

1.政府推动是区域协同治理的重要外生力量

从长三角和珠三角区域一体化过程来看，我国区域协同治理机制是由中央政府与地方政府共同推动建立的。这里以长三角区域发展为例来说明。为解决政府部门间的条块矛盾，并依靠中心城市带动周边经济发展，1982年12月7日国务院成立上海经济区并提出“以上海为中心建立长江三角洲经济圈”的构想，由此开启了长三角一体化的进程。1983年3月22日直属国务院的上海经济区规划办公室成立，并开展了编制规划以推进区域经济合作等工作。但是，由于规划办公室没有“实权”，难以协调行政区之间以及行政区与经济区之间的矛盾，1988年6月1日，当时的国家计委办公厅不得不发文通知，“撤销国务院上海经济区规划办公室”。

20世纪90年代初，中央提出“以上海浦东开发开放为龙头，带动长江三角洲和整个长江流域地区经济的新飞跃”重大战略部署，启动了长三角区域经济一体化的新进程。浦东的开发开放使上海再度崛起，不仅明确了其在长三角地区和长江流域的中心城市地位，更使上海开始拥有新的成长优势，包括中央给予的优惠政策及由此而来的扩展资源，对周边地区产生了极大的吸引力，促成了长三角地区的又一次合作浪潮，政府间的合作行为日益加强。

新世纪以来，一些重大规划的颁布也对长三角地区一体化进程起到了重要的指导和促进作用。2008 年 8 月 6 日，国务院常务会议审议并原则通过《进一步推进长江三角洲地区改革开放和经济社会发展的指导意见》，这是国务院首次对国内的区域发展提出规划性要求。2010 年 5 月 24 日，国务院正式批准实施《长江三角洲地区规划》，提出了包括城镇发展与城乡统筹、产业发展与布局、自主创新与创新型区域建设、基础设施建设与布局、资源利用与生态环境保护、社会事业与公共服务、体制改革与制度创新、对外开放与合作等八个方面的发展方向和重点任务，并明确了保障规划实施的政策措施。从规划要求来看，长三角一体化和合作治理的内容越来越扩展和深化。

由上观之，长三角一体化的发起、暂时中止、重启及深化发展等主导权主要由中央政府支配，而地方政府则主要负责区域治理机制的具体构建和运作。这是中国区域协同发展的一条重要经验。① 由此，长三角协同治理体制和机制的构建也稳步推进。1983 年 8 月召开的“上海经济区规划工作会议”决定建立“上海经济区省市长会议制度”，由经济区各地省长、市长以及经济区规划办公室主要负责同志参加，代表地方政府协商沟通，凝聚区域合作共识。为进一步加强城市间的合作，1997 年成立了市长级协调常设会议，即长三角城市经济协调会。进入 21 世纪后，沪苏浙政府为加强省市间和长三角区域的战略协调发展，建立起由常务副省（市）长参加的“沪苏浙经济合作与发展座谈会”（简称三省市座谈会）合作机制。为此，我国台湾地区学者简博秀对长三角都市圈治理实践研究后总结了 6 种都市圈的政府协作机制：区域规划、行政区划的调整、都市圈规划、空间领域组织与再组织化、功能性组织、部门协商与协议。这些协作机制表明了政府作为区域治理的行动者角色。锁利铭教授也从制度分析的视角指出，区域合作的主体是地方政府，无论在规划中的被动合作还是交易中的

① 屈站：《国家、市场与社会三重视角下公共治理机制的生成逻辑——基于长三角经济区公共治理实践的分析》，《领导科学》2015 年第 29 期。

主动合作，地方政府都是理性选择的主体。①

转轨时期的公共治理离不开中央政府的强力推动，随着习近平总书记2014年2月26日视察北京，听取京津冀工作汇报并发表重要讲话，把三地协同发展提升到重大国家战略的位置，京津冀协同发展步入崭新的阶段，这表明借由政府扮演推进区域合作的主导角色，是中国区域治理模式最具代表性的特征。

2. 区域协作机制的创新是区域合作治理的重要途径

从长三角、珠三角区域实践来看，区域行政规划、区域行政协议、区域行政磋商机制的建立，为区域内政府主体共同参与、平等协商、充分协调和积极协作提供了良好的制度平台，是区域协作治理的优选行为机制。②

区域规划是由中央政府和（或）区域政府机关主导编制和实施，规划地域范围跨越两个或两个以上毗临行政区域，对区域公共事务进行预先性的部署和安排的规划类型。近年来，长三角区域在城市功能定位、产业布局、港口建设、旅游、环境保护、科技等领域都制定并实施了相应的区域规划。其中，跨省域的规划有《长江三角洲区域环境保护规划》《长江三角洲区域信息化“十一五”合作规划（2006—2010)》等，省域范围内跨市的规划有《苏锡常都市圈规划》《杭嘉湖城市带规划》等，综合规划有《长江三角洲地区规划》《长江三角洲城镇群规划》《南京都市圈规划》等，还有专项规划《长三角区域旅游发展规划》《苏锡常地区区域供水规划》等。

珠三角、泛珠三角区域综合性规划有《珠江三角洲经济区现代化建设规划纲要》《珠江三角洲经济区城市群规划》《珠江三角洲城镇群协调发展规划（2004—2020)》《泛珠三角区域合作发展规划纲要（2006—2020)》《珠江三角洲地区改革发展规划纲要（2008—2020)》等。2014年，在深化改革、新型城镇化战略、建设世界级城市群的背景下，广东省又提出编

① 锁利铭:《我国地方政府区域合作模型研究》,《经济体制改革》2014年第2期。

② 李煜兴:《区域行政治理的模式转换与机制重构》，载公丕祥:《变革时代的区域法治发展》，法律出版社2014年版，第194—195页。

制《珠三角全域规划》，对现有的一体化规划进行梳理整合，提升了规划的实施绩效。此外，还有大量的专项性规划，如为了贯彻实施《珠三角规划纲要》，又编制了城乡规划、产业布局、基本公共服务、基础设施建设、环境保护等《珠三角五个一体化规划》。

这些区域规划的编制途径主要由两种类型，一是由区域共同上级政府或中央政府编制制定并组织实施，二是由处于对等地位的地方政府在平等协商的基础上联合编制并共同组织实施。《国务院关于加强国民经济和社会发展规划编制工作的若干意见》（国发〔2005〕33 号）明确指出：区域规划是政府履行经济调节、市场监管和公共服务职责的重要依据……是战略性、空间性和有约束力的规划。从长三角和珠三角区域发展实践来看，区域规划已经成为协调区域利益、开展区域治理、推进区域一体化进程的重要政府间协作机制。

2015 年 4 月 30 日，中央政治局会议审议通过《京津冀协同发展规划纲要》，标志着这个被称为“史上最难编制的区域规划”的正式出台。借鉴成熟的区域发展规划的编制和执行经验，京津冀区域规划要在规划的实施反馈机制、评估论证机制、规划修编机制、实施监督机制、实施责任机制、利益补偿机制等方面进一步完善。由于区域规划是从区域整体发展出发，对区域经济与社会公共事务进行的预先安排，必然涉及产业布局、项目安排、财政与税收等重大经济活动的部署和调整，如果缺乏合理的利益平衡和分享机制，那么实质性合作难以展开，导致区域规划形同虚设，因此有必要建立合理的利益均衡机制，如财政转移支付、利益补偿等，使各方利益得到协调，协同治理的目标才能实现。

区域行政协议是区域政府主体为处理区域公共事务，在平等协商基础上缔结的对等性行政契约。这些行政协议多以协议、意见、章程、意向书、共同宣言、备忘录、行动计划、会议纪要、方案等形式出现，反映和表达了地方政府的协作愿望，在协调区域合作治理中发挥了重要作用。长三角和珠三角订立的这类行政协议很多，可以说长三角作为一体化发展程度最高的区域，也得益于大量行政协议的签署和落实。从长三角行政协议所涉及的协作内容来看，地方政府间协作经历了一个从经济领域延伸至包括政治、社会、文化、生态领域的过程。最初的行政协议主要是旅游和商贸，之后涵盖了科技、信息、国企改革、环保、交通基础设施等协作专题，这些内容都是服务于区域经济发展的需要，后来地方政府间的协作扩展到了政治和社会领域，包括社会治理、公共服务、城镇化等。例如，2008年，长三角第一次区域治安联席会议召开，签订了《长三角政法综治工作协作交流框架协议》，确立了区域范围内社会矛盾化解、流动人口服务管理、平安创建等八方面的协作内容。

从区域协议的变化来看，长三角地区地方协作的初始动力或内生动力来自社会需要。因为，在发展市场经济的过程中，市场主体对社会要素和经济资源自由流动有着强烈的需求，然而地方政府又对社会要素的流动和经济资源的流通设置了各种各样的障碍，把经济活动限制在行政区域的范围之内。因此，长三角区域合作首要任务就是打破地方政府的行政隔离，即拆除行政壁垒。这样，社会的流动和经济的市场化成为来自底层的打破行政隔离的力量，也迫使地方政府不得不去面对协作的问题。而且，地方政府也发现，社会要素流动和经济资源的流通，促进了地方经济的增长。所以，在利益驱动之下，地方政府开始回应社会所提出的协作需求，协作关系应运而生。当然，地方协作的实践离不开中央政府的规划和推动。20世纪80年代以来，随着经济体制改革的不断推进，中央政府逐渐形成了区域发展意识，有了“区域一体化”的提法，意识到地方政府的行政隔离已经成为经济体制改革和经济社会发展中的一个阻滞问题，所以希望通过成立上海经济区规划办公室来解决这类问题，从而拉开了长三角一体化的序幕，社会要素的流动和经济市场化也因为得到了中央支持而变得更加活跃。① 随着全球化和后工业化浪潮的冲击，区域发展的复杂性和不确定性迅速增长，跨域性的公共问题越来越多，这些现实问题对地方政府提出了

① 巩丽娟:《长三角地方政府间行政协议的演化历程》，载刘洪旺:《区域立法与区域治理法治化》，法律出版社2016年版，第329—343页。

新的要求，也迫使地方政府必须谋求协作才能适应时代的挑战。

行政协议在缔结主体、缔结程序、效率和履行机制等方面具有独特性，是一种持续和稳定的制度化的政府间协作机制，是我国区域一体化中地方政府间平等自愿协作的平台，是推进区域合作治理最基本的协作机制。当前，京津冀协同发展的实质性推动也促进了大量行政协议的签署，借鉴长三角行政协议的经验和不足，有必要在协议效力问题、协议履行的仲裁和监督机制上进一步完善。

区域行政磋商是区域内地方政府为处理区域公共事务，进行沟通、研讨、商议和决策的协商性制度平台。前面介绍过，长三角、珠三角已经建立起较为成熟的区域公共事务的决策、协调与执行层面的机制和平台，正如长三角城市经济协调会市长联席会早在 1997 年就组成了市长级区域经济协调组织——长江三角洲城市经济协调会，设立常设办公室，召开联席会，截至 2016 年 3 月，已连续召开 16 次市长联席会议。实践表明，地方政府首长联席会是在中国现实情况下，横向地方政府之间为了有效地解决制度性集体行动的困境，实现区域合作治理的一种常用的机制和平台。

关于城市联席会的发展情况和合作特征，锁利铭教授的研究颇有特色。他利用 2006—2015 年长三角、珠三角、京津冀及成都经济区 584 次联席会信息文本及数据，对区域联席会进行了定性描述和定量分析。① 他发现，从府际合作的复杂性来看，目前召开的区域联席会网络性特征非常明显，双边和全体联席会次数比较接近，各占总数的 1/4，全体联席会略多于双边联席会。数据表明，联席会的网络结构比较灵活，地方政府倾向于选择具有高复杂性的会议形式——多边联席会，同时也不忽视双边与全体联席会的作用。这种良性的网络结构一方面表明地方政府愿意付出更多的交易成本来换取更良好的合作效果，另一方面也显示出基于良好网络结构特征的联席会对区域合作产生的实际作用。

---

① 锁利铭:《城市群地方政府关系与协调合作治理——基于“2006—2015”城市联席会的观察》，载南开大学:《区域政策创新与区域协调发展研讨会论文集》2016 年，第 11—27 页。

具体而言，从府际合作的数量来看，城市联席会选择非正式的合作机制最多，为 303 次，超过联席会总数一半以上；正式合作的机制较少，仅 133 次；上级政府权威介入的合作机制也居多，有 229 次联席会来自上级政府的代表参与，包括省级政府甚至中央政府。正式合作与非正式合作的区别是看其是否签署了具有约束力的行政协议，非正式合作相对来说更为灵活。从数据来看，地方政府倾向于以更为灵活的方式召开联席会，也就是不一定签订协议，而是通过联席会形式达成合作，以培养信任关系以及督促合作协议的落实，而且下一次联席会也通常会对前期的合作进行回顾与总结，由此联席会的定期会晤恰恰好可以弥补合作协议的不足，以相互信誉对地方政府进行约束。上级政府的介入特征显示具有中国特色的区域合作机制依然适应于联席会这一合作方式，而且上级权威的介入并不表明联席会由它组织或要求而召开，而是地方政府出于对联席会的重视或为了提升联席会的信度与效度而邀请上级政府出席，以降低合作交易成本与合作风险，这也表明地方政府对合作实效的考虑。

从府际合作的内容来看，目前联席会的议题以公共服务领域为主，占总数的 44%；政治、经济、综合类联席会比例基本相当，各占 15%—20% 左右。区域合作早期是以经济或产业为纽带的合作，随着经济一体化、资源要素流动以及人口迁移等逐渐增强，区域合作的领域逐渐发生转移，重点在社会服务与治理，表明了联席会服务于公共利益的属性特征。

可以看到，联席会是横向地方政府之间通过自愿会谈、协商而产生的自组织协调合作机制，因其践行的“沟通交流、协调共商、任务共担、合作共赢”的理念而被广泛应用于我国城市圈的合作治理实践中。从以上城市群联席会分布来看，长三角基于城市数量众多而召开联席会次数最多，达到 291 次，城市平均参会次数也最多，达 73.52 次；珠三角城市数量较少但联席会召开次数也较多，达 153 次，虽然会议总数与长三角差距较大，但城市平均参会次数达 70.78 次，与长三角基本持平；京津冀的城市数量较多，但联席会召开次数仅有 72 次，且城市平均参会次数也最少，仅有 13.62 次。数据统计表明，联席会制度实践具有明显的区域差异性，说明京津冀区域合作还有非常大的空间，联席会作为京津冀协同发展进程中横向府际关系的协调合作机制的价值和作用亟待加强。

3. 引导型政府职能模式的构建是区域合作治理转型的必由之路

引导型政府职能模式这一概念，最先由张康之教授概括和界定。所谓引导型政府职能模式，是指政府定位在服务者角色上，担负起引导社会治理的职责。张康之教授认为，社会主义的经济体制改革和政治体制改革要求首先进行政府职能的转换，打破原有的全能型政府职能模式，建立起适应社会主义市场经济需要的新型的政府职能模式。①

从我国区域合作的实践来看，中央政府和地方政府发挥了不言而喻的推动作用，但随着经济交往的融合深入，社会利益关系更加多元和复杂，区域合作的范围进一步拓展，如果仍然固守政府决定一切的做法，势必出现捉襟见肘的局面。因此，引导型政府职能模式既不同于保护型政府职能模式，也不同于干预型政府职能模式，它主张采取以经济、法律和服务相结合的管理手段为主，而辅之以必要的行政手段，对经济形势进行宏观调控，对公共事务进行协同治理。也就是说，引导型政府职能模式重在实现政府干预和社会自主的有机结合，它表现为政府提供一个方向性的指导，把社会和市场中的自主和自治力量凝结到区域发展的共同方向上来，这适应了治理时代的新变化。

长三角区域经济社会的发展提供了一个清晰的建立引导型政府模式的图景。这一路径是通过行政协议实现的，首先是通过行政协议的签署建立起地方政府的协作关系，然后在协作行动中实现了政府职能转变，即朝着引导型政府职能模式的转变。② 例如，为了应对全球性金融危机的冲击，2009 年 3 月 27 日，长三角城市经济协调会将会议主题设置为“贯彻国务院指导意见精神，共同应对金融危机，务实推进长三角城市合作”，16 个成员城市领导共同签署《长江三角洲地区城市合作（湖州）协议》，决定

① 张康之:《建立引导型政府职能模式》,《新视野》2000 年第 1 期。

② 巩丽娟:《长三角地方政府间行政协议的演化历程》，载刘洪旺:《区域立法与区域治理法治化》，法律出版社 2016 年版，第 329—343 页。

建立长三角金融合作联席会制度，研究防范金融风险之策。再如，2016年11月13日，长三角合作与发展联席会议在杭州召开。各方在以下问题达成了共识：一要加强顶层设计和系统谋划，找准一体化的切入点，共同谋划和联动实施推进创新体系建设等重大战略，联合编制重要规划，积极创新重点改革，加快完善一体化的制度体系和规划体系。二要积极对接"一带一路"、长江经济带战略，紧扣各地发展实际和需要，着力构建"四省市务实合作、东西双向开放、江海内外联动"的全面开放新格局，着力构建"以城市群为主形态，以都市圈为主构架，以基础设施网络为主纽带"的发展空间新布局，加快建设具有全球影响力的世界级城市群。三要深化"三级运作"和"统分结合"机制，探索建立"动态调整、有进有退"的重点合作专题组机制，"一个计划 + 两张清单"的工作推进机制，"一个网站 + 一批基金课题"宣传引导机制，加快构建一体化的合作模式和合作机制。

从以上行政协议的签订和联席会的召开可以看出，长三角地方政府的工作重心已经转移到规划引导、制度供给、优化环境、培育社会力量等方面。在区域合作问题上，地方政府发挥了搭建平台的作用，通过行政立法和联席会机制等途径为经济主体和社会主体参与区域合作治理打开了广阔的空间。国家制定一体化发展规划后，京津冀地方政府作为实施主体，要勇于打破"一亩三分地"的思维界限，以体制机制创新引领和带动三地的协同发展，更好地发挥政府在区域治理中的引导服务作用而非干预管制作用，真正实现多元主体合作共治，应该是京津冀区域合作治理转型的必然选择。

第五章 京津冀政府协同治理机制的构建

2015年，《京津冀协同发展规划纲要》的通过和公布，使京津冀协同发展上升到国家战略。党的十九大提出实施区域协调发展战略，以疏解北京非首都功能为“牛鼻子”推动京津冀协同发展，高起点规划、高标准建设雄安新区。雄安新区作为国家区域协调发展总体战略的重要组成部分，其建设和发展不仅关系到京津冀协同发展战略的有效实施，更关系到我国经济社会发展总体战略的有序推进。京津冀协同发展和雄安新区建设的关键是体制机制创新。体制机制创新意在通过制度的重构规范各利益主体的关系，直接影响着协同治理的效率效能，决定着区域发展方向和效益。

第一节 京津冀协同治理主体的应然角色

当前，区域协同治理既要突出公共部门的主导责任，又要市场主体发挥重要影响，也要涵盖大众的广泛参与，是多方协同协作治理的过程。区域治理平台的构建需要权威主体、市场主体和社会公众共同发力。目前，京津冀区域治理的协同与互动，扮演主角的还是各级党委、政府，市场和社会力量的参与度仍旧不足，即使区域一体化开展得比较成功的珠三角、长三角也是如此。在京津冀区域协同发展全面推进过程中，要实现充分的、全方位的区域治理，就必须把所有利益相关者涵盖进来，无论是党委政府方面还是企业和社会公众层面，都要发挥应有的作用。

有学者指出，区域治理是一个长期而复杂的过程，需要综合考虑时间、空间和具体问题的区别而采取相应的治理模式。处于起步和推进阶段的京津冀区域治理，无论从理念、意识还是制度、合作机制、法律环境而言，都缺乏相应的实践经验，因此区域治理是一个循序渐进的过程，短期内应发挥中央政府的权威作用，建立由中央政府推动、地方政府参与的治理体系；中期目标是建立中央政府指导、地方政府主导的治理体系；随着我国政治体制、经济体制和民主政治改革的推进，非政府组织的发育成熟，公众民主参与意识的提高，以及法律环境的改善，区域治理的趋势是形成地方政府主导、企业和社会参与的多中心、多层次和多形式的治理网络。[①] 这种分析是客观的，符合京津冀区域协同治理的发展阶段和实际。

一、党委政府：协同治理的主导者和服务者

我国实行单一制的国家结构，中央政府在国家治理体系中发挥着核心引领作用，各级政府要在党委的统一领导下开展各项工作。京津冀区域协同治理首先要发挥党组织的核心作用，按照党委领导、政府主导、市场参与、社会合作的原则推进。各级党委、政府要发挥区域协同治理的主导和协调作用。

（一）中央政府：协同治理的决策者与保障者

在京津冀区域协同治理过程中，中央政府承担着统筹区域协调发展的重要责任。中共中央政治局审议通过《京津冀协同发展规划纲要》的顶层设计，从制度层面上保证了京津冀协同发展战略的权威性；成立由国务院

① 马海龙：《京津冀区域治理协调机制与模式》，东南大学出版社 2014 年版，第 185—187 页。

副总理担任组长的京津冀协同发展领导小组，从组织层面上为推进区域协同发展提供了强劲动力；由国务院成立高规格的京津冀协同发展专家咨询委员会，为发展战略的科学决策提供智力支持；在京津冀三地合作乏力的情况下，中央政府承担统筹协调的重责，引导三地从各自为政走向协商合作，同时对地方政府的行为进行监督，形成了京津冀区域协同治理的外部激励与约束力量。

在中央政府的统一领导下，中央各部委发挥自身职责作用，为京津冀协同发展提供政策和法律支持。在京津冀协同发展中，国家发展改革委员会扮演着极为重要的角色。近年来，按照党中央、国务院要求和京津冀协同发展领导小组的部署，国家发展改革委员会与京津冀三省市、有关部门密切配合，全面落实《京津冀协同发展规划纲要》，围绕打造区域协同创新共同体、推动产业转移对接、加快产业转型升级等环节扎实工作，着力推动京津冀产业创新协同发展取得积极成效，为京津冀协同治理提供良好的经济基础和营商环境。

一是组织编制一系列规划方案。协调有关方面编制实施了京津冀协同发展产业升级转移专项规划、科技创新专项规划，制定出台了创新驱动发展指导意见，明确了京津冀产业创新协同发展的目标方向和重点任务。二是推动实施一大批重点项目。协调推进北京现代汽车第四工厂25万辆整车沧州项目、首钢京唐二期、张北云联数据中心、石家庄集成电路产业基地等一批产业合作重大项目落地实施，指导支持北京、天津国家自主创新示范区、京南·河北G45科技成果转化试验区加快建设，不断为京津冀产业创新协同发展提供关键支撑。三是制定出台一揽子支持政策。研究出台了京津冀产业转移对接企业税收收入分享办法，积极落实中关村相关试点政策，研究、设立京津冀产业协同发展投资基金、产业结构调整基金、绿色产业发展基金、科技成果转化基金等，积极构建支持京津冀产业创新协同发展政策体系。①

① 范恒山:《京津冀协同发展五大政策指向》,《瞭望》2016年第26期。

（二）地方政府：协同治理的执行者与责任者

作为三地协同治理发展的中坚力量，北京、天津和河北各级党委、政府有责任管辖本区域内的社会经济事务，同时维护区域内公共利益。《京津冀协同发展规划纲要》对京津冀地区的具体功能做了明确定位：北京是全国政治中心、文化中心、国际交往中心、科技创新中心；天津为全国先进制造研发基地、北方国际航运核心区、金融创新运营示范区、改革开放先行区；河北为全国现代商贸物流重要基地、产业转型升级试验区、新型城镇化与城乡统筹示范区、京津冀生态环境支撑区。随着国家区域协调战略的出台，各地政府结合各自的实际情况制定相关政策，加强分工合作，积极跟进落实。

北京市全力推进协同发展各项任务落实。一是开展顶层设计。编制了北京市"十三五"时期推动京津冀发展规划，明确了未来五年推动协同发展的主要任务。按照规划纲要分工方案，制定了北京市推进京津冀协同发展重点项目，定期督查推动。二是强化组织保障。充实了北京市推动京津冀协同发展领导小组和办公室工作力量，在各区和部门设置了常设领导和办事机构，形成上下衔接、市区联动、领导有力的工作推进体系。三是完善沟通机制。推动建立了三省市常务副省（市）长定期会晤、京津冀协同办主任联席会议、各部门常态化会商的"3+1"定期会商制度，促进信息互通、步调协调、行动统一。

天津市委、市政府立足"一基地三区"的功能定位，主动承接北京非首都功能疏解，服务河北转型发展。一是统筹编制规划方案。组织实施交通、生态、产业等专项规划，配合国家有关部门编制土地利用、现代农业、城乡、能源、教育、卫生、水利等专项规划，编制完成天津建设北方国际航运核心区实施方案。二是大力推动重点领域率先突破。三是积极推进公共服务共建共享。医疗卫生方面，会同京冀两省市共同制定京津冀三地检验结果互认工作方案，统一相关技术标准。教育方面，推动京津冀三省市工业大学组建了协同创新联盟。四是深化改革创新和试点示范。深化金融创新运营示范区建设，推动京津冀协同发展基金、京津冀产业结构调整基金加快设立，天津贵金属交易所新交易模式上线运行。

河北省建立健全了协同发展工作推进体系。一是加强组织领导，对河北省推进京津冀协同发展工作领导小组进行了充实调整，各市对京津冀协同发展推进机构也作了相应调整。二是完善对接机制，与京津两市共同建立京津冀协同办主任联席会议制度和有关部门联席会商制度，加快落实京冀“6+1”和津冀“4+1”合作文件。三是围绕落实四大功能定位，科学编制专项规划，印发了河北省推进京津冀协同发展规划及建设全国现代商贸物流重要基地、建设全国新型城镇化与城乡统筹示范区、建设京津冀生态环境支撑区等专项规划。经省政府批准，河北省于2016年正式设立PPP（政府与社会资本合作）京津冀协同发展基金，基金总规模初步拟定为100亿元。其中，河北省财政出资10亿元作为引导基金，银行机构、保险、信托以及其他社会资本出资90亿元。建立PPP京津冀协同发展基金，有助于创新河北省重点基础设施和公共服务领域投融资管理机制，增加公共产品和服务供给。①

二、市场主体：协同治理的合作者和获益者

企业是市场经济的主体，也是区域协同治理的重要角色。一般而言，在区域治理过程中企业通过以下几种方式来参与治理：一是进行产业项目的投资组合影响京津冀区域治理。京津冀区域功能定位、产业布局、生态环境保护都涉及企业之间合作。二是企业自身的日常生产经营活动深刻地影响着京津冀区域治理。作为市场主体的企业，能为区域各方提供服务和商品，发挥着政府无法替代的作用。京津冀区域治理客体包括了生态环境、基础设施、公共服务、社会保障、医疗卫生、公众就业等多个方面，企业作为最主要、最活跃的市场主体能广泛地参与其中并提供现实的产品

① 史自强：《河北设京津冀协同发展基金》，《人民日报》2016年1月7日。

和服务。三是企业能够直接参与到京津冀区域治理决策。京津冀区域内的国有企业、大中型民营企业作为地方利益的代表，它们拥有强大的经济实力和较广泛的民意基础，在面对政府时，它们拥有较强的发言权，能对地方政府决策施加影响。①

（一）国有企业：国民经济支柱

在京津冀区域，国有企业作为贯彻国家经济政策的主要力量，其经营活动反映了地方政府的利益，同时也要实现地方利益。国有企业的领导人大部分由政府任命，国有企业的董事长兼任党组书记，这种政企合一的领导管理模式，致使京津冀地区的国有企业成为了京津冀区域治理的重要主体。由于国有企业分支机构众多、人员数量大、覆盖区域面积大等特点，京津冀区域治理与它们的利益又着千丝万缕的关系，它们必然积极参与到京津冀协同发展过程中来。例如，首创集团是北京市国资委所属的大型国企，截至 2017 年 6 月，资产总额超过 2700 亿元人民币，已构建起环保、基础设施、房地产和金融服务四大核心主业，围绕京津冀协同发展国家战略、疏解非首都功能、老城改造等领域，已形成产业新城开发、城市更新和政策性住房开发三大业务板块。

国有企业也扮演着产业转型升级的角色，如首钢迁出到唐山曹妃甸，是疏解北京非首都功能的生动体现。北京地区高耗能、高污染的化工、建材、钢铁等大型国有企业向津冀迁移，尤其向河北地区迁移，北京地方政府虽然损失了部分财政收入，但是长远来看，一方面扶持了河北地区的工业发展，另一方面也对北京聚焦核心功能发展提供了帮助。② 目前，北京市在加紧推进推进非首都功能疏解，严格落实已出台新增产业禁限目录、污染行业退出目录、污染企业退出奖励资金、规范污染扰民企业搬迁政策，引导企业有序退出。并且强调与各区签订疏解目标责任书，明确年

---

① 沈雪潋：《中国经济区划改革与经济发展模式研究：以温州镇级市为例》，西南财经大学 2012 年博士学位论文。

② 黄国华：《区域协调发展理论的渊源及战略选项》，《经济界》2010 年第 5 期。

度疏解计划。通过公共政策引导产业发展方向，为区域治理提供良好的条件。

（二）其他大型企业：企业利益的代表者

当中国企业与世界范围内的企业发生密切联系的时候，越来越多的跨国企业到中国来投资，尤其是那些世界500强的超大型企业的到来，为中国经济发展提供了新的动力和新鲜血液。特别是作为一国之都的北京地区，囊括了众多世界知名企业的入驻，天津作为中国现代化的起源地也吸引了很多世界500强企业总部的入驻，跨国企业在京津冀地区投资建设，为了维护自身的经济利益，会积极进行利益表达，参与到京津冀协同治理中来。它们通过与当地政府洽谈、协商，表达经济诉求，对京津冀区域治理决策提供了建议和参考。

自2013年以来，北京总部企业进入世界500强企业总量连续三年位列全球城市第一位。截至2016年4月，已有49家世界500强企业在渤海新区投资建设项目或设立分支机构，渤海新区已经成为优势企业聚集的高地。为使企业进一步了解京津冀协同发展战略以及京津冀地区的投资环境，落实协同发展要求，推动京津冀地区产业合作，2016年9月12日，由北京市投资促进局与大韩贸易投资振兴公社共同主办的“2016京津冀协同发展政策说明会”召开。来自京津冀地区的60多家韩国企业参加了会议。北京市投资促进局、天津市商务委员会以及河北省商务厅等相关负责人介绍了京津冀协同发展相关政策和工作情况。北京市投促局依据商务部印发的《商务发展第十三个五年规划纲要》，向参会企业介绍了商务部在推进北京服务业开放、京津冀一体化流通网络、京津冀通关一体化及产业对接等方面的工作情况。显然，政策说明会就是政府向外资企业表达诉求的一种正式关切。

（三）民营企业：行业利益的代表者

我国实行的是公有制为主体、多种所有制经济共同发展的社会主义市场经济制度，民营经济数量众多、行业齐全、覆盖范围广泛，吸收了我国一半以上的就业。在京津冀地区，数量众多的民营企业是推动京津冀地区经济发展的活跃动力。民营企业通过行业商会、区域联盟等组织，与当地政府部门进行谈判、协商，维护自身的经济利益。民营企业在区域经济发展中吸纳了大量就业，但是它们的生产经营活动也容易受到各方面限制，尤其在区域治理中不能有效参与，更多时候扮演被动者角色。由于民营经济自身的特点，需要政府为民营经济提供一个公平、良性的参与平台，为它们的“发声”提供宽广的渠道，发挥它们在区域治理中的重要作用。河北省在深化与民营企业合作方面下了很大功夫，举办民企入冀系列招商活动，由省长亲自带队赴京招商。在2016年“民企入冀·协同发展河北（北京）投资说明会”上，河北省发展和改革委员会主任介绍京津冀协同发展机遇下河北投资环境和投资机遇，发布了603项省级重点经济技术合作项目，总投资10152亿元人民币，拟利用省外资金7788亿元，行业涵盖现代服务业、战略性新兴产业、装备制造业、文化旅游业和基础设施建设等。现场还举行了民企入冀合作项目签约仪式，21个民企合作项目现场签约，总投资817.4亿元，协议利用省外资金754.4亿元。① 民营企业成为推进京津冀区域协同发展的重要力量。

三、社会组织：协同治理的参与者和监督者

社会组织是政府与市场之间的桥梁与纽带，其社会资源的动员和组织能力是政府能力的有效补充。京津冀民营经济总量和活力不足，市场配置资源的能力较弱，如何破解体制机制创新中“一管就死、一放就乱”的难题，关键在社会组织的有序发展。未来在京津冀基础设施一体化建设、市场一体化建设、社会管理一体化发展、产业合作、资源合作开发利用、环

① 陈林：《河北省长进京邀民企入冀，借京津冀协同发展求共赢》，中国新闻网2016年4月18日。

境联合治理等诸多领域中，社会组织是政府治理体系中不可或缺的帮手，应该积极参与到京津冀区域治理之中。[①]行业协会、商会等可以承担搜集、整理行业信息等任务，并及时返给地方各级政府部门，使产业政策更贴近企业的需求，而且通过牵头组织的活动，让企业之间有更多的交流机会，增加相互信任度，为更深入合作打下良好基础。社会信任有助于它们在企业搬迁、环境治理、职工就业等事情上达成一致，有助于提高产业转移的可能性，减少产业转移的交易成本。[②]

目前，京津冀地区特别是天津和河北的社会组织数量少、力量弱，参与区域治理的能力不足，应该重视社会组织在京津冀协同发展中的重要作用，注意引导和扶持社会组织的持续发展，规范和提升社会组织的能力建设。2016 年 7 月 29 日，京津冀三地社会组织登记管理机关在北京举行京津冀社会组织协同发展合作框架意向书签订仪式，标志着京津冀社会组织协同发展正式启动。三地就多项合作内容达成了共识：一是建立京津冀社会组织登记管理机关联席会议制度，形成良好的长效机制，更好地统筹协调合作事宜；二是共同编制扶持社会组织协同发展项目目录，明确扶持方向和内容，引导社会组织在参与疏解非首都功能过程中发挥更大作用；三是依托三地社会组织资源配置平台，为京津冀社会组织提供人才交流、项目合作、资源对接、信息发布等服务，实现三地社会组织内部资源、政府资源及社会公共资源之间的有效整合和对接；四是举办京津冀社会组织协同发展论坛，建立常态化的战略对话、专题研讨、要事会商、问题切磋、智库交流等机制。2016 年 12 月 29 日，至德企业文化发展中心、北京河北企业商会、天津河北企业商会、河北天津商会共同签署《京津冀协同发展商会联盟全面合作筹备框架协议》。可以预见，三地社会组织在参与京津冀协同发展、脱贫攻坚行动、养老服务、城市管理等重大任务上将大有可为。

---

① 从屹：《调动社会组织力量助推京津冀协同发展》，《天津日报》2016 年 2 月 15 日。

② 江岚：《论京津冀协同发展中的商会的作用》，《中国包装工业》2015 年第 22 期。

社会公众（居民）参与区域治理的方式不仅可由社会组织实现，还可以通过问政会、民主恳谈会、听证会等方式与政府沟通，表达意见和建议，有助于提升区域发展规划的科学性，完善政府治理的绩效。我国的人民代表大会和政治协商会议（“两会”），也是联系公民与决策部门的重要渠道，影响区域治理的重要机制。当前，京津冀协同发展中的公众参与主要是对生态环境的监督，例如对大气环境、水环境的参与治理，对企业排污的监督等。但是这些监督更多的关注结果，缺乏从源头上对于生态建设编制规划方案高质量建议的过程性参与。

为改变这一状况，京津冀出台了一些公众参与环境保护的法规政策。2015 年 1 月 1 日起正式施行的《河北省环境保护公众参与条例》从环境信息的公开与获取、公众参与的范围和途径、公众参与的保障和促进等方面将公众参与环境治理做出具体精细化的规范。2015 年 12 月 25 日，北京市政府颁布《水污染防治工作方案》，强调鼓励社会监督，健全举报制度，支持公众监督、举报污染水环境行为，并且要求构建全民行动格局，组织系列环保公益活动，支持民间环保机构、志愿者开展工作，培育和壮大环保志愿者队伍。2012 年 11 月实施的《天津市环境教育条例》，将公民环境教育纳入政府条例，彰显了环境教育作为生态文明建设的基础作用的重要意义。当前的主要工作是根据现有的政策规定，建立起一套公众参与环境治理的体制和机制，包括公众环境教育机制、政府与公众合作治理机制、公众环境参与决策机制、公众环境监督机制、奖惩机制等，使环保意识深深植根于民众心中，并转化为推进京津冀环保监督和环境治理的动力。

第二节　京津冀政府协同治理的机制创新

从本质上说，政府协同治理就是在协同和治理的双重理念下，政府与非营利组织、公众等各方主体协商合作、共同管理公共事务的状态和过程。从区域发展的角度而言，政府协同治理实际上是一种跨域治理，也就是借由公部门、私部门以及第三部门的结合，透过协力与契约关系等联合方式，以解决跨越单一行政区域或部门的公共问题，如河川整治、水资源利用管理、卫生医疗管理、交通运输、环境保护等。[①] 中国台湾学者李长晏将跨域治理（即府际合作中的策略）模式划分为三种：（1）垂直型府际合作。系指中央政府透过权力集中的方式，特别是以国家政治经济的需要或总体资源分配的观点，来处理区域性的发展，地方政府大多扮演着配合执行的角色，而较少有机会表示其意见及态度，抑或是透过法律监督或行政监督的方式，来管控地方自治团体的行为。这种合作模式关注的焦点是权限争议协调，以及辅助经费的核发与监督。（2）水平型府际合作。主要是针对地方自治团体，就跨县市或区域内因涉及竞合管辖与管辖权争议等问题，为求有效解决避免跨行政区问题演变为重大事件，地方自治团体基于互助互惠的前提，开展横向之间的联系与合作。水平型府际合作聚焦区域性事务的联系协调与资源有效整合。（3）跨部门伙伴关系。由于公部门面临着资源有限而使得公共财政支出日益紧缩的危机，同时在社群意识的抬头，公共政策制定公开透明的呼声下，公共事务的参与仍以公部门积极主导为前提，将不免落入局限性与欠缺正当性的泥淖之中。跨部门伙伴关系所投射的焦点在于落实公民参与精神，以及整合公私部门合作伙伴关系。[②] 这些分析为京津冀协同治理提供了良好的思路。

中国台湾学者李伯谕提出一个整合性的框架，从“垂直关系—水平关系”和“府际关系—公私协力关系”两个面向，将跨域治理分成四种类型：（1）中央与地方政府关系；（2）地方政府间关系；（3）政府机关与公民社会关系；（4）政府机关与企业组织关系。[③] 李伯谕指出，整合性政府

① 李长晏、詹立伟：《跨域治理的理论与策略途径之初探》，《中国地方自治》（中国台湾）2004 年第 57 卷第 3 期。

② 李长晏：《迈向府际合作治理：理论与实践》，中国台湾元照出版有限公司 2007 年版，第 94—96 页。

③ 李伯谕：《跨域公共事务的管理逻辑：治理演化的类型分析》，《文官制度季刊》（中国台湾）2010 年第 2 卷第 4 期。

强调横向、纵向、向上、向下、向内，以及向外的协力关系，这种跨越疆界的整合性或协同治理途径须建立在九项制度的变迁基础之上，包括：(1) 建立规则，预防权力腐败；(2) 市场管理的强调；(3) 注重地方性的产能，并努力创造协商空间；(4) 积极创造与市民对话的空间；(5) 提供资源让地方事务运作；(6) 委托或提供公共服务；(7) 正面帮助处于不利或被排挤团体协商进入网络关系；(8) 授能跨部门整合与支持自我管理；(9) 建立民主参与决策与公共事务的架构。整合性政府协同治理不仅限于多元参与行为者权限的如何划分，而且在于如何有效透过动态协作关系的建构，朝向以解决跨域公共事务为导向的机制前进，应该成为区域治理的未来模式。

科学高效的制度、体制和机制是保障区域协同发展的关键和抓手。京津冀区域协同治理是应对经济社会发展的公共问题而进行的综合治理，是政府、企业、第三部门等各种活动主体，基于共同的利益诉求，通过创新性制度性安排，构建群体间的网络和伙伴关系，通过主体间的集体行动，实现区域共同利益的方式和过程。推进京津冀协同发展和治理绩效，要充分发挥中央政府、地方政府、企业和社会组织等主体的协同作用，以利益协调为基础，构建多方参与、互动融合、高效运转的横向和纵向相协调、市场调节和政府引导相结合的区域治理新机制。

政府协同治理机制，就是按照区域合作的目标，依照区域合作的契约或协议，在政府间和部门间处理跨域事务过程中形成的工作程序、工作方式和处理公共事务的规则等。它是一个相对宽泛的概念，既包括治理机制、治理模式，也包括治理组织、机构等。有学者指出，影响区域合作机制效力的主要因素包括合作基础的强弱、合作关系的稳固程度、合作组织的权威性、合作机制的有效性。① 合作机制的有效性可从其结构、运行和效果等方面进行评价。合作机制的结构也就是合作机制的内容，包括沟通

---

① 杨龙、姜流:《区域合作机制的效力研究》，参见南开大学:《区域政策创新与区域协调发展研讨会论文集》，2016 年。

机制、协商机制、决策机制、执行机制、监督机制、裁决机制和惩罚机制等。合作机制的运行是从动态和过程方面反映合作机制的有效性状况，包括合作机制运行的权威性、合作机制运行的频率、合作机制存续的时间、合作机制获得的授权情况等。合作机制是否最终有效还要评价合作项目的实施情况，区域政策协调程度等。因此，京津冀政府协同治理机制的构建要从以上方面综合考虑，尤其重视合作治理的组织机构和合作治理机制的创新。

一、完善京津冀政府协同治理的组织保障机制

政府协同治理的组织架构是区域治理的重要载体。推进京津冀协同发展战略的重要任务：一是编制富有战略性、务实性的综合规划和分类规划；二是构建权威有效、运转协调的跨部门、跨地域的领导协调机构，建立起网络化的区域治理结构。早在20世纪80年代设立的环渤海地区经济联合市长联合会（后更名为环渤海区域合作市长联系会），被认为是京津冀地区最正式的合作机制，而且2006年北京和河北之间签署了相关的合作备忘录；2008年，京津冀发展改革委员会区域工作联席会议召开，共同签署了《“促进京津冀都市圈发展协同沟通机制”的意见》，三地一些政府职能部门在相关领域建立了对口协调联系机制。突破京津冀之间竞争大于合作的困局，构建复合式权力体制框架，创新协同治理模式的核心机制，健全协同治理的组织机构，优化区域协同治理的制度环境。

从已有文献来看，在本世纪初有学者注意到制约京津冀区域一体化最根本的因素，是现有体制特别是财政体制安排下地方经济利益的分配问题，提出了建立权威性区域组织保障体系的建议。① 具体包括三个方面：（1）建立最高层次的京津冀区域发展决策协调机构，建议由中央有关领导

① 王亭亭：《区域体制改革：京津冀区域经济一体化的关键》，《中国经贸导刊》2002年第7期。

参加及京津冀高级领导人担任负责人，组成“京津冀地区经济发展协调委员会”（简称“京津冀经协委”），负责统筹整个区域经济活动的重大事宜以及布局建设。根据区域经济各地区际分工的特点与内容，制定中长期区域经济发展总体纲要的具体设想与前景规划。（2）建立区域经济首脑会议制度。每年召开由“京津冀经协委”牵头，三省市科、工、贸专家及政府主要领导参加的京津冀区域经济协调会议，研究解决本区域经济发展的重大问题。（3）建立专家协调委员会，在“京津冀经协委”的直接领导下负责协调三地行动纲领与区域经济整体目标纲要的一致性与和谐性。这些建议虽然是基于经济一体化的考虑，但是已经指出破解区域一体化难题的关键是管理体制的改革。吴良镛院士建议成立由国务院牵头，国家发展改革委员会、建设部和国土资源部等相关部委与京津冀等组成的大北京地区规划建设委员会，发挥其有力的、务实的区域协调功能。①

在区域治理模式方面，武建奇等建议，在不剧烈改变京津冀都市圈现行行政体系的基础上，实行“双层多核”治理模式。②首先，打破京津冀都市圈内部公共事务管理的行政区域壁垒，构建超省市的非行政组织机构并赋予其相应的行政权力，负责各城市之间的公共事务（圈层），名称为“京津冀都市圈地方政府协作会”；其次，强化国务院对京津冀都市圈的区域协调功能，由国务院直接派出管理机构担负都市圈协调职能（国家层次）；最后，三方达成的协调发展协议由各级地方政府来实施和推行（多核）。这些建议也是基于京津冀区域治理现实的考虑，很有学术见地，但遗憾的是，没有指出协调机构如何组成，以及它们的具体职能是什么，也没有强调如何处理纵向和横向的府际关系。

当然，也有学者对“制度安排不足是京津冀区域发展滞后的关键”持有异议。北京大学杨开忠教授认为，过分地强调政府治理制度安排对区域经济发展的作用，可能强化政府对经济的干预，带来更大的政经不分。

① 艾娟、张晓春：《“京津冀”合作需要什么样的协调机制》，《中国改革》2004年第7期。
② 武建奇、母爱英：《京津冀都市圈管治问题探讨》，《经济与管理》2007年第6期。

从学术的角度，他提出优化省（直辖市）的思路——调整京津冀辖区范围：将河北省张家口市、廊坊市下辖的三河市划归北京市管辖；将河北省唐山市、秦皇岛市、承德市划归天津市管辖；河北省则管辖经调整后的剩余地方。其优势主要有：(1) 将张家口、承德等地区分别从河北省划转北京市、天津市管辖，可以使水源、生态保护成本和效益内部化，有利于对水源地和生态屏障的保护，可以更好地发挥京津带动作用，有利于消除贫困；(2) 冀北和冀中南地区分属不同省市后，可以解除它们之间因隶属河北省产生的交往给京津带来的过境交通压力，同时可以分散拱卫首都的压力；(3) 冀东地区划归天津后，有利于港口规划、建设和运营的分工协作。而且，政区过大可能影响北京市履行“四个服务”的根本职责，因此，仅将现河北省的张家口市和三河市划转北京市管辖是合理的选择。①

在推动京津冀协同发展的过程中，不宜贸然调整行政区划，应主要通过促进地方政府合作，以及构建多功能大行政区等准行政区划手段，突破“行政区经济”“行政区行政”对区域协同发展的阻隔。② 不过，针对京津冀政府治理相对“碎片化”的现象，杨开忠教授也主张在省市之上设立京津冀首都圈委员会，建立健全京津冀协同发展公共治理体制。他认为，应该完善地方政府与非政府组织以及其他利益相关者的协作机制，形成多层次、多领域的政策相关者跨地网络治理体系，提高跨地治理能力；探索建立北京与周边地区共建功能区的利益分享机制和组织管理体制。

关于跨域政府协调机构的设置，一般包括两种模式，一是由中央政府成立专门的领导协调机构，就跨行政区生态环境治理、跨行政区整体性资源战略开发、跨行政区重大基础设施建设等公共问题进行统筹规划和协调推进。如成立于 1964 年的“区域经济政策部际委员会”就是负责前西德区域经济协调职能的专门机构。其前身是“贫困地带问题部际委员会”，

---

① 杨开忠：《打造国家区域治理现代化首善区——关于京津冀协同发展机制的研究与建议》，《国家治理》2014 年第 19 期。

② 赵聚军：《行政区划调整如何助推区域协同发展——以京津冀地区为例》，《经济社会体制比较》2016 年第 2 期。

成员包括财政、农林、劳动、交通、城市住宅、内务、邮政、国防等各部。该委员会每四年制订一次常规计划，联邦和州政府各负担实施费用的50%。之后，联邦政府又依法成立了制定和实施区域发展政策的联邦规划委员会，作为区域发展政策的最高机构。法国政府在20世纪50年代设立计划总署，推行五年计划以及中期计划；20世纪60年代，法国先后成立“国土整治和区域行动评议会”及“国土整治全国委员会”等常设机构，负责协调地区整治行动，解决地区发展差距问题；20世纪80年代初法国社会党执政后，又进一步改革了计划的实施方式，由各地区成立“地区计划委员会”，制订本地区的经济、社会和文化发展计划。中央政府则通过签署“国家—地区经济发展合同”，以多种方式扶持地区经济发展。这些中央机构的重要职责就是协调本国区域经济的不平衡发展，实现资源的均衡配置。① 从制度化和组织化程度而言，这是一种比较刚性的领导协调体制。

二是地方政府之间自主建立跨区域的协调机构，协商解决跨域治理的共同问题。例如，英国为协调政府间关系设立了两类联合机构：一是联合委员会。根据1972年的《地方政府法》规定，两个或两个以上的地方政府可以选派代表组成联合委员会，以协调彼此之间的工作，执行相互委托之事务。联合委员会没有独立之法律人格，不能征税，其经费由成员政府协议分摊。二是联合会。具有法律人格，主要是为了解决某些特定任务而设立的。再如，法国1982年《地方组织法》第65条规定：“两个或若干个大区为行使它们的职权，可以签订协议或组建共同利益机构。”这种利益共同机构实质上就是为了协调地方政府利益而组建的协调机构。② 在市镇层面，组建多样化的市镇联合体。每个联合体统一成立“市镇联合体委员会”作为各联合体的法定公共管理机构，为联合体内的市民提供由法律规定的服务。在市镇联合体委员会内，按职权分设各个专业委员会。如奥

① 汪伟全：《地方政府合作》，中央编译出版社2013年版，第83页。

② 曾鹏：《论区域经济一体化下区域行政执法合作》，广东教育出版社2015年版，第220—221页。

尔良联合体委员会由22个市镇的议会派议员参加，每个市镇最少一名，然后在此基础上每1500人增加一名，奥尔良市镇长担任委员会主席。该联合体委员会下分设基础设施交通委员会、经济发展委员会、领土整治卢尔河委员会、社会和谐委员会、环保委员会、人力资源委员会和财政合同政策委员会等七个专业委员会。

此外，还有其他的协调模式，如美国的区域规划委员会、政府联合会，日本的“广域行政”等。

比较而言，多数学者支持第一种模式，主要是中央政府主导型协调机构具有构建过程操作简便、机构权威较大、协调功能易于发挥到位等优势，而地方自主型协调机构因须在高度协商基础上进行，运作程序烦琐，且某一环节协商受阻就会阻滞机构组建的整体进程。[①] 对此，有不少学者针对京津冀现有协调机构存在的问题，指出加强中央政府协调区域发展和区域治理的必要性。

张可云指出，在区域合作中如果一方实力过于弱小，那么很容易出现实力较强的区域侵占实力较弱区域的利益而最终导致区域一体化无法实现的情况。因此，为促使京津冀尽快实现一体化，他建议中央政府成立专门的管理机构。[②] 薄文广等认为，要防止或扩大京津冀协同发展中出现“三个和尚没水吃”的共输格局，避免个人理性导致的集体非理性，中央政府的强力干预应成为京津冀协同发展的启动点。[③] 魏书华等也认为，在现行制度安排下，既有的松散型区域发展协调机制只能形成原则性的“共识”，很难有效地推进具体领域的协调发展，必须在现有的京津冀经济圈区域协调发展高层论坛基础上，成立由国务院领导、国家发展改革委员会牵头、地方政府领导参加的京津冀经济圈区域协调发展联席会，专门负责

① 张洪河、胡梅娟、孙晓胜:《重塑京津冀协作机制》,《瞭望新闻周刊》2006年第32期。

② 张可云:《京津冀都市圈合作思路与政府作用重点研究》,《地理与地理信息科学》2004年第4期。

③ 薄文广、陈飞:《京津冀协同发展：挑战与困境》,《南开学报》(哲学社会科学版)2015年第1期。

研究、编制经济圈区域发展总体规划，统筹协调区域合作和一体化的战略决策。①

孙久文也主张建立国家层面的统筹协调机制，统筹区域协同发展的战略决策，明确区域功能定位、产业布局、交通对接、要素对流、环境保护等重大问题，并从财政政策、投融资政策、绩效考核等方面形成具体措施。② 在具体统筹体制方面，有的学者建议设置“京津冀行政首长联席委员会”，集中协调商讨京津冀政府的各项跨区域行政事务和区域战略总体部署。这个委员会的组成人员应该由国务委员和京津冀行政区首长组成，是区域决策的最高行政议事机构。在这个最高行政议事机构下，根据组织层级、职能分工的设计原则，设置常务议事机构、专家咨询机构以及各京津冀相关业务部门。③

随着新区域主义理论在国内的引介和推广，一些学者主张进行京津冀区域治理机制的制度创新。曹海军认为，中央政府的总体布局和统筹规划是区域协同治理的核心，成立国家级的议事协调机构居中调节是解决区域治理“集体行动”困境的有效途径。④ 耿云建议，在决策层面，可设立由国务院领导，由国家发展和改革委、建设部、国土资源部、财政部以及京津冀三省市主要领导组成的国家首都地区管理委员会。该委员会是国家首都地区最高层次的联合协调机构，以首都地区联席会议为主要工作机制，主要功能是商议首都地区省市间及部门间合作中遇到的重大问题，制定促进共同发展的区域政策。⑤

---

① 北京市社会科学院经济研究所课题组:《京津冀经济圈区域协调发展的思路与对策》,《前线》2005 年第 11 期。

② 孙久文:《京津冀协同发展的目标、任务与实施路径》,《经济社会体制比较》2016 年第 2 期。

③ 邴兴国:《京津冀区域经济合作的政府协调机制研究》,《环渤海经济瞭望》2011 年第 7 期。

④ 曹海军:《新区域主义视野下京津冀协同治理及其制度创新》,《天津社会科学》2015 年第 2 期。

⑤ 耿云:《新区域主义视角下的京津冀都市圈治理结构研究》,《城市发展研究》2015 年第 8 期。

在推进区域治理中应发挥中央政府的引领作用，也是中国台湾学者热议的话题。目前，台湾各直辖市与各县市政府对于特定跨域性议题，已有初步的合作处理经验，并且设立了一些区域治理平台，如北台区域发展推动委员会、中台区域合作发展平台、云嘉南区域永续发展推动委员会、高屏区域合作平台及离岛区域合作平台等，并发展出了相对稳定的解决方式，但区域治理在实际执行运作上仍有需要克服的困境。徐文杰认为，长期以来地方没有机会去思考和学习如何自主性地发展和治理，也不习惯于如何与邻近地方行政区合作发展的议题。季俊臣也指出，区域治理的论述虽已出现多时，但地方对此总有破坏地方自治的担心，所以并不积极推行区域合作法制，唯有在中央的辅导下，始有可能启动治理新制。黄建铭认为，区域合作能否成功固然有赖行政首长的用心和居民的支持，然而，健全的法治基础与中央政府的全盘调控与鼓励作为亦为重要因素，在此前提下，如何进一步强化区域合作组织，使其获得应有的人员与财源是精练区域合作的进一步尝试。基于此，柯志昌主张成立跨域合作组织，作为跨单位之交流整合平台。换言之，协同机制应由非正式的联系协调，趋向于制度性的协议发展。①

从中国现实来看，为了应对一系列改革和发展中的重大问题，为了保证中央决策得以有效实施，中央会根据实际需要设立相应的“领导小组”或国家层面的“议事协调机构”来领导协调跨部门的行动，推进重大部署的决策和执行。这样做基于三个考虑。一是重大改革任务往往涉及多个部门、地方和区域权力、利益的重新调整和复杂博弈，成立具有权威性、全局性和高规格的领导小组易于减少因条块分割、部门本位主义和地方保护主义带来的交易成本损耗，同时跨部门协调合作机制，有利于减少管理层级，提高行政效率。二是因为改革任务既广泛又复杂，需要以“总揽全局、协调各方”的组织体制应对繁杂艰巨的公共事务。三是领导小组便于

① 曾冠球、廖洲棚:《区域治理与府际关系的问题与展望：来自中国台湾公共行政与公共事务系所联合会 2016 年会的观点》，参见南开大学:《区域政策创新与区域协调发展研讨会论文集》2016 年，第 225 页。

对艰巨的改革任务推进进行监督和问责。

新世纪以来，为促进区域平衡发展，国务院先后成立西部地区开发领导小组和振兴东北地区等老工业基地领导小组，并下设领导小组办公室。这两个领导小组组长由国务院总理兼任，规格颇高。从领导小组成员来看，除了国务院组成机构、部委管理的国家局、直属机构等中央国家机关的相关负责人外，近年来又增加了中组部、中宣部的负责人，成员有增多的趋势。领导小组办公室在国家发展改革委员会单设机构，后随着国务院机构改革，成为国家发展改革委员会西部司和振兴司，其功能集中在政策研究与规划、信息交流与沟通、政策执行协调与推进等方面。随着京津冀协同发展上升为国家战略，中央和京津冀三地先后成立相应的协同发展组织机构。2014 年 8 月，京津冀协同发展领导小组以及相应办公室成立，由国务院副总理担任组长。就京津冀三地而言，2014 年 3 月，北京市率先成立了“区域协同发展改革领导小组”；6 月，河北省成立了“推进京津冀协同发展工作领导小组办公室”；9 月，天津市成立了“京津冀协同发展领导小组”。

其中，北京市区域协同发展改革领导小组是新设的第 14 个全面深化改革专项小组，其主要职责包括三个方面：负责研究相关领域的重要改革问题；研究提出有关专项改革政策措施和方案；承担全面深化改革领导小组交办的专项工作任务。2016 年初，领导小组针对京津冀协同发展 9 个不同领域，成立了 9 个专项工作小组，合力推进“协同”工作。包括：(1) 行政副中心工程建设工作小组（由市规委、市国土局、市重大办、通州区等部门或者区组成）；(2) 人口调控工作小组（由市发展改革委员会、市教委、市公安局、市人力社保局等部门组成）；(3) 教育和培训机构功能疏解工作小组（由市教委、市人力社保局、市国资委等部门组成）；(4) 医疗机构功能疏解小组（由市发展改革委员会、市财政局、市规划委、市住建委、市卫计委等部门组成）；(5) 城乡规划工作小组（由市发展改革委员会、市经信委、市国土局、市环保局等部门组成）；(6) 交通一体化发展工作小组（由市发展改革委员会、市经信委、市国土局、市规划委、市住建委、市交通委等部门组成）；（7）产业协同发展工作小组（由市发展改革委员会、市经信委、市农委、市商务委等部门组成）；（8）生态环境保护工作小组（由市发展改革委员会、市经信委、市环保局、市市政市容委等部门组成）；（9）综合政策研究工作小组（由市委研究室、市发展改革委员会、市政府法制办、市政府研究室等部门组成）。

从已有报道来看，国务院京津冀协同发展领导小组已召开多次全体会议、工作推进会议。但是，到目前为止，京津冀协同发展领导小组成员具体构成情况并未全面公开，从参加第三次会议的人员来看，京津冀三省市主要负责人并不是领导小组成员。据媒体报道，领导小组办公室在完善协同发展工作机制方面的任务是“加强统筹指导和综合协调，推动实施重大规划、重大政策和重大项目，协调解决跨地区、跨部门重大事项，健全完善督促检查机制；推动三省市深化合作联动，中央有关部门立足自身职能，积极落实相关工作，充分发挥专家咨询委员会的咨询论证作用。建立健全宣传工作机制，及时发布京津冀协同发展的重大政策，积极宣传有关部门和地方推动京津冀协同发展的工作进展和成效，把中央战略意图宣传好，让京津冀协同发展理念深入人心，让人民群众及时了解这一重大国家战略的推进实施情况并积极参与和监督有关工作进展情况。同时，深入开展修法立法、优化行政区划和协同管理机制重大问题研究等工作”。[①] 从这些任务来看，京津冀协同发展领导小组及其办公室属于统筹推进京津冀协同发展的领导协调机构，也自然是目前京津冀政府协同治理的最高领导机构。

二、完善京津冀政府协同治理的政策过程机制

基于已有区域协调机制的问题，结合现有学术梳理的共识，展望未来

① 新华社记者:《京津冀协同发展领导小组办公室负责人答记者问》,《中国青年报》2015 年 8 月 24 日。

区域治理的趋势，京津冀政府协同治理应在横向协商和纵向协调基础上完善。从行政管理的角度而言，京津冀政府协同治理过程应该内含决策、执行、参谋和仲裁等一系列机制，只有这些公共政策机制运转畅通、协调一致，才能顺利推进京津冀区域协同治理的进程。

（一）完善决策机制

从决策层来看，当下的京津冀协同发展领导小组是区域发展的最高决策机构，由国务院副总理任组长，能够保证最高决策机构的权威性和自主性，但借鉴以往的经验教训要注意以下问题。

一是要完善决策治理的结构。因此，区域发展的决策机构中除了有中央政府及部门分管领导等当然成员外，建议增加包括省级政府、民主党派中央、重要行业、民营企业、研究机构和社会组织的代表，以保证公共决策的公平合理。

二是要明确决策治理机构的职能。任何组织都有一定的功能边界，领导小组也不例外。领导小组专门负责跨域治理决策，包括决策建议的提出、草案的拟定、方案的审核、决定与公布，接受对公共决策意见的反馈，根据决策执行情况与反馈意见对公共决策进行适时的调整等。因其职责的重要性，应当对决策机构的履责要求进行必要的规定。现有的兼职性领导小组及联席会议制度难以承载公共决策的重要职能，有必要建立权利义务明确、职权职责规范、法律责任清晰的府际公共决策机构具体负责合作决策事宜。

三是要明确治理决策的程序和过程。主要包括方案的提出、拟定、确定、调整等环节，需要经过信息收集与决策咨询、决策的确定与公布、反馈与调整等法定程序，要求公众参与、决策评价等制度保障。因府际公共决策涉及区域共同利益与协调发展，应当设计更为严格的程序要求与制度保障。

四是明确公共决策机构的法律责任。为保证决策机构的履责效果，应当对决策机构不履行或不当履行其法定职责等进行规定。[①]

在决策机构中，领导小组主要负责顶层设计和政策协调。此外，有些学者建议在领导小组的推动下，建立京津冀省市长联席会议制度，推动三地高层协商，协调推进领导小组制定的总体规划决策。[②]齐子翔建议京津冀市长联席会议成员单位由京津冀各市市长组成，不刻制印章，定期召开高层领导会议，执行首都经济圈发展规划，探讨各城市之间发展对接的思路，协调解决基础设施共建、产业转移、环境保护联防联控、人才跨自由流动、社会保障对接等重大的公共问题，对区际重大项目进行表决，制定区域经济一体化章程，形成规范的对话与协商机制。[③]2014年《京津冀蓝皮书》也建议建立常态化的“京津冀市长联席会议制度”。该联席会议主席可以由北京市市长、天津市市长、河北省省长轮流担任，联席会议下设办公室或秘书处，为常设机构，负责落实联席会议作出的各项决策。办公室设在北京，便于和中央及时沟通。其职能为：(1) 建立平等协商谈判机制，每年举行一次会议，主要是共同签署区域内重大协议。(2) 建立常设性的决策机构——京津冀发改委主任会议制。每半年举办一次，探讨各城市之间发展思路的对接，协调解决基础设施共建、产业转移、环境保护联防联控、人才跨区域自由流动等重大问题，对省际重大项目进行表决，制定社会保障一体化章程，形成规范的对话与协商机制。主要负责区域重大决策谈判，如组织首都经济圈区域内的参与主体，就某个议题（如生态、大气治理、产业分工与布局、跨界交通基础设施、大型公共产品等）进行谈判与协商，最后形成相应的协议。该协议对参与方具有法律约束作用。[④]

---

① 陈咏梅：《论法治视野下区域府际合作机制的创新》，《江汉大学学报》(社会科学版) 2014年第1期。

② 马海龙：《京津冀区域治理：协调机制与模式》，东南大学出版社2014年版，第182页。

③ 齐子翔：《京津冀协同发展机制设计》，社会科学文献出版社2015年版，第70页。

④ 文魁、祝尔娟：《京津冀发展报告：2014城市空间优化与质量提升》，社会科学文献出版社2014年版，第221页。

联席会议是我国目前区域合作的一种重要机制，实践中的做法是，首先在政府（综合性政府）层面进行，即召开区域内各省省长、市长等行政首长联席会议。通过政府层面的沟通磋商，为职能部门搭建良好的合作平台。经执法部门协商一致，可就有关事项达成行政协议，将磋商的内容予以同定，明确权责，化解执法中的冲突及难题，从而保障区域行政执法的高效运转。① 联席会是一种横向的协商机制，从理论上讲，通过平等的谈判和协商，协调各自利益，共谋发展大计，有助于推进府际合作治理。但是，也有学者对这类联席会议制度提出质疑，如有学者认为，现有联席会是一种松散的合作机制，充其量只是为成员之间的对话、交流信息和信息发布提供了场所，其会议决议、纪要等文件对各方成员几乎没有强制性约束力。②

从目前来看，由于京津冀 13 市行政级别不对等，有省级市、副省级市、较大的市、一般地级市，成立一般意义上的市长联席会还不现实，即使达成一些相关协议执行起来也很困难。因此，就有了京津冀常务副省市长联席会的召开，因为该会有三地的常务副省级领导参加，出于对等原则，容易就京津冀协同发展的若干建议达成共识。此外，新近出台的《环渤海地区合作发展纲要》提出，“建立由北京市牵头的环渤海地区合作发展协调机制，协商制定合作发展框架和重大战略，共同解决区域合作中的突出问题。完善省（区、市）间的双边合作机制，编制实施双边合作规划，推进落实已签订的合作协议。加强行业主管部门合作，推进建立重点领域合作机制”。这里提出由北京市牵头成立合作发展协调机制，是对环渤海区域合作市长联席会这个国内最早成立的地方政府间区域性合作组织，虽然运行 30 年仍未建立起协调发展体制机制的要求和回应，应该坐实这一个机构（机制），使之成为合作组织的决策中枢系统。

① 曾鹏:《论区域经济一体化下区域行政执法合作》，广东教育出版社 2015 年版，第 179—80 页。

② 费广胜:《府际关系视角下国内区域治理体系现代化研究》，参见南开大学:《区域政策创新与区域协调发展研讨会论文集》2016 年，第 267 页。

（二）夯实执行机制

从执行层来看，学者们建议在领导小组办公室的指导和协调下，根据区域经济社会发展需要的紧迫性，先易后难地逐步组建各种专业（专门）委员会，如区域规划、产业协调、水资源利用和保护、大气污染防治、基础设施建设和管理、社会保障、教育科学文化、医疗卫生、社会治安、司法管理等各类行动委员会。这些行动委员会应由有关政府部门、企业、中介组织、研究机构的领导和专家组成，根据需要定期召开会议。就各个专业领域内的区域公共事务进行交流和磋商，研究、制定本领域内区域协调政策，协调解决跨区域的公共治理问题。

就见诸报端的材料来看，目前建立的专业（专门）性质的执行机构有京津冀及周边地区大气污染防治协作小组、环境执法联动工作领导小组、交通一体化领导小组、税收工作领导小组、三地人才工作领导小组、海关区域通关一体化领导小组等、警务协同发展领导小组、京津合作示范区建设协调工作领导小组等。这些专项工作小组或协作小组正紧锣密鼓地进行联合会商，有的已经建立联动工作机制。例如，京津冀及周边地区大气污染防治协作小组包括京、津、冀、晋、鲁、内蒙古、豫七省区市及环保部、发展改革委员会、工信部、财政部、住建部、气象局、能源局、交通运输部在内的八部门，协作小组办公室设在北京，办公地点在北京市环境保护局。办公室主任由北京市一名副市长和环境保护部一名副部长共同担任。办公室副主任由北京市环境保护局局长、环境保护部污染防治司司长、六省区市政府主管副秘书长或环保厅（局）长、国务院有关部委司局长担任。当前，该协作小组正在联合编制《京津冀及周边地区大气污染防治中长期规划》。

再如，京津冀环境执法联动工作领导小组由北京市环境保护局、天津市环境保护局和河北省环境保护厅三部门协商建立，已启动“京津冀环境执法联动工作机制”。“联动工作机制”建立了五项工作制度：一是定期会商制度。领导小组每半年会商研究一次，领导小组办公室每季度会商一次，季度会议由三省（市）轮流组织；二是联动执法制度。根据工作计划或需要，由三省（市）环保局（厅）定期或不定期统一人员调配、统一执法时间、统一执法重点开展联动执法；三是联合检查制度。三省（市）环境保护局（厅）每年各牵头组织1—2次联合检查行动，互相派遣执法人员到对方辖区开展联合检查，共同学习交流执法经验、提高执法水平；四是重点案件联合后督察制度。对同时涉及京津冀的重点环境违法案件联合进行环境行政执法后督察；五是信息共享制度。相互共享本辖区环境监察执法信息，互相借鉴学习。此外，京津冀三地还明确了联动执法的主要内容：一是排查与处置跨行政区区域、流域重污染企业及环境污染问题、环境违法案件或突发环境污染事件；二是排查与处置位于区域饮用水源保护地、自然保护区等重要生态功能区内的排污企业；三是在国家重大活动保障、空气重污染、秸秆禁烧等特殊时期，联动排查与整治大气污染源；四是调查处理上级交办的重点案件。具体执法重点将结合京津冀三地年度环境保护重点工作及各季节环境监察阶段性重点工作任务确定。

目前，这些专项工作小组多是任务导向、议题导向小组，已经开展了多项联合行动。但是，小组设立的随机性较强，而且有的工作小组在没有上级职能部门的指导和监督下能否顺利推进联动工作仍有待观察。完善专项小组工作机制的方向一是需要明确它们的法律地位与法律性质，规定府际合作执行中享有决策执行权、组织协调权、必要的强制性及惩戒性权力，同时对该机构的履责要求与法律责任进行规定。二是完善工作小组的工作程序，在府际合作程序法定的原则下，明确府际合作应当遵循的一般程序要求，包括例行性会议的召开程序，例行业务的通报、承办和交接程序，缔结合作协议的程序，如何推进联合行动，如何约束合作行为等，为府际合作的执行提供可操作的程序规则，使各类工作小组成为区域治理平台的常态运作机制。

（三）加强咨询机制

从专家咨询层来看，京津冀协同发展专家咨询委员会是目前最高规格的官方智库，与京津冀协同发展领导小组同时成立。主要职能是针对京津冀协同发展的热点难点问题及重点问题进行跟踪调查研究，为领导决策及战略实施提供政策咨询及建议参考。专家咨询委员由 16 位相关领域的专家组成，分为规划和交通小组、能源环境小组、首都功能定位与适当疏解小组和产业小组四个小组。在京津冀协同发展专家咨询委员会阶段性总结大会上，张高丽对专家咨询委员会的工作提出了三点要求："一是要加强对京津冀协同发展有关专项规划及三省市规划的咨询指导，提升规划的前瞻性、针对性和操作性。二是要加强对有序疏解北京非首都功能、京津冀协同发展立法、协同发展机制、改革创新试点示范等重大问题的研究论证，提出解决问题的策略、方案与路径。三是要加强对重大项目和政策的分析评估，把好每一个重大项目、每一项重大决策的关口。"京津冀协同发展专家咨询委员会成立以来通过召开座谈会、考察调研等形式，为京津冀区域合作重大问题和雄安新区的选址和建设提出和作出了大量可行性建议、评估和规划，为推进国家战略的科学化和民主化发挥了重要作用。在省级层面，在 2014 年 8 月 5 日召开的河北省推进京津冀协同发展工作领导小组举行第一次会议上，成立了河北省推进京津冀协同发展专家咨询委员会。

近年来，随着京津冀合作进程的不断加快，不少高校和科研院所成立京津冀研究中心或研究院，围绕京津冀协同发展相关重大问题积极建言献策，成为重要的智库。其中，首都经济贸易大学是国内最早开展京津冀一体化研究的高校，从 2012 年起每年推出《京津冀蓝皮书》，成为国内研究京津冀协同发展的重要研究基地。它们的很多建议被纳入北京市"十三五"专项规划之中。

2014 年 7 月 30 日，以北京国际城市发展研究院为依托，京津冀协同发展研究基地由北京市哲学社会科学规划办公室正式批准成立。该基地立足北京发展和京津冀协同发展实践，以首都可持续发展与京津冀协同发展重大现实问题为主攻方向，加强对重大问题开展研究和咨询，搭建开放式协作创新平台、区域化合作交流平台、专业化决策咨询平台和信息化成果转化平台，成为推动北京发展和京津冀协同发展的重要思想库和智囊团。

2015 年 9 月 16 日，由北京大学牵头，南开大学、清华大学、河北经贸大学和首都经济贸易大学作为主要协同合作单位的京津冀协同发展联合创新中心在北京大学成立。该中心依托高校研究基础和学科优势，融合相关研究机构的优质资源，主要面向京津冀协同发展国家重大需求，瞄准世界区域科学学术前沿，开展区域发展科学研究、学科建设和人才培养，探索提升高校协同创新能力的体制机制，努力建设世界一流、中国特色的区域科学中心和国家新型智库。

此外，有关京津冀协同发展的论坛和学术会议大量举办。这里仅举代表性的几例。2014 年 11 月 26 日，由人民日报社主办，以“推进协同发展，加速产业融合”为主题的京津冀协同发展论坛在北京开幕。来自国家发展改革委员会、中科院、中国社科院、国务院发展研究中心等单位的专家学者，京津冀三省市有关部门和市区县负责人，园区、企业代表，围绕交通一体化与共享机制建设、产业转移对接与转型升级、生态环境共治共建与资源优化配置等话题进行了深入交流。

国际城市论坛是北京国际城市发展研究院和北京国际城市文化交流基金会（前身为北京国际城市论坛基金会）共同发起组织的中国城市面向世界最具前瞻性、权威性、开放性的非官方、非营利性公共平台。从 2014 年起，国际城市论坛连续召开京津冀协同发展年会，发布了京津冀指数和《首都战略定位》《城市的觉醒》《临空经济蓝皮书》等研究成果，每年形成《京津冀协同发展智库报告》等会议成果。在 2017 年会上还举行了京津冀协同发展研究基地雄安新区研究中心、北京城市副中心研究中心、首都功能核心区研究中心、临空经济研究中心共四个中心的揭牌仪式。国际城市论坛年会已经成为京津冀协同发展的理论研究平台、决策咨询平台、协同创新平台、成果转化平台和合作交流平台，论坛成果对政府决策和学术研究都产生了重要影响。

2016 年 1 月 17 日，由新华社全媒体与中国工业环保促进会共同举办了“治霾在行动高峰论坛”，这次高峰论坛集合了多家全国性社团组织参加，在中国电力联合会等单位发起下，电力行业发布了“电力治霾宣言”，向社会承诺将不断改进生产技术与工艺，向拥有先进环境污染治理经验、技术和产品的先进企业学习，共同携手改善大气环境质量带动雾霾治理速度，还美丽中国以绿水青山。

2017 年 11 月 23—24 日，第三届百名科研院所领导者创新论坛在河北保定召开。此次论坛由清华大学公共管理学院、北京市科学技术研究院、保定市政府等联合主办，主题围绕“跨界创新”展开，旨在探讨发挥京津冀科技资源优势，形成经济持续增长新动力，推动三地协同发展。在本届论坛上还成立了京津冀科研院所联盟，旨在发挥桥梁和纽带作用，调动京津冀优质科技资源，打造协同创新服务平台，促进科技与区域经济融合，全面服务京津冀协同发展和雄安新区建设。成立初期，联盟已吸引 91 家机构加入，其中科研院所 51 家、高校 29 家、企业 11 家。

这些研究机构和各种论坛的建立和举办，凝聚了区域协同发展的共识和合力，拓宽了协同发展的领域和视野，促进了区域治理学术成长和繁荣。但总的来看，由于和实务部门联系较少，这些建议多是务虚的学术成果，大多是躺在书斋上的文献，或者论坛上的谈资，很难成为决策部门的案头信息。因此，一是要增强与决策部门的沟通意识，多邀请决策部门参会，积极参加决策部门的论证和听证活动，了解决策部门的关注焦点，提高研究问题的针对性，为决策部门提供更有价值的智力成果；二是提高合作开放意识，完善集成、协同的研究机制，对于综合性、应用型课题研究，联合多部门、多学科、多行业人员进行协作攻关，贡献有分量、实效性的研究成果。

比较而言，人民政协在参与决策、为国家和地方经济社会发展建言立论方面具有独特优势。党的十八届三中全会作出了“加强中国特色新型智库建设，建立健全决策咨询制度”的重大决策。随着京津冀协同发展战略的提出和实施，各民主党派以人民政协为组织平台，围绕京津冀一体化战略推进中的规划、产业、交通、生态环境等重点问题，积极调查研究，为党和国家决策提出了许多有价值的建议和思路，许多建议被《京津冀协同发展规划纲要》和其他专项规划所吸收。

在2015年“两会”上，民革中央提交了《关于加强财政协调与协同，大力推动京津冀一体化进程的提案》《关于缩小政策落差推动京津冀协同发展的提案》，民建中央提交了《关于京津冀联防联治破解大气污染难题的提案》，民盟中央提交了《关于推进京津冀协同发展中大气污染防治的提案》，农工党中央提交了《关于建立京津冀协同发展生态环境保护基金的建议》，农工党中央提交了《关于进一步完善京津冀地区大气污染联合防治体系的建议》。2016年“两会”上民主党派的提案和建议有：九三学社中央《关于建立京津冀生态合作机制的建议》、农工党中央《关于加快建设京津冀货运铁路体系减少公路货车排放污染的建议》、致公党中央《关于促进京津冀生态环境协同发展的提案》、民革中央关于《科学合理利用水资源，推动京津冀协同发展的提案》、民进中央《关于促进京津冀教育协同发展的提案》、民革中央《关于在京津冀协同发展战略下促进两岸产业转型对接的提案》。

当前，人民政协要在继续发挥智力密集、位置超脱、资源广泛的优势基础上，更加重视研究成果的转化和应用。① 一是完善与党政机关沟通机制，在选题、调研、论证、研究等各个环节，强化与党委政府的交流。二是拓宽成果报送渠道。完善咨政建言的报送机制，力争把研究成果及时、便捷地报送决策部门，确保时效性；积极打造政协智库成果发布平台，通过多层次、多形式的协商议政活动，实现与决策层面的对接互动。加强与媒体沟通，强化成果推介和发布，增强对政府决策的渗透力和影响力。三是建立成果转化跟踪机制。对于政协与决策部门协商一致的意见和建议与国家及省市领导批示采纳的研究成果，要采取现场视察、听取汇报、深入调研等形式，对转化落实情况进行追踪，并将有关情况及时反馈。

---

① 中国人民政治协商会议天津市河西区委员会：《发挥人民政协智库作用服务京津冀协同发展》，《求知》2015年第9期。

（四）重视协调仲裁机制

对于协调和仲裁机构的设置，学界有以下代表性建议和主张。考虑到现行体制的衔接以及实际可操作性等方面的因素，林家彬建议在国家三大都市圈地区分别设置由中央政府代表和有关地方政府代表组成的“规划办公室”，作为常设的区际协调机构。该机构在对都市圈的综合规划工作负责的同时，负有受理有关地方政府对区际利益冲突的申诉、调查、组织协商和提出协调意见的职责。国务院授权其对区域内的区际利益冲突进行协调与仲裁。① 显然，这种建议主要考虑了中央政府的权威性，主张由国务院主导建立处理区际利益冲突的解决机制。

为了弥补协调、监督和管理机构缺失的问题，张可云提出，借鉴欧盟委员会设有专门区域政策事务部，以及成立专门区域委员会负责协调各成员国的区域政策并制定欧盟区域政策的经验，建议我国设立专门的区域管理机构，名称为“区域管理委员会”。② 主张将国务院有关区域管理职能的部门并入区域管理委员会，受国务院总理领导。其主要职能是：提出区域经济发展与区域关系协调的政策建议并报请中央与立法机构审批，具体执行经立法程序通过的政策、规划与其他规则，与地方政府合作协调不同地区利益主体之间的关系并约束地方政府行为，统一管理专门的区域基金或约束有关部门的区域资源的使用方向，具体负责区域划分工作，组织实施全国性跨区域重大项目，组织研究重大区域问题，等等。区域管理委员会由中共中央与国务院双重领导。其运作程序是：区域管理委员会提出解决有关区域问题的建议，报有关部委提出意见，并呈交全国人大审议。若全国人大通过提议，则由区域管理委员会具体负责实施；若提议遭否决，且提议涉及重大问题，则交由中共中央与全国政协进一步研究，并将研究结论提供给区域管理委员会，区域管理委员会根据中共中央、全国人大与

① 林家彬：《建立有效的区际协调机制》，《经济参考报》2003 年 12 月 3 日。

② 张可云：《欧盟区域政策的制度基础与中国区域政策未来方向》，《湖湘论坛》2010 年第 3 期。

全国政协的意见重新研究，并将新提议报全国人大。[①]

从区域管理委员会的职能来看，具有全国人大授权的管理和约束部委和地方政府的权力，“在面对地方政府间的利益争端时，该委员会可以公正地担任裁判，在地方政府的博弈中发挥信息沟通与冲突协调裁判的作用”。[②] 因此，也就具有潜在的监督或仲裁的权力。从立法程序来看，区域管理委员会的建议经过全国人大审议通过，或者由中共中央和全国政协进行研究后再经全国人大审议通过，但实际上全国人大每年只召开一次会议，常委会才是其常设机构，如何审议缺乏相应的程序，而经中共中央和全国政协的研究更是缺乏操作性。丁四保等在张可云研究的基础上，对区域管理委员会的建立和与其他机构的关系方面做了一些变通，一是由双重领导变为国务院领导；二是区域管理委员会的建议若遭否决不再经“中共中央和全国政协的进一步研究”，而是交由中央政府修订后再由立法机构审议通过。[③] 这种变通相比前者在操作上的可能性高一些。

有学者主张中央政府设立权威仲裁机构进行纵向协调。[④] 作为纵向协调的仲裁机制应由两部分构成：一是在中央政府层面，由国家发展改革委员会等相关部委联合成立区际仲裁机构——国家区域管理和协调委员会，作为区际矛盾协调的超级仲裁机构，由国务院直接领导，其主要职能是区际经济利益协调、区际经济利益矛盾仲裁、区域规划、预算的编制以及区域规划落实监督和市场监督等。二是在立法机构层面，可以在全国人大设置专门委员会——区域发展委员会，作为最高区域权力机关，区域发展委员会下设立京津冀发展小组，由京津冀三省市的全国人大委员组成。区域发展委员会承担区域法律制定、修改和监督实施，区域预算审批、监督等

① 张可云：《区域大战与区域经济关系》，民主与建设出版社2001年版，第519—520页。

② 张可云等：《生态文明的区域经济协调发展战略》，北京大学出版社2014年版，第312页。

③ 丁四保等：《区域经济学》，高等教育出版社2003年版，第347页。

④ 齐子翔：《京津冀协同发展机制设计》，社会科学文献出版社2015年版，第71—74页。

方面的职能，在加快区域规划立法，保持区域规划连续性、稳定性方面发挥决定性作用。仲裁和协调的程序是，地方政府对有争议的问题提交市长联席会议协商，如果达成一致，则由各市落实，如果未能达成一致意见，则由国家区管会仲裁，然后由各部委和各地区执行仲裁结果，再交各市落实。可见，这种制度设计把国家区域管理和协调委员会和现有的市长联席会议机制联系密切起来，是一种顶层的制度创新，对于推进区际协议的履行具有极大的权威性。但是，区际利益协调程序应由全国人大以立法的形式确定，这涉及立法制度的重大改革。

上述“区域规划办公室”或区域管理委员会实际上属于独立的区域管理机构，在我国区域合作的实践中没有现成的经验可以借鉴，在法律依据、组织形式、成员来源、经费承担以及收益分配等制度建设方面几乎是空白。实践表明，缺乏中央政府与地方政府的妥协的机构，既有中央政府独立设置的区际行政管理机构是难以成功的。美国田纳西河流域管理局（Tennesses Valley Authority，TVA）最终失败的原因在于 TVA 不能很好地协调联邦和州的关系，我国的国务院上海经济区的失败也是因为缺乏协议性，缺乏地方政府的积极参与，或缺乏中央政府与地方政府的协调，于 1988 年 7 月寿终正寝。为此，针对长三角的一体化的发展，有学者指出“两省一市政府之间经常性的协商”比建立跨省协调机构更为现实。因此，区际行政机构应当是地方政府之间的妥协或者地方政府与中央政府之间妥协的结果，即它应该通过行政协议而产生。这也是欧盟委员会（根据国际条约《马斯特里赫特条约》建立）和美国州际管理委员会（根据州际协定建立）成功的原因。①

因此，从现实来看，完善行政首长联席会议和日常工作小组制度和机制建设，对于推动区域合作协议的履行是容易实现的。例如，《泛珠三角区域合作框架协议》中列举了十个合作领域，包括基础设置、产业与投

① 叶必丰、何渊等:《行政协议——区域政府间合作机制研究》，法律出版社 2010 年版，第 216—220 页。

资、商业与贸易、旅游、农业、劳务、科教文化、信息化建设、环境保护和卫生防疫。为推进合作，协议第五条专门规定了合作协调机制，一是建立内地省长、自治区主席和港澳行政首长联席会议制度；二是建立港澳相应人员参加的政府秘书长协调制度；三是建立部门衔接落实制度。“建立秘书长协调制度的目的是进行合作事项的协调，没有纠纷解决的功能，但我们仍然可以从中得到启发，赋予类似的协调制度以促进争议协商与和解的功能。这是目前解决区域行政协议争议的成本最低、实施起来障碍最小的一种解决办法。”[①] 这也应该是区域协议争端解决的一种行政机制。但从长远来看，独立管理机构因其权威性、独立性和常设性的特点又具有独特的意义。未来独立管理机构的运行要考虑机构代表的来源、组织制度和具体权力的设置和分配，以及对独立管理机构权力的管控等问题。

近年来，随着京津冀一体化进程的加快，行政协议的签署成为地方政府间合作的重要治理机制。据不完全统计，2014 年以来京津冀三地签署的行政协议包括《京津冀国际科技合作框架协议》（2014 年 4 月）、《京津冀协同发展疾病预防控制工作合作框架协议》（2014 年 5 月）、《京津冀协同创新发展战略研究和基础研究合作框架协议》（2014 年 8 月）、《京津冀档案事业协同发展合作框架协议》（2014 年 8 月）、《京津冀质量发展合作框架协议》（2014 年 9 月）、《京津冀协同发展税收合作框架协议》（2014 年 10 月）、《京津冀警务航空合作机制框架协议》（2015 年 4 月）、《京津冀高分数据应用战略合作框架协议》（2015 年 11 月）、《京津冀区域环境保护率先突破合作框架协议》（2015 年 12 月）、《京津冀三地文化人才交流与合作框架协议》（2016 年 5 月），等。虽然这些合作框架协议提出了加强合作和协调机制的条款，但缺乏约定协议履行中纠纷的解决机制，努力寻求解决协议纠纷的政策及机制，是京津冀协同治理发展的现实企求。

① 张阿凤:《区域经济一体化进程中的行政协议研究》，天津师范大学 2008 年硕士学位论文。

三、完善京津冀政府协同治理的利益协调机制

管理协同理论认为，合理的利益分配对管理协同的稳定和发展具有决定性的作用。要实现管理协同的稳定和发展，各管理协同要素之间的分配必须对称，否则管理协同就存在不稳定的因素。[①]

（一）构建多层次的区域合作机制

构建和谐、公平和有效的利益协调机制，首先应充分考虑区域内各主体的利益诉求，创建多层次、网络化、开放的区域治理合作机制来协调相关方的利益关系。

一是搭建平台，创新机制，构建政府新型合作伙伴关系。政府伙伴关系是都市圈各成员政府在相互信任的基础上，为实现共同的目标而达成的共担风险、共享利益的最高层次的长期合作关系。由于市场经济的深入发展和互联网时代的全面到来，任何偏安一隅、故步自封的做法都将被时代所淘汰，一个区域、一个地方的发展离不开其他区域而孤立存在。京津冀三地虽有行政辖区的地理与行政划分，但是在京津冀协同发展的国家战略背景下，政府协同治理是大势所趋。推进三地区域治理，必须建立一种新型的政府合作伙伴关系。

首先，要巩固、加强现有合作平台，重视发挥京津冀行政首长联席会议的作用，使地方政府首脑沟通、协商、谈判、合作机制常态化，形成完善的制度化议事和决策机制。可以探索实行年度执行主席的轮值制度。由于行政首长会期短、召开次数少，因此要强化行政首长办事机构的协调权力，而不是仅仅履行日常行政事务的传声筒。可以仿效长三角区域合作机制，建立京津冀协调会办公室，使其成为行政首脑会议闭会期间的常设议事协调机构。协调会办公室具备了正规的组织形式，使得处理合作事宜的机构得以实体化和专职化。这样，行政首长联席会议制度、政府秘书长协

① 潘开灵等:《管理协同理论及其应用》，经济管理出版社 2006 年版，第 114 页。

调制度和部门衔接落实制度的构建，可以为京津冀政府协同治理提供制度保障。

其次，重视通过区域行政协议规范和协调地方政府间协作关系。地方间协议提供了促进合作规范的资源交换、承诺和信任等机制，也通过克服服务供给中的难题创建了互惠规范，培育了社会资本，在合作中提供了增强未来合作和集体行动的反馈机制。① 要重视规范和完善协议文本。行政协议的条款要完备，一是要写清楚经费如何分担；二是要讲清楚究竟提供哪些明确的服务项目；三是要说清楚终止该协议与重新续约的期限；四是要写清楚如何使得协议生效的程序；五是要写清楚协议进行中的有关监督执行事项；六是要写清楚在执行中如果发生纠纷，应当进行的协调机制及其程序。② 换言之，就是要保证行政协议的签订和运行符合法治的要求。

再次，要建立和完善行政协助机制，实现部门协作法治化。行政协作机制就是无隶属关系的行政机关之间在执行公务的过程中，因某种需要，相互提供方便并协助完成任务的行为。完善的行政协助机制是形成良性、顺畅的部门间关系的关键。要在职能划分清晰的基础上，以法律形式对机构之间的协助行为作出明确的规定。③

最后，要完善沟通交流机制。信息交流对确立区域共同发展的理念至关重要，有利于形成巩固和信任的区域合作关系。沟通交流机制作为地方间对话、谈判和协商的平台和场所，通过召集会议、互通文件、编制工作简报等形式及时通报区域内公共治理的举措、动态，有助于协作共识的达成和协议项目的执行和调整。要发挥好现有党政联席会议的沟通作用，“使辖区的管理者推动协作性讨论而不是辩论和争论，促成共同理解，

---

① ［美］理查德·C. 菲沃克主编：《大都市治理——冲突、竞争与合作》，许源源、江胜珍译，重庆大学出版社 2012 年版，第 101 页。

② 严强：《公共行政的府际关系研究》，《江海学刊》2008 年第 5 期。

③ 蒋敏娟：《中国政府跨部门协同机制研究》，北京大学出版社 2016 年版，第 249—250 页。

产生协作机制，带来新的知识，使参与者形成共同行动的理念和程序”。[①] 因此，协作的过程也是共同学习的过程。

此外，要积极利用互联网、云计算等信息技术，以大数据助力京津冀协同治理。《北京市“十三五”时期软件和信息服务业发展规划》提出：“十三五”期间，京津冀三地将共建大数据综合试验区。三地将强化数据资源的统筹管理和利用，建立京津冀政府数据资源目录体系，并进行公共数据开放共享试验探索，推进公共基础信息共建共享，建立统一的公共数据共享和开放平台体系。在大数据的典型应用方面，三地将瞄准京津冀协同发展重大需求，推动开展大数据便民惠民服务，围绕科技冬奥、环保、交通、健康、旅游、教育等重点领域，探索大数据创新应用、一体化服务协同和产业集聚。京津冀还将开展大数据交易流通试验探索，以数据交易服务推动数据资源的资产化，建立健全大数据交易制度，推动形成京津冀一体化的数据资产交易市场。

二是构建政府与市场的合作伙伴关系。政府与市场的资源配置方式不同，两者之间不存在对立，政府与市场合作伙伴关系能够互相弥补对方单独运行时产生的失灵问题，加快区域治理的进程。京津冀三地建立政府与私营机构合作伙伴关系时，可以通过建设投资开发公司、实施特许经营、与私营机构合资等市场化手段，共同为区域公共产品和服务作出贡献。随着京津冀协同发展进程的加速，越来越多的资金和项目将涌入河北，在能源、交通、环保、城镇化建设上将掀起一轮又一轮的投资热潮，如何利用市场机制招商对接，推动基础设施建设和公共服务一体化改革，将是一项新的课题。

当前，京津冀协同治理的启动和实施需要大量的资金，当然专项支出、补贴、税收优惠等财政手段可以提供支持，但最重要的，要靠“四两拨千斤”式地拉动、引致社会资本、民间资金跟进，才能为区域治理提供

---

① ［美］罗伯特·阿格拉诺夫、迈克尔·麦圭尔：《协作性公共管理：地方政府新战略》，李玲玲等译，北京大学出版社 2007 年版，第 165 页。

资金保障。[①]因此，需要投融资机制的创新，引导金融机构和社会资金参与区域内大型跨界基础设施和大型公共服务设施建设等。国务院办公厅转发的《关于在公共服务领域推广政府和社会资本合作模式的指导意见》要求："广泛采用政府和社会资本合作模式提供公共服务。在能源、交通运输、水利、环境保护、农业、林业、科技、保障性安居工程、医疗、卫生、养老、教育、文化等公共服务领域，鼓励采用政府和社会资本合作模式，吸引社会资本参与。"河北省已设立PPP（政府与社会资本合作）京津冀协同发展基金，基金总规模初步拟定为100亿元，为目前全国唯一的一支区域性基金。截至2016年9月，河北省市县三级PPP项目库共入库项目498个，投资额9582亿元，分别比2015年末增长72%和113%。22个PPP项目签约落地，投资额达1247亿元，太行山等高速公路项目包投资额898亿元，是全国最大的PPP落地项目。政府和社会资本合作成为公共服务供给机制的重大创新。

三是构建政府与社会新型合作伙伴关系。社会组织是中国特色社会主义现代化建设的重要力量，是国家治理、社会治理的最具活力的力量，自然也是京津冀协同发展的先行者和生力军。虽然京津冀三地社会发育程度不高，但是京津冀区域治理时不但要发挥地方政府的主体作用，还要将社会组织和公众吸引进来。满足社会和公众参与公共治理的需求，提供利益表达的渠道，能填补政府和市场机制的缺陷。目前，天津有几十家社会组织直接组织或参与三地之间的公益活动、同业论坛，社会组织在推动公益慈善事业发展、培育发展新兴产业联盟、促进技术交流与经贸合作、推动跨区域金融业交流合作、积极推进城市规划一体化研究、促进文化教育交流合作、建立三地应急救援联动机制等方面发挥突出功能。[②]经验表明，通过社会组织的建设，推动社会实现网络化治理，不断提高社会资本水

---

① 贾康：《京津冀一体化：政府与市场——基于高水平规划及政府行为优化实施投融资支持》，《行政管理改革》2014年第10期。

② 伍欣：《京津冀社会组织：构筑协同发展的命运共同体》，《中国社会组织》2016年第9期。

平，不但能有效支撑经济结构的完善和经济总量的持续增长，而且也是治理现代化区别于传统政府管理的最明显的标志。①

2014 年，北京出台了《北京市承接政府购买服务社会组织资质管理办法（试行）》，天津出台了《关于政府向社会力量购买服务管理办法的通知》。这些文件中对于承接的主体没有地域性限制，这就意味着外省市的社会组织都可以参与当地的购买服务，因此鼓励、支持河北省社会组织能力建设，积极参与跨区域政府购买服务，建立京津冀社会组织合作机制恰逢其时。②

（二）完善合理的利益协调机制

利益分配是区域合作治理的核心问题。京津冀区域合作所面临的现实困境主要在于利益格局的失衡，因此，推进区域合作的关键在于构建制度化的利益平衡机制，包括利益共享、成本分摊和利益补偿机制。区域治理的成功运行，首先应协调多方利益，通过利益共享来调动区域内各方对于区域治理的参与积极性。区域治理绩效的红利既然由各方包括中央共享，因此明确各级政府分担治理绩效的成本，才有持续合作激励的形成。利益共享关注的是效率，利益补偿强调的则是公平。利益补偿机制有助于减少受损群体的不平等感和利益剥夺感，有助于协同治理持续和健康运行。

1. 建立合理的利益共享机制

区域治理协调机制的根源在于能否实现利益共享。京津冀一体化的核心是解决首都“大城市病”问题，必然涉及产业转移和企业税收的问题，如何分配好产业转移的税收权益是利益共享机制的核心。很长时间以来，为了争夺产业转移的机会，不少地方出台各种税收优惠政策，严重干扰了市场的资源配置，导致地方间恶性竞争。为了解决这一难题，2014 年 10 月，三地税务部门签署了协同发展税收合作框架协议，提出在推进京津冀

① 从屹:《调动社会组织力量助推京津冀协同发展》,《天津日报》2016 年 2 月 15 日。

② 李妙然、彭青:《河北省社会组织管理体制创新研究——基于京津冀协同发展视角》,《河北经贸大学学报》(综合版) 2016 年第 2 期。

协同发展税收政策构建与完善、逐步统一税收政策执行标准、建立税收利益协调机制、加强税收征管协作等八个方面展开合作。2014 年 5 月 12 日，北京中关村海淀园在国内建立了首个分园——秦皇岛分园。经海淀区和秦皇岛双方商定，对转移企业实施 4：4：2 的税收分享政策，即对企业产生税收的地方留成部分进行切分，20% 作为园区产业扶持资金，余下 80% 由秦皇岛经济技术开发区对半分成。这种“442”税收分成共享机制不仅让企业得利，也使两地实现了共赢，这个个案成为区域合作中利益共享的经典案例。

在中国，税收利益关系不是简单的地方之间的利益协调，而是关系到中央与地方、地方之间利益的综合博弈。2015 年 6 月，财政部、国家税务总局发布《京津冀协同发展产业转移对接企业税收收入分享办法》（财预〔2015〕92 号）（以下简称《分享办法》），明确了企业迁入地和迁出地在三大税种上（企业所得税、增值税、营业税）实行税收收入“五五分成”方案。该政策涉及中央财政补助以及京津冀三地地方税收收入的分配，目的在于协调京津冀协同发展产业转移中三地税收利益关系。

《分享办法》的出台，体现了中央对税收制度的超前布局，为京津冀协同发展产业转移创造了基本条件。但也有专家从法治的角度进行评价，认为相关主体在税收收入分配中的关系不够清晰，缺乏民意表达机制和透明的决策程序。① 从税收分配方面讲，由于河北省是主要产业迁入地，考虑到河北省财政实力相对较弱的现实，河北应获得更多支持，这也符合京津冀协同发展的要求。

2. 建立明确的成本分担机制

京津冀协同发展的动力在于利益的分享，利益分享难题的破解离不开协同成本的分担。比如批发市场搬迁，不只是批发市场税源流失这么简单。搬迁之前，劝说商户搬走以及相应的补偿成本就不小，尤其是对那

① 李大庆：《政府间税收利益协调的法律机制——以京津冀协同发展税收收入分配政策为例》，《税收经济研究》2016 年第 4 期。

些已经在北京生活多年且已置业的商户；搬迁之后，原有土地需要重新整理、规划，建设成为绿地、公共活动区间，这就意味着将来能够通过土地获得的收益大为减少。相应地，承接批发市场的地方也会发生一系列成本，如征地、土地整理、建筑大楼等等。这些成本谁来承担都是需要考虑的问题。除了产业转移的成本，三地在环境保护、公共服务提供等方面也有必要探讨成本分担机制。比如，为保护环境、减少大气污染，三地的产业会受到限制，尤其是河北当地的产业受到很大限制。解决这些问题，需要打破行政壁垒，探讨建立协同发展成本分担机制或收益共享的长效机制。①

当前，交通一体化是实现京津冀一体化的基础，京津冀经济与社会的发展需以交通先行发展为前提。但是，京津冀交通建设既存在着恶性竞争、重复建设、资源浪费等现象，也存在着必要的交通设施建设没有进行、断头路大量存在等问题，京津冀三地之间仅“断头路”就多达 2300 公里。建立健全可持续交通治理机制是保障交通长期有效运行的关键，而建立适合京津冀三地在交通建设、运营、管理等方面的利益平衡与负担分担机制对于区域的长远发展具有战略意义。目前承担了城际铁路规划、投融资等职责的京津冀城际铁路投资有限公司是三地政府平衡利益与分担风险的一个很好的尝试。②

按照 2014 年 12 月 30 日三地四方签订的合作协议，投资公司初期注册资本 100 亿元，由京津冀三省市政府及铁路总公司按照 3∶3∶3∶1 的比例共同出资成立。其中，京津冀三省市同比例出资，体现三地对等关系；吸收铁路总公司入股，既充分利用其丰富的铁路建设、运营管理经验，又盘活铁路既有站场、线路资源。按照方案，投资公司成立后侧重于战略谋划和投融资运作，组织编制城际铁路建设规划，同时由投资公司作为发起人，以具体线路为对象，吸引社会投资人共同出资成立项目公司，

① 陈琴:《京津冀税收:“分”与“享”》,《新理财》(政府理财)2015 年第 8 期。

② 王开广:《交通不畅成制约京津冀发展瓶颈专家呼吁建立利益平衡与负担分担机制》,《法制日报》2015 年 11 月 1 日。

形成“1+N”的公司框架。《北京交通发展纲要（2014—2030年）》计划到2020年，形成京津冀9000公里的高速公路网和主要城市3小时公路交通圈，9500公里的铁路网和主要城市1小时城际铁路交通圈。这样庞大的交通一体化工程需要三地在交通建设责任分担、利益成果方面形成机制化的协定。

除了交通一体化，在产业转移、生态环境治理等方面，京津冀应及时总结经验，摒弃零和博弈思维，仔细考虑一体化建设前期投入和后期利益的分配问题，通过协同立法的方式逐步建立利益平衡与成本分担的规则，形成三地“共建、共享、共赢”的利益协调机制。河北省《关于贯彻落实环渤海地区合作发展纲要》实施意见、《河北省建设京津冀生态环境支撑区规划（2016—2020）》提出：“推动建设环境容量分担机制，对河北承接京津产业转移项目或公共事业项目，按项目投资或利税分成比例，分担能耗和排污指标。”这里，环境容量既包括土地、气候、资源等自然条件，也包括环境基础设施等人工条件，如道路、供水、排污、供热、公厕等环境基础设施及相关服务的建设和供应状况。政府通过建立合理的利益（风险）分担机制，能够改善合作环境，保证项目后期的顺利运行。

3. 建立多元化利益补偿机制

近年来，京津冀区域发生严重雾霾问题，河北面对中央的行政压力和民众的舆论压力必须采取特别手段来治理环境问题。自2014年始，河北省开展“6643”工程，到2017年底确保完成削减6100万吨的水泥、4000万吨煤炭、3600万重量箱玻璃的过剩产能任务，这对河北省地方经济发展造成了严重的影响及巨大的直接经济损失。数据统计，削减过剩产能的结果是河北省将有54.7万名职能面临下岗和再就业，包括钢铁行业的40余万人、水泥行业的6万余人以及玻璃行业的5万余人。基本估算，关于钢铁行业的减产减能任务，将减少河北省500多亿元的税收，为此，河北省每年要增加社保投入130多亿元。唐山是河北地区的钢铁、煤炭大市，到2017年，要削减粗钢产能4000多万吨、铁2000多万吨，导致10万多人面临失业。在国家政策的影响下，唐山市及邯郸市在2014年的工业企业直接亏损分别增加了24.6%和35.4%，包括唐山迁安、滦县、邯郸大名等地的钢企出现了拖欠员工工资、融资困难、债务危机等严重问题，这些问题的集聚如果处理不当将会引发严重的社会危机。

《河北省经济发展报告（2015）》显示，在落实2013年9月出台的《京津冀及周边地区落实大气污染防治行动计划实施细则》后，河北省2014年前三季度GDP增速由上年同期的8.5%滑至6.2%，增速列全国倒数第4位，而天津市同期的增速依然保持在10%的高位，高居全国第4位，北京市2014年前三季度的GDP增速保持在7.3%，只比上年同期下滑0.4个百分点。① 河北省在改善自身环境的同时，也减少了污染的区域传输，为区域环境改善作出了贡献，但却没有按照市场价格机制获得应有的损失补偿和利益回报。因此，中央政府在疏解北京非首都功能、解决京津冀地区环境问题的同时，需要通过一些产业政策及财政手段辅助河北省处理好发展中的棘手问题。为此，我国经济学家陈栋生曾指出："区域政策的作用既然旨在弥补市场机制的缺陷，是为了缓解追求效率与效益过程中伴生的公平失衡，就必须首先明确区域政策构建的原则——补偿原则，即通过国家财政援助，信贷优惠等措施，使自然条件和历史基础差、区位偏僻等地区，得到一定程度的补偿，以减少或消除客观条件造成这类地区在市场竞争中的不利地位，使这类地区的经营主体能与其他地区企业竞争中处于相近或同一的起跑线上。"②

多元化利益补偿机制包括政策补偿、资金补偿、实物补偿、对口协作、产业转移、人才培训、共建园区等多方面措施。③ 一是要统筹生态补偿的顶层设计工作，完善区域内补偿资金筹集、调配、运作、管理和财政转移支付、税收等政策，建立生态补偿相关法律法规，科学制定补偿

① 马树强等:《河北经济蓝皮书：河北省经济发展报告（2015）》，社会科学文献出版社2015年版，第205页。

② 陈栋生:《区域经济的实证研究》，内蒙古文化出版社1993年版，第204页。

③ 王喆、周凌一:《京津冀生态环境协同治理研究——基于体制机制视角探讨》，《经济与管理研究》2015年第7期。

要素、补偿依据、补偿支付模式、补偿范围等，明确区域生态补偿指标体系。二是要在加大财政转移支付力度的同时，采用市场化、社会化方式，设立区域生态补偿专项资金，积极推进建立京津冀跨区域排污权交易市场。三是要按照谁受益、谁补偿、生态共建、资源共享、公平发展的原则，建立区际横向生态补偿制度，在国家统筹协调下，围绕资金落实、量化机制、损失和补偿评估机制、资源议价等方面进行全方位设计，不断扩大生态补偿覆盖面。四是要探索建立京津冀流域水环境补偿机制，建立流域性水资源使用权转让制度，推行跨域污染控制补偿机制。五是要通过有力的投资诱导政策和技术扶贫政策，鼓励京津清洁技术和生态型产业向河北转移扩散。六是要鼓励京津冀共建“飞地园区”，共享保护与发展成果。七是要注重对生态补偿实施情况进行评估，对生态补偿资金使用效益开展专项审计，及时发布相关结果，接受社会公开监督。

三、完善京津冀政府协同治理的法治协调机制

良好的制度安排、合理的组织架构和完善的合作机制是政府协同治理的基石。府际合作和协同治理过程是利益关系的博弈、调整过程，需要发挥政策、制度和法律的导向、平衡和调节作用。法律是市场交易的准则、投资安全的保障和政府行为的尺度，“没有合适的法律和制度，市场就不会产生任何体现价值最大化意义上的效率”。① 法律是利益关系的调节器，是协调区域利益关系的最佳途径，要保障区域一体化发展中府际合作治理的连续性、稳定性、系统性和协调性，并取得预期的效果，必须将合作治理纳入法治轨道，加强区域法治建设。② 区域法治建设是协调区域内主体间利益关系、促进区域可持续发展、提升区域核心竞争力、营造区域科学

① ［美］布坎南：《自由、市场和国家》，平新乔等译，北京经济学院出版社 1988 年版，第 79 页。

② 石佑启：《论我国区域府际合作的法律治理模式与机制构建》，载周佑勇：《区域政府间合作的法治原理与机制》，法律出版社 2016 年版，第 34 页。

发展良好环境、实现区域一体化发展的重要保障。

区域法治是国家法治建设的重要组成部分，是“区域共同体在国家法治的基本框架内，根据本区域经济社会发展的实际情况，就依法限制公共权力、保护公民自由与权利、调节社会关系所做出的建设性努力及相应的具体制度安排和法治实践”。[①] 区域法治发展是区域经济社会的内在要求，区域法治建设的短期目标是通过区域立法、司法与执法协作，发挥区域间的制度合力，解决区域经济社会发展进程中面临的共同问题，推进区域一体化目标的实现；区域法治发展的长期目标是通过区域法律治理实践，带动落后区域的法治建设，提升区域政府依法行政的能力，培育公民参与的法治观念，促进法治政府、法治社会和法治国家的实现。

在当前区域法治实践中，一些地方政府通过加强立法合作、执法合作、司法合作来推进区域法治建设，发挥了区域法治对地方经济发展和社会进步的引导和保障作用。[②] 例如，2006 年 7 月，辽宁、黑龙江、吉林三省政府法制办在沈阳签署《东北三省政府立法协作框架协议》，开启了我国区域性立法协作的进程，后又在 2009 年召开东北三省政府法制工作协作会议，将区域法制合作扩展到政府执法协作领域。在长三角地区，经过多年的区域合作，形成了行政协议与行政磋商两种机制。行政协议的缔结形式是行政首长联席会议，磋商机制是由苏浙沪常务副省（市）长之间直接进行磋商的协调机制。2007 年 9 月，两省一市在上海共同签署《苏浙沪法制协作座谈会会议纪要》，明确了通过立法统一，协调区域经济社会共同发展的指针。

除了东三省、长三角地区，我国其他区域政府合作法制协调制度还不成熟，甚至刚刚进入萌芽状态。加强政府合作法制协调的制度建设，实现政府合作法制协调的制度化、规范化，是依法治国和依法行政的必然要

① 蔡宝刚：《增进区域法治发展的法理证立》，载公丕祥：《变革时代的区域法治发展》，法律出版社 2014 年版，第 104 页。

② 潘高峰：《区域经济一体化中政府合作的法制协调研究》，人民出版社 2015 年版，第 66—67 页。

求。京津冀区域协同发展需要统一的法制作保障，法律制度、法制实践的有效衔接和协调是推动京津冀区域政府合作的前提。完善京津冀区域政府合作立法、执法和司法协调机制，营造京津冀协同发展的法治环境，对于促进要素自由流动、市场开放统一、环境一体保护、利益合理分配，促进京津冀一体化发展和公共事务的有效协同治理具有重要的意义。

（一）京津冀政府协同治理的立法协调

政府协同治理的立法协调是在政府合作治理背景下，为促进区域经济协调发展和实现区域公共事务的善治，以构建协调统一、和谐有序的区域立法体系，营造规范透明、公平正义的区域法治环境为目标，推动地方人大和政府机关开展区域立法活动的一种协调活动或行为。①立法协调既是一种立法结果（法律）处于一种和谐有序的静态状态，又是立法内部协调和外部协调的动态状态。从区域立法协调的内容上看，立法协调既包括立法活动本身的协调，也包括立法结果在立法体系中的协调，还包括立法结果与区域经济社会协同发展相适应的状态。在此意义上，区域立法协调机制涵盖协调区域立法活动本身、立法体系以及立法适应区域协同发展的各种原则、规则和制度。②

1. 京津冀政府合作立法协调工作的进展

与长三角、珠三角相比，京津冀立法协调启动较晚。2009年，由北京市政府法制办发起，京津冀及相关省市签署《环渤海区域政府法制工作交流协作框架协议》，建立了包括京津冀三地在内的环渤海区域制度完善与对接机制，在环渤海区域法治环境优化方面开展了有效的协作。2010—2014年，京津冀区域合作步伐加快，京津冀三地政府签署了大量的区域合作协议，涵盖科技、人才开发、物流、旅游、城乡规划、建筑市场、打击传销等多个方面，并逐渐扩大到环保、交通、农业、卫生、应急、质

① 潘高峰：《区域经济一体化中政府合作的法制协调研究》，人民出版社2015年版，第84页。

② 陈光：《区域立法协调机制的理论建构》，人民出版社2014年版，第53—62页。

监、海关等多个领域。这一时期，以政府为主导的区域合作领域不断深化，同时也面临着缺乏立法协同所产生的一些问题，如产业政策不一致、市场不统一、地方保护主义等，促使京津冀三地意识到加强区域立法协调的重要性。①

随着京津冀协同发展成为国家战略，区域立法合作被提上了议事日程。按照《京津冀协同发展规划纲要》精神，京津冀人大常委会和政府法制机构分别签署了《关于加强京津冀人大协同立法的若干意见》和《京津冀政府法制工作区域合作协议》。2015 年 5 月，京津冀三地人大常委会主任会议审议通过《关于加强京津冀人大协同立法的若干意见》，确定加强立法沟通协商和信息共享；构建与协同发展相互适应、相互支撑、相互促进的协同立法机制；加强重大立法项目联合攻关；加强地方立法理论研究协作；加强人大立法工作经验和立法成果共享；建立健全立法干部队伍学习培训交流机制；建立三地轮流负责的京津冀协同立法组织保障机制等七项重点内容。同年 8 月，北京、天津、河北人民政府法制办公室签署《京津冀政府法制工作区域合作协议》，确立地方政府立法合作目的：加强三地立法协同，促进三地立法资源优势互补和立法协调统一，为京津冀协同发展提供扎实制度保障，以及现有制度联合清理、立法计划沟通协调、重大立法项目联合攻关、立法人员深入交流四项工作措施。

为深入推进协同立法，2017 年 2 月 14 日，由河北省人大牵头起草的《京津冀人大立法项目协同办法》经京津冀人大第三次立法工作联席会议原则通过，并明确 2017 年立法协同项目聚焦于道路运输管理方面，标志着三地立法项目协同机制正式确立。这次会议从具体项目入手，进入了操作层面，实现了从松散到紧密、从单一到统筹、从口头到制度的转变，在顶层设计和制度安排上实现了新的突破。京津冀人大立法项目协同机制的正式确立在立法保障方面为三地协同发展提供了法律支撑。

① 赵树堂等:《立法机关科学立法工作区域协作机制的成果探究与深化建议》,《第七届法治河北论坛：京津冀协同发展法治保障研究论文集》2016 年 11 月 8 日。

在重点领域，京津冀三地立法合作主要在四个方面开展。一是按照三地加强立法沟通协商和信息共享的要求，充分考虑京津冀协同发展的需要，注意吸收彼此意见，一方先行启动的，及时向其他省市通报项目进展情况和立法研究成果。以《河北省大气污染防治条例》《河北省大型群众性活动管理办法》等为代表的立法项目，在立法审议过程中，河北与北京、天津两地人大以及政府法制机构进行了充分协商沟通，并就有关问题征求意见和建议，体现了京津冀三地构建与协同发展相互适应、相互支撑、相互促进的协同立法机制。天津市在制定《天津市水污染防治条例》过程中，将法规草案送北京市、河北省征求了意见。经过多次沟通，条例专门设第八章规定了区域水污染防治协作的内容。《天津市关于农作物秸秆综合利用和露天焚烧的决定》也是在充分借鉴河北省相关条例的前提下制定的，尤其是法律责任方面与河北的规定基本一致。

二是加强重大立法项目联合攻关，在生态环保方面率先取得实质性突破。鉴于大气污染物的流动扩散特征，实施联防联控联治，才能达到共同治理效果。2014 年 3 月 1 日起，《北京市大气污染防治条例》开始施行。2015 年 3 月 1 日起实施的《天津市大气污染防治条例》，将“区域大气污染防治协作”作为一章单独规定，用 5 项条文对大气污染防治协调合作机制进行了明确。2016 年 3 月 1 日起实施的《河北省大气污染防治条例》专章规定“重点区域联合防治”，对京津冀地区在大气污染上建立防治协调机制、区域联动执法、信息资源共享、联合科研开发等方面进行了规范。大气污染防治立法成为京津冀重大立法项目联合攻关的范例。在交通领域，2017 年 2 月在河北座谈会上，三地共同商定将河北省道路运输条例和天津市公路管理条例作为立法协同项目。①

三是结合各地实际，积极主动推进地方立法工作。三地围绕京津冀协同发展规划纲要，基于不同的侧重，先后制订了一系列有利于协同发展的地方性法规和政府规章。例如，河北省面临着抓好污染治理和生态修复重

① 熊菁华:《京津冀人大立法协同在路上》,《北京人大》2017 年第 3 期。

要任务，重点出台了《国土保护和治理条例》《地下水管理条例》《固体废弃物污染环境防治条例》《大气污染防治条例》《水功能区管理规定》《用能和排污计量监督管理办法》《达标排污许可管理办法》等地方性法规和省政府规章；围绕规范政府行为，河北省制订了《行政机关行政应诉办法》《行政许可目录管理办法》等规范政府共同行为的立法。天津市在行政管理体制方面实施了“十个一”改革创新措施，制订了《天津市街道综合执法暂行办法》，推行了“一个平台搞监督”的创新举措，制订了《天津市行政执法监督平台管理暂行办法》，实现了以信息化手段对市级行政执法机关、区县人民政府及其执法机关和街镇综合执法的行政执法相关信息的归集和处理。

四是联合厘清地方性法规、政府规章和规范性文件，破除制约发展的制度障碍。《关于加强京津冀人大协同立法的若干意见》指出，要注意清理与京津冀协同发展不相适应的地方性法规，及时作出修改或者废止决定；《京津冀政府法制工作区域合作协议》明确要求“现有制度联合清理”机制，对不利于京津冀协同发展的政府规章和规范性文件进行联合清理，对重要规范性文件开展审查协作，注重弥合三地立法理念和立法标准差异，注重打破行政区域壁垒和地方保护主义。2014 年以来，河北省积极进行了地方性法规的清理工作，连续修改了《河北省水污染防治条例》《河北省地方铁路条例》等 11 部法规，废止了《河北省个体工商户条例》《河北省经济信息市场管理条例》等 7 部法规。此外，按照上述要求，河北省围绕违法成本偏低的问题，及时提请省人大常委会修改《河北省人民代表大会常务委员会关于贯彻实施〈中华人民共和国行政处罚法〉的决定》，提高政府规章设定行政处罚的限额，涉及公共安全、人身财产安全、生态环境保护、有限自然资源开发利用等领域的行政处罚罚款限额提高到 10 万元，与京津地区一致，有效改善了执法环境。

2. 京津冀政府合作的立法协调原则

京津冀政府合作的立法协调是我国区域一体化进程中的地方立法协调活动，既要坚持立法协调主体间的平等合作原则，坚持协调活动对区域经济社会发展的适应性，又要坚持立法结果与法律体系的统一性、连续性和稳定性。

一是京津冀立法协调要坚持服务于京津冀协同发展国家战略、促进区域共同发展的原则。

京津冀协同发展涉及城市布局和空间结构的调整优化，现代化交通网络系统的构建，环境容量生态空间的扩大，产业升级转移和公共服务共建共享等方方面面，综合性系统性强，难度系数很大。为落实重大国家战略和实现具体功能定位，三地要坚持协同发展、重点突破、深化改革、有序推进的工作原则，加快破除体制机制障碍，推动要素市场一体化，构建协同发展的体制机制，加快公共服务一体化改革。因此，要深刻认识国家战略的意义，按照国家区域发展的推进步骤，促进京津冀协同发展的重点领域立法，在交通一体化、生态环保、产业升级转移等方面率先突破，谋划和推进重大立法项目联合攻关。在此基础上，加强要素市场一体化、行政管理体制改革、公共服务一体化等领域方面的立法协调，为京津冀协同发展营造公平高效、充满活力的法治环境，实现各地利益平衡协调以及区域经济、社会、生态整体协调。

二是京津冀立法协调要坚持主体间的平等合作原则。

主体间的平等合作指协调主体之间在协调的地位、机会、程序、内容、范围等方面的平等合作。在开展立法协调时，京津冀各方在立法协调中的地位应该是平等的，不能基于行政地位和经济地位的差异或差距而赋予一方凌驾于另一方的特权，否则协调将进行不下去；京津冀区域各方参与立法协调的机会应该是平等的，在决定区域合作等重大立法问题上，应尽可能使所有利益相关方参与进来，充分尊重各方的诉求和意见；在协调程序上，各立法主体在程序面前应一律平等，通过设置平等的程序，让各方都参与到协调进程中来，避免为主体参与协调设置程序上的障碍；在协调内容和范围上，应基于自愿自主原则进行沟通和协调，以保证立法内容符合各方的愿望。

三是京津冀立法协调要坚持协调活动对区域经济社会发展的适应性

原则。

协同立法是推进京津冀协同发展的必然要求和必经之路。《中共中央关于全面推进依法治国若干重大问题的决定》明确指出，要“坚持立法先行，发挥立法的引领和推动作用”，“实现立法和改革决策相衔接，做到重大改革于法有据、立法主动适应改革和经济社会发展需要”。《京津冀协同发展规划纲要》出台以来，京津冀协同发展的空间不断深化，但仍面临一些深层次问题亟待解决，必须以法治的方式优化制度设计，构建法治化的协作机制和利益协调机制，突破行政壁垒、冲破地方利益藩篱，推进京津冀政府协同治理。

法律规范的供给只有同经济社会发展主题相契合才能具有旺盛的生命力。因此，不论是政府主导的立法协同还是人大机关的立法协同，都应围绕京津冀区域协同发展面临的迫切问题和人民群众关心的现实问题，科学选取立法项目，完善紧密型立法合作机制，进行立法协作、联合攻关；而且，随着京津冀区域经济社会关系的深刻变化，区域内各方共同利益日益增多，立法协调的领域也会越来越广泛，立法合作的内容必须及时回应京津冀区域经济社会发展的现实需要和人民群众的重大关切，对于一些重要领域或者重要项目尚未立法的，应及时填补法律空白，以促进京津冀协同立法内容的统一性和融合性。当然，对于与协同发展不相适应或者与上位法相抵触的法律规范性文件以及立法规划、计划等，应及时进行审查和清理，作出修改、废止决定，或者及时提升立法位阶，提高协同规范的严肃性和权威性。

四是京津冀立法协调要坚持立法结果与法律体系的统一性、连续性和稳定性原则。

京津冀协同发展是一个长期的过程，不能一蹴而就，国家战略的实施和实现需要长久和稳定的政治和法律环境。我国是单一制国家，维护国家法制的统一和尊严是宪法和立法法的基本要求，只有建立和完善统一的法律制度，才能保证法律的平等适用和统一大市场的建立。因此，作为打破行政垄断、破除地方保护主义、克服地方立法冲突，以及建立共同市场行为规则的重要法律机制——区域协同立法，其体系、机制和活动既要体现区域法治特色，也必须遵循国家法制统一的原则，尊重国家法治的权威性（如设区的市与京津的行政协议不得与京津冀协同立法或者省级地方性法规相抵触），在国家法治统一的框架内有序地构建和推进。而且，京津冀协同发展作为国家战略，其健康运行依赖于稳定、长久和权威的软环境，这与法律的统一、稳定和连续性等品格要求是一脉相承的，通过法律法规的确认、调整和规范，可以有效保障和促进国家战略的健康运行和顺利推进。

3. 京津冀政府合作的立法协调机制的完善

构建与京津冀协同发展相互适应、相互支撑、相互促进的立法协调机制，是协同立法工作的核心，京津冀协同立法要着力构建区域立法的协同机制和制度平台，形成相对统一的区域制度框架和实施细则，实现区域内制度融合、利益整合和整体利益的最大化。

第一，加强立法沟通协商和信息共享机制。立法沟通和信息共享是在立法规划、年度立法计划、立法项目等方面的协商沟通和立法信息的收集、使用、意见反馈等方面展开合作与共享，以提高立法质量，降低立法成本，促进法律统一的立法协调活动。在京津冀区域协同发展法治化推进中，地方人大立法立项更加顾及全局，且更为超脱，有助于克服本位主义和地方保护主义，因此人大立法协调在系统性、完整性上，在跨省的重大、综合事项的立法论证上要优先于地方政府的立法论证。为此，要建立健全“京津冀立法工作联席会议制度”，充分发挥人大及其常委会在协同立法中的主导作用，同时各省级政府法制机构加大重要立法起草力度，积极配合人大做好区域科学立法工作。

《关于加强京津冀人大立法工作协同的若干意见》指出：三地人大常委会法制工作部门在开始拟订立法规划和年度计划时，要将总体思路向其他省市及时通报。在立法规划和年度计划征求意见过程中，要同时征求其他省市意见。对三地共同关注的重点立法项目、关联度高并需要协调推动的立法项目，要尽可能同步安排在立法计划的同一档期。对年度立法计划中相同主题的立法项目，在工作进度上要尽可能同步推进，在制度规范上尽可能增强一致性、协同性和融合性。一方先行启动的，应当及时向其他省市通报项目进展情况和立法研究成果，并就有关问题征求意见和建议。对在单一区域内施行而又需要其他省市予以配合对接的立法项目，要主动向其他省市提出意见建议，其他方要积极予以协助。对由于立法进度不同，需要相互学习借鉴的立法项目，要采取互送工作简报、走访座谈、实地考察等多种方式，共享有关参考资料、主要制度安排等重要立法信息。

总的来看，搭建快捷、顺畅、准确、完整的立法信息交流平台，至少应该建立起六方面的立法信息交流管道：立法信息（电话、视频、网络等）动态通报制度；立法信息简报交叉双向寄送交流制度；地方立法交叉备案审查制度；京津冀协同立法网站；定期召开立法工作经验和立法成果的交流会；开展地方立法理论研究协作活动等。①

第二，围绕京津冀协同发展规划纲要，科学选定立法项目。目前，除了大气污染防治、水污染防治领域等已经开展的协同立法项目外，要在人才和其他市场要素自由流动、基础设施建设管理、扩大中关村国家自主创新示范区和中国（天津）自由贸易试验区改革创新成果、重点生态功能区生态补偿机制以及推动地区间建立横向生态补偿等方面，加强重大立法项目联合攻关，为京津冀协同制定相关地方性法规提供支撑。

促进生产要素流动的立法协调是推动京津冀协同发展的基础。“生产要素的流动与区域一体化有着密切的联系。生产要素在国家间、地区间分布的不均衡性，决定了生产要素在国家间、地区间是流动的而不是静止的。生产要素总是从禀赋充裕的地区流向禀赋稀缺的地区，以获得更多的效益。从某种意义上说，生产要素流动可以在一定程度上改变一个国家或地区的要素禀赋状况。”②因此，强化生产要素在区域间的自由流动，消除

① 南振兴、孙日华：《京津冀立法协同机制的构建》，《第七届法治河北论坛：京津冀协同发展法治保障研究论文集》2016 年 11 月 8 日。

② 于刃刚、戴宏伟：《生产要素流动与区域经济一体化的形成及启示》，《世界经济》1999 年第 6 期。

区域间市场准入门槛的差异，是京津冀协同发展的现实需要和统一市场的基本要求，更是法治社会里法律制度的引导和保障价值的集中体现。在京津冀立法协调工作中，政府要查找阻滞生产要素流动的障碍，找出制约生产要素自由流动的体制机制，通过利益引导和疏通，建立完善适合地方经济发展的利益共享和实现机制，并对损害区域经济一体化发展的地方保护主义予以惩戒，促进生产要素在区域间的合理分配和自由流通。同时，对条件已经成熟的体制机制和做法，及时上升为地方性法规和规章，为区域经济和谐发展提供强有力的法治保障。

当前，雄安新区的设立是京津冀协同发展的关键一环。雄安新区在功能上是首都的副中心，行政隶属关系在河北省，三地是三个行政区，构成你中有我、我中有你的镶嵌结构。物理上的镶嵌结构必然要求三地实现政策、法律的融合。此外，雄安将容纳集聚在京津的产业资源，同时有配套的科研、医疗等资源，这就可能面临着各种生态环境、产业发展和社会管理问题。因此，雄安新区的长远发展和建设迫切要求区域环境治理、产业规划、就业体制、社会保障、土地管理体制等方面的制度创新，要建立适合雄安新区建设的相关法律协同机制，为立法协同开辟道路、清除壁垒、破除制度障碍和行政瓶颈制约，加快推进雄安新区建设的政策制度化、法律化。

在协同立法模式上，《京津冀人大立法项目协同办法》指出：协同立法项目应由京津冀三方共同商定。协同立法项目的起草可采取三种方式，即一方起草，其他两方密切配合；联合起草、协同修改；三方商定基本原则，分别起草。拟定协同立法项目草案，三方可以同步调研、同步论证、同步修改，对涉及的难点、重点、焦点问题进行联合攻关。协同立法项目草案中有关规范京津冀三方区域合作、联防联控、联合执法等内容，确需统一标准的，三方应当趋同。协同立法项目草案涉及因功能定位不同或者本地特色的内容，可充分体现各自的功能定位和地方特色。此外，也有学者建议可将立法事项委托给相关学术团体、科研机构等制定示范性文本，再由各省级地方立法机关履行相应的立法程序，将示范性文本转化为各自的地方立法形式并分别予以公布实施。①

第三，建立区域立法公众参与机制。立法法规定：立法应当体现人民的意志，发扬社会主义民主，保障人民通过多种途径参与立法活动。公众参与区域立法是促进区域立法科学化和民主化的重要机制，应尽可能通过立法调研吸收各方利益主体和利益相关者的意见，让利益主体展示自己的意见，吸纳利益相关者的诉求。例如，在京津冀环境协同治理立法的过程中，由于环境问题涉及民众基本利益及多个行政区共同利益，所以在立法调研时更应听取京津冀、环渤海区域内相关行政部门、社会组织、专家学者以及公民的意见，从而更广泛地获取立法信息，尽可能避免因信息缺失导致的立法失误。②

一般而言，公众参与立法的主要路径有：以个人或联名的方式向立法机关提出立法意见、建议；参加立法座谈会、听证会和论证会；通过立法草案面向社会征求意见发表看法；参加立法工作会议；参与立法宣讲活动；参与立法后评估活动等。为了保障公众参与立法的有效性，需要完善公众参与立法工作的体制机制，包括公众代表遴选机制、立法信息来源机制、公众参与立法程序机制、法律草案社会征求意见机制、立法的公意表决机制等。③ 这些工作机制应涵盖公众参与立法的各个环节。

当前，促进公众参与京津冀区域立法工作，亟须完善公开立法的程序机制。一是明确公众参与立法的范围、程序和方式，通过具体制度安排保障公众参与权利。通过立法规定各种不同类型、不同形式公众参与的程序和方法，使公众参与立法制度化、规范化、程序化。二是进一步公开立法信息，提高公众对立法的知情度。充分利用报纸、电视、互联网等各种新闻媒体；公开立法信息的内容要全面，不仅公开法律草案，还应尽可能地

① 王春业:《区域合作背景下地方联合立法研究》，中国经济出版社 2014 年版，第 139—150 页。

② 王娟、何昱:《京津冀区域环境协同治理立法机制探析》,《河北法学》2017 年第 7 期。

③ 潘高峰、白岩岩:《论构建公众参与立法工作的体制机制》,《政法学刊》2015 年第 6 期。

公开草案的说明、草案的主要问题以及各方面对争议问题的不同意见等。三是建立公众意见的反馈制度。对于通过各种方式征求来的公众对法律草案的意见、建议，立法机关应当分门别类整理加工，根据公众参与方式的不同，将对这些意见、建议的处理情况给予适当回复。在参与活动结束后，有关部门还应当将对各种意见的采纳与不予采纳的情况及其理由，向社会公布。四是总结地方人大在推进民主立法、科学立法方面的新做法、新经验。在经验成熟时及时将有效的制度创新加以规范化和程序化。五是充分发挥人大代表、政协委员在推进民主立法中的积极作用。进一步发挥人大代表、政协委员在开展立法协商中的作用。应当及时将人大代表、政协委员参与立法协商的制度创新，通过必要的制度建设、组织建设和机制建设加以推动与完善。①

第四，通过立法促进行政协议法制化。行政协议法制化是通过立法方式，将行政协议制定的各个方面，包括签订主体、签订程序、生效条件、备案审查、修改等加以法律化，并明确其效力等级，为行政协议的制定、执行以及法律责任提供法律依据和法律保障。对于京津冀协同立法而言，京津冀各区域通过行政协议的方式对本区域内立法关系达成合意，具有软法属性。但是，由于软法缺乏国家强制力的保障，不如“硬法”更能使京津冀协同立法关系稳固，因此，有必要将行政协议纳入法的范畴，使其法律化。当前，应根据京津冀协同发展实际情况，完善行政协议制度，使其条款设置更合理、更具体、更全面。

当前，如何促进合作协议的效力，是提高法治协调质量、推进合作协议执行力的重要问题。有学者提出从四个方面着手完善法制协调的效力的建议。② 一是强化合作协议的立法控制，即通过人大对行政协议进行立法审查，提高协议的含金量；二是建立法制协调的效力审查机制，即在法制协调的启动阶段、文本草拟阶段、协议签订阶段和立法审查阶段对法制协

① 黄建初:《提高立法的公众参与程度》,《人民政协报》2014 年 12 月 25 日。

② 潘高峰:《区域经济一体化中政府合作的法制协调研究》，人民出版社 2015 年版，第 353—356 页。

调的各个环节进行审查，其中，前三个阶段可采用备案的方式在本系统进行，在最后阶段可由政府法制办或者协议签署主体直接向人大呈报已签署的行政协议；三是建立合作纠纷的争端解决机制，通过自行协商、系统内协调、仲裁机构仲裁和司法机关裁决等方式促进争端和纠纷的解决；四是建立法制协调定期通报制度，由国家权威部门或学术研究机构定期对区域合作状况或者区域法制协调状况面向社会公布，督促合作主体重视协调成果的落实。

（二）京津冀政府协同治理的执法协调

行政执法是指行政主体依据法定的权限和程序行使行政权，贯彻和实施法律法规的管理活动。作为行政主体的主要职责，行政执法活动是实现法治行政、打造法治政府的必然要求。随着京津冀区域协同发展的深入推进，区域内公共事务的有效治理、社会矛盾的防范化解和突发事件的应对处理等问题迫切要求各行政区域执法标准统一、执法信息共享、执法人员素质和水平均衡、执法环境公平公正。但是，由于京津冀三地的经济发展程度、社会文化氛围、民众权利意识、政府执法观念水平等的不同，给政府合作执法协调带来极大的挑战。

1. 京津冀政府执法协调合作的必要性

京津冀政府合作执法协调是推进政府依法行政、严格执法、建设法治政府、服务型政府的根本手段和措施，具有多重的功能和作用。

首先，执法协调是调节各方利益的重要抓手。区域执法协调的首要问题是利益问题，由于协调主体之间没有隶属关系，在权利义务上是平权对等关系，因此在区域跨界和公共问题解决上不能采取行政命令，只能依靠协商和谈判的办法。通过执法协调合作，使各方实现互惠互利，都能从执法合作中收益，从而为区域持续合作注入强大的动力。由于社会关系的复杂性，行政执法涉及的矛盾和冲突来自方方面面，要求京津冀行政执法主体以追求公平正义为目的，通过执法合作克服地方保护主义，厘清执法障碍，减少执法冲突，为区域经济一体化营造清正廉明的法治环境，促进区域合作的良性循环。

其次，执法协调是提高区域执法整体效能的重要手段。随着京津冀合作的进一步深入，区域执法问题会愈加复杂和增多，开展区域执法协调活动则为解决这些问题提供了新的思路和途径。通过交流执法信息，借鉴其他地区执法工作的经验和做法，研讨执法中存在的共同难题，形成科学、规范、高效、标准的执法模式，有利于推动区域内热点和难点案件及时解决。同时，执法效率直接影响着政府管制目的的实现，通过加强区域行政执法的不断协调，促进执法合作以及执法人员水平的提高，降低管理成本，实现执法资源优势互补，有利于行政效能的提高。

最后，执法协调是促进区域执法标准统一的重要条件。在允许地方立法和颁布政府法令的情况下，执法标准不统一是必然结果。区域执法协调以执法合作为基础，通过对区域内相关执法标准进行梳理，找出影响执法标准不一致的相关因素，并进行相应的处理，从而在源头上提高和促进执法标准的统一，有利于维护区域法制环境统一，为区域发展营造良好的法治氛围。①

2. 京津冀政府执法协调工作的进展

目前，京津冀政府合作执法协调进入了快车道，在区域环保、交通、工商、市场监管、食品药品、文化、旅游、医疗、民政、渔政、野生动物保护、知识产权保护等各领域已开展多项执法协作。执法协调方式主要包括联合执法、行政协助、跨地区案件移送、执法信息通报、执法争议协调、区域执法监督评议等。

一是联合执法成为京津冀执法协调的主要形式。联合执法是区域内相关执法机构根据区域执法的实际情况需要联合开展的执法活动。在当前的政府合作治理中，联合执法具有高效、快速、便捷的优势，已成为京津冀区域最重要的执法协调方式。

---

① 潘高峰:《区域经济一体化中政府合作的法制协调研究》，人民出版社 2015 年版，第 145—159 页。

京津冀环境执法联动工作机制于2015年11月27日在北京启动，建立了定期会商、联动执法、联合检查、重点案件联合后督察、信息共享五项制度。截至2017年8月，三地环保部门已开展两次联动执法，检查各类污染源单位4万余家次，发现环境污染问题2138起，对于跨区域环境违法行为起到了有效的打击作用。《京津冀及周边地区2017—2018年秋冬季大气污染综合治理攻坚行动方案》出台后，三地环保部门将聚焦“散乱污”企业、煤烟型污染、重点工业企业、面源污染，开展不间断执法检查，强化与公安部门的执法联动，依法严厉查处各类大气环境违法行为。

2017年4月18日，京津冀工商部门跨区域联合执法协作机制启动，三方签署了《京津冀工商和市场监督管理部门竞争执法合作协议》《京津冀三地工商和市场监管部门打击传销协作机制》，通过开展联合行动、协助案件调查、信息共享、研讨交流、建立联席会议制度，构筑了联合打击、资源共享、信息互通、交流协作、共同防控的打击传销工作合作机制。三地还建立了京津冀执法办案协作机制、联合打击合作制和案件协查反馈制度。三地将组织开展反垄断和反不正当竞争联合执法行动，共同协商制定工作方案，统一时间、集中整治违法行为，重点查办跨区域的垄断、公用企业限制竞争、商业贿赂、“傍名牌”等重大案件，增强了竞争执法工作的有效性、针对性和统一性。

2017年6月，京津冀三地民政执法监察联合执法启动，三地民政执法部门签署了《京津冀民政执法监察合作意向书》，在资源、信息、人员等方面紧密配合、协同对接，建立了涵盖联合行动、深化培训、定期交流、情报通报、案件移转、证据协查、结果共认等内容的深度合作机制，切实形成执法监察合力，推动三地民政执法监察同标准、同规范、同裁量、同行动，为协同发展提供了更加优质的法治保障。

2017年7月，京津冀警方在北京举行首次执法办案协作联席会议，审议通过了京津冀公安机关法制部门《关于建立执法办案协作联席会议机制的意见》《京津冀跨区域办案协作框架协议》。京津冀三地公安机关间搭建了“执法办案协作联席会议平台”，建立完善了“长效联络机制”和

“跨区域打击犯罪协作机制”。按照协议，三地公安机关成立了法制沟通联络小组，分层级设立并固定联络员，进行常态化沟通联络，及时收集、汇总三地公安机关在跨区域执法协作中存在的普遍性、突出性问题。在此基础上，每季度召开一次联席会议，着重就执法办案中协作问题进行业务研讨、情况通报、交流会商，共同研究突出问题。同时，依托三地培训资源优势，发挥各自工作特长，采用集中办班、客座授课、在线讲座等多种形式，以先进工作机制展示、新法新规理解运用、典型案例评析等内容为载体，提升了三地公安队伍整体执法战斗力和执法合力。

二是行政协助。行政协助是指区域执法合作中，行政执法主体开展的监督检查活动需要其他行政主体予以协助配合的活动。随着京津冀区域一体化的逐渐深化，随着执法难度的不断加大，执法活动仅靠单一执法力量难以完成，必须依靠其他主体的支持和帮助。

2016 年 7 月，京津冀三地制定《京津冀地区劳动保障监察案件协查办法》，建立了跨地区劳动保障监察案件协查机制。办法规定，京津冀三地辖区人力资源和社会保障行政部门在实施劳动保障监察过程中需对案件进行跨地区调查的，可以委托案件相关地人力资源和社会保障部门协助调查并反馈协查结果的工作。具体工作流程为，由用人单位劳动用工所在地或案件受理地（含上级交办案件）的劳动保障监察机构作为委托方主办，案件相关地的劳动保障监察机构为受托方协查。如遇特殊情况，也可以根据协查工作需要，由三地省级劳动保障监察机构经协商确定委托或受托主体。委托协查的工作范围包括：协助案件的调查工作，协助核实证据材料，协助送达文书，协助督促整改等事项。受托方收到委托协查函后，根据协查事项和内容，按照程序开展工作。一般性案件应在 15 个工作日内完成协查；案情复杂的双方可商定完成时限（不超过 30 个工作日）。

三是跨地区案件移送。跨地区案件移送是指执法主体对自身不具有管辖权的执法案件，先行受理后，按照有关法律法规的规定，把案件移送至有管辖权的其他区域执法部门，或者对管辖权不明或认为其他区域执法主体更适宜管辖的，由上级执法部门指定管辖，执法主体将案件移送至被指定单位的行为。案件移送是执法主体相互配合协助做好执法工作的基本方式，也是区域执法协调的重要方式和内容。①

京津冀三地工商和市场监管部门已建立跨区域联合执法机制。三地工商和市场监管部门将组织双边或多边打击传销联合执法行动，在收到其他成员单位发出的案件协查等需求时，提供有效协助，并负责督办和及时反馈结果。对发现不属于本地区管辖的案件或线索，及时移交有管辖权的成员单位。另外，京津冀交通一体化法制和执法协作第二次联席会议签署了立法、执法协作框架协议，就治超案件移送办法等也进行了专门规定。

四是执法信息通报。在信息共享、区域一体化的时代，信息已经成为执法主体打击犯罪，解决公共问题的重要依托。随着京津冀区域一体化的不断发展，区域性的社会矛盾不断增多，但由于各地执法主体之间互不隶属，所以执法主体之间的信息通报成为搞好地方法治建设的重要保障。

执法信息通报是执法协作的基础。在执法活动中，信息共享不仅是案件处理的关键，也是执法协作深化落实的保障。从前面的介绍中我们可以看到，京津冀各领域执法协作几乎都有执法信息通报机制的建设要求。例如，信息共享既是京津冀环境执法联动五项工作机制之一，也是京津冀工商部门跨区域联合执法协作的一项重要工作机制。按照《京津冀跨区域办案协作框架协议》，三地公安机关成立了法制沟通联络小组，分层级设立并固定联络员，进行常态化沟通联络，及时收集、汇总三地公安机关在跨区域执法协作中存在的普遍性、突出性问题。在此基础上，每季度召开一次联席会议，着重就执法办案中协作问题进行业务研讨、情况通报、交流会商，共同研究突出问题。

五是执法争议协调。执法争议协调是指负责执法争议协调的机构或部

① 潘高峰:《区域经济一体化中政府合作的法制协调研究》，人民出版社 2015 年版，第 191—192 页。

门根据执法主体的提请或者依照职权，对行政执法争议进行协调处理的活动。执法争议协调的目的是解决执法过程中执法主体之间所产生的争议。这些争议既可能因执法职责、执法依据、执法标准而引起，也可能是因联合执法、执法协助、案件移送而发生的。[①] 通过行政执法争议协调，既可以对跨行政区部门利益进行调和，也有助于争议纠纷的解决。

2016 年 7 月，京津冀有关方面签署了《京津冀广告监管执法协作备忘录》。根据备忘录，今后京津冀工商、市场监管机关因广告案件管辖权发生争议，可先由京津冀广告监管执法协作领导小组组织争议方协商解决。对于京津冀地区跨省、市发布的同一违法广告，可经京津冀监管执法协作领导小组协调，指定由广告主或者广告发布者所在地工商、市场监管机关统一对广告主进行查处。

六是区域执法监督和评议。区域执法监督评议是指区域内执法主体为了提高执法活动的有效性、准确性、科学性而联合起来对某项或某类执法活动开展监督和评议的活动。它是执法主体为了提高执法效能，联合开展的对执法活动整体状况进行分析和评判的活动。区域执法监督评议有助于提高区域执法效能，督促区域执法严格依法行事，推进执法活动的科学化、规范化和法治化。

为加强医疗器械监管区域合作，推动京津冀三地《医疗器械生产质量管理规范》的有效实施，三地食品药品监管机构于 2017 年 5 月进行了互查互评工作。三地共选派 12 名检查员，分 4 个检查组，对 12 家高风险生产企业进行了互查互评。检查组对企业在采购控制、生产管理、质量控制等领域执行规范的情况进行了重点检查。针对检查中发现的问题和风险隐患，检查组依据管理规范深入讨论、达成共识后，出具检查报告并反馈属地监管单位，由其督促被检查企业整改并进行跟踪检查。此次联合互查互评，加强了三地医疗器械监管部门的交流互鉴，为促进三地在器械监管领

① 石佑启、潘高峰：《论区域经济一体化中政府合作的执法协调》，《武汉大学学报》（哲学社会科学版）2014 年第 1 期。

域加强沟通协作、形成监管合力进行了有益探索。

3. 京津冀政府合作执法协调的原则

原则是一切行为活动的准则要求，政府间合作执法协调原则是政府合作中开展协调的基本要求和遵循的基本准则，它为政府开展执法活动指明了方向，引导着政府执法协调向着协调统一区域法治、提升执法效果的方向不断发展。

一是合法性原则。合法性原则是京津冀政府合作执法协调所要遵循的最基本的原则，它是法治政府构建下政府执法协调活动的前提。按照依法行政的总要求，合法性原则意味着行政合作执法协调要在法制轨道内展开，其过程和结果都不能违背法律精神，做到职权法定、内容法定、程序法定等。

职权法定要求京津冀合作各方行使职权时要有法律依据，没有相应的职权，执法主体就没有权力实施行政行为，否则该行为就是无效的，合作只是执法的手段，必须以职权合法为前提。当然，在京津冀区域法治不健全的情况下，在没有更多法律规范对执法协调的职权进行规定的情况下，也可由有关机关依法授予行使。

当前，政府法制办作为联系政府、政府工作部门的机构，在执法协调中起着承上启下的作用，应作为主要的执法协调保障部门。北京市政府法制办在立法层面实现三地协同的基础上，2016 年主动协同天津、河北，进一步从执法监督层面拓展区域执法协作：一是以执法理念趋同为先导，加大与天津、河北的培训交流，相互输出执法监督新理念、新经验；二是以北京市行政执法规范为蓝本，共同推动执法程序、文书档案、裁量标准统一，减少区域执法差异性；三是以监督业务协同为纽带，与天津、河北联合开展案卷评查交流活动，共同查找执法问题，监督执法规范执行情况；四是以执法信息平台为依托，协同推进三地行政执法监督数字化、信息化进程。

内容法定强调协调主体的活动要按照法定的事项和范围来进行，不能随意进行协调。目前，京津冀三地执法合作主要是通过签订合作协议的形式来推进的，但一些协议缺乏对合作各方的强制性约束，使得违反协议的行为得不到制裁。通过联合执法、跨界委托执法等方式进行执法合作，必须作出约束性的法律责任认定，而不得相互推诿卸责。①

程序法定指行政主体的执法协调活动应依照法定的程序进行。执法协调在程序上大致包括执法协调的信息收集、执法协调内容的草拟与意见征集、协调主体的会议审议、决定的发布实施、执法效果的反馈和监督等步骤。规范的程序法定有利于京津冀执法行为的合法、公正和统一。

二是统一性原则。统一性原则是指在开展协同执法活动时，其活动的目标、内容以及原则都要与国家的相关法律法规、党和国家的相关政策、上级人大和政府机关的有关决定等保持一致，而不能相抵触。统一性原则要求执法协调要在法律法规的规制下和政策决定的指导下进行。

在区域立法协调机制框架下，京津冀执法主体应破除行政区划的羁绊，在地方人大和政府颁布的各类执法性决定和协议的基础上开展相关活动，在尊重地方规定的基础上实现执法标准的统一，以增强区域执法协作的实际效果。

三是及时性原则。及时性是指执法协调活动开展在时间上要及时、在期限上要紧凑，因时因事及时的开展各种活动，避免出现因为执法问题未能及时解决而产生更大矛盾与冲突的状况。整体来说，及时性原则要求京津冀区域执法协调主体在开展执法协调活动时要抓住时机，及时发现问题，及时解决问题。

目前，京津冀三地已共同签署《应急管理工作合作协议》，启动了联席会议、合作交流和联合应急指挥机制。按照协议，在应急预警方面，今后京津冀三地将建立各级应急管理机构之间的常态信息交流机制，对本市（省）发生的、可能会波及其他市（省）的突发事件，第一时间向相关方

① 曾鹏:《论区域经济一体化下区域行政执法合作》，广东教育出版社 2015 年版，第 158 页。

通报准确情况，并及时、有效地开展联合处置。每年召开一次联席会议，分析研判三地公共安全形势，研究决定应急合作事项；在突发事件信息、应急平台互通、应急保障能力建设等常态工作方面进行长期交流，积极推动三地基层政府和相关部门建立应急合作机制；发生跨区域突发事件后，按照属地为主的原则，由事件发生所在地成立现场联合指挥部，统筹协调应急力量和应急资源开展处置工作。

四是连续性原则。连续性是对执法协调主体开展执法协调活动一种行为连贯性上的要求，指行政主体开展执法协调活动行为上要有延续性、稳定性，形成长期的协调状态。在政府协调执法活动中，连续性要求协调的活动之间要有紧密的联系、协调活动层次的不断提高和协调内容的完善，以及区域法制协调机制的形成和发展。

首先，执法协调不能成为一时性和随意性的协调活动。京津冀协同发展是一个长期的过程，决定了区域行政执法合作不是临时的合作行为，而是持续的合作行为。京津冀三地应当建立长期的执法合作机制，不能仅凭地方领导人的个人喜好而建立合作关系，要在承认和尊重地方利益的基础上进一步完善执法协调机制，促进协调工作的常规化、专业化、科学化。

其次，执法协调活动要成为和谐统一连贯的整体。京津冀执法活动开展、业务培训、执法队伍建设、执法标准统一等都需要通过协调活动来实现。要注意前期协调和后期协调的呼应性和上下级主体协调的衔接性，使协调主体和协调关系成为连贯的整体，有利于从整体上减少和避免新的执法标准的不统一，有利于各方从京津冀区域发展全局考虑执法问题，有利于区域执法活动的层次和内容的提升和完备。

最后，京津冀合作执法要保证执法公信力，提高合作执法效能。通过定期联席会议和行政协议形式建立的区域执法合作机制，必须予以贯彻落实，而不能仅仅作为宣传政绩的一种手段和方式。无论是行政机关的更替，还是行政职能的转移，或者领导干部的更迭，行政执法合作都应当保持其持续性。

（三）京津冀政府协同治理的司法协调

司法协调有其本身固有的含义，但是在政府协同治理的背景下，又被赋予了新的含义，是指在政府合作的背景下，为了促进区域法制发展，发挥司法在经济社会发展中的能动作用，由政府主导或参与下推动司法机关解决相关问题的一种法制协调活动或行为。①

与通常的司法协助不同，政府协同治理司法协调主要是在政府的主导或参与下开展的。因为在一些问题的解决上，不仅需要政府机关的主动作为，有时还需要司法机关的介入，甚至有些案件需要司法机关和政府之间的协调处理。同时，其所协调的多是决定区域经济和社会发展体制机制方面的宏观问题，毕竟地方政府的职能是从根本上解决问题，构建宏观机制，推动区域经济的健康发展与和谐稳定。除此以外，政府协同治理更多地着眼于对经济社会发展过程中矛盾和纠纷的司法解决，使司法与行政或司法与政治之间形成良好的和谐互动关系，从而充分发挥司法在经济社会发展中的能动作用。

从政府间协同治理的含义和特有原则可以清晰地看出，这一机制强调行政与司法两者之间的充分联合而不是互相代替，使行政管理领域中政府无法处理或者不能处理时及时得到司法机关协助，司法领域中司法机关无法独自处理时得到行政机关的帮助。

1. 京津冀政府合作中司法协调的意义和作用

一是有利于行政执法与能动司法的互动沟通。

随着京津冀一体化的不断发展，各地社会和经济形势发生了相应的改变，各种不确定问题时有发生，面对这些情况政府不可能做到万全应对。在行政执法方面，行政机关要不断与时俱进，更新和改变社会管理理念，提高管理水平和能力。同时，对于司法机关而言，能动司法的能动不是囿

① 潘高峰:《区域经济一体化中政府合作的法制协调研究》，人民出版社 2015 年版，第 214—215 页。

于司法的“能动”，而是在司法过程中综合多种手段以化解纠纷，促进区域发展平衡，维护人民的根本利益。① 因此，使行政机关的执法与司法工作联动起来，遇到矛盾和纠纷时，将两者之间的优势相互结合，从而得到妥善解决。

构建政府间协同治理司法协调机制，加强政府与司法机关工作的相互协调，使政府和司法机关的工作能够紧密联系起来，形成政府和司法工作的沟通协调和良好互动，最终通过行政、司法、经济以及说服教育等手段来综合解决问题，这样再复杂的问题都会迎刃而解，社会就会更加和谐稳定。

二是有利于京津冀区域内案件的司法解决和协调应对。

近年来，在京津冀一体化中出现的矛盾呈现出跨区域、范围广、影响大等特点，及时、高效地解决矛盾和问题显得尤为重要。当遇到区域性案件时，需要行政机关和司法机关联合执法、共同处理。此时，政府协同治理司法协调有助于各级政府和司法机关集中资源优势，通过调动一切力量，多方位搜寻信息，开展相关案件的调查和处理工作。当遇到突发性事件时，更需要政府和司法机关协同治理。这是因为政府工作部门受职能权限的限制，使得其在一些情况下必须呈报上级再解决问题，此时不免会错过解决问题的最佳时机。这种情形下便需要在政府的协调下，司法机关及时介入，对涉嫌犯罪的人员进行相应的处罚，就会把涉及重大矛盾和利益纠纷的案件变成司法中的案件，从而把问题简单化、法制化，为政府接下来的后续工作打下基础。

三是有利于京津冀区域法治环境的创建。

京津冀一体化发展离不开良好的法治保障，需要所有的国家机关树立法治意识，努力创造法治统一的体制机制和各种基础条件。对于立法机关而言，要建立内部结构紧密、科学实用的法律法规体系，形成京津冀区域

---

① 李龙、陈阳:《中国视域下能动司法的内涵辨析》,《武汉大学学报》(哲学社会科学版) 2011 年第 3 期。

统一的立法种类、幅度、原则甚至立法理念，使制定出来的法律能够相互衔接，避免不必要的冲突。其次，对于政府行政管理机关而言，政府及其工作部门的依法行政、严格执法，是社会进步和持续发展的推动力量。对于执法、司法机关而言同样如此。除此以外，还需要各类社会组织和人民大众知法、懂法、严格守法。

政府间协同治理司法协调，使两者共同参加法制协调活动，分析制约地方法治建设的因素，制定相关的治理方案，加大对影响区域经济和社会发展的案件查处机制，加强行政执法与刑事司法的对接和区域间执法与司法标准的统一，共同开展法制宣传教育，从而构建起促进京津冀区域经济发展和社会进步的综合法治保障体系。

2. 京津冀政府协同治理司法协调的原则

一是互不干涉原则。互不干涉是指政府和司法机关的工作互相协同和沟通，仅仅着眼于相关的程序、机制、解决办法等方面，尊重对方职权的行使。这一原则从根本上可以说是行政司法职权分立的基本要求，也是我国一直坚持行政权与司法权分别独立行使的细化。涉及政府间协同治理的内容一般是政府和司法机关在工作中的宏观且全局性问题，并不干涉执法和司法机关对于具体案件的调查审理环节。司法协调的用意是使政府与司法工作能够较好地衔接，为相关工作的开展提供新方法、新思路，促进参与司法协调的主体更好地履行自身职权，行使国家权力，因而不得互相干涉。

二是互助合作原则。互助合作强调在政府协同治理司法协调过程中，要相互合作、互惠互利，推动问题和案件的积极解决。司法协调过程中的互助合作原则与立法、执法协调不同，其主要体现在政府工作部门与司法机关之间工作的衔接，例如当行政执法与刑事司法不能较好衔接时，不仅会影响到法律的执行效果，还会影响到行政和司法的权威。互助合作原则也在一定程度上促进了协调主体之间信息的共享和交换。除此以外，互助合作还能增进执法司法的利益平衡，促进利益互补。因为只有当法律实施的利益平衡问题得到解决之后，执法和司法主体的各种利益诉求得到满足之后，政府与司法机关的互助合作才能够持续进行，政府协同治理司法协调的成果才会展现出来。

三是服务区域发展大局原则。服务大局要求政府协同治理的司法协调过程中，对于遇到的矛盾和问题，要以区域发展中的利益分配以及区域的长远发展为重。既要做到主动解决又要积极让步，从而确保问题的顺利解决。具体而言，政府协同治理的协调目标要高远，以服从服务于区域经济建设和社会发展为依归。其次，要准确定位司法协调的目的，其不单单是为了解决个案纠纷，更重要的是为区域经济和社会发展创造有利的法治环境和条件。最后，也是在执法司法中最容易忽略的问题，就是各执法机关应该时刻克服部门利益和地方保护的不良倾向，开展工作时自觉地以区域发展大局为重。

四是法治统一原则。法治统一顾名思义是指在进行政府协同治理司法协调时，具体的协调程序、范围、方法等都要按照统一的法律规范来实施，不可出现违背或背离法律的现象。实现法治统一的原则，各机关要做到以下方面的统一：首先，案件处理和司法协调活动要在我国统一的法律体系下开展，不得有与法律冲突的情形；对于法律依据存在空白或者规定不一致时，协调主体应该自觉地寻求统一的法律规范。甚至当法律规范含义不明确、模糊的时候，可以使用法律的基本原则。其次，无论是政府工作部门还是执法和司法工作中，存在违反法治统一的现象时，要及时地予以批评、纠正和调整。最后是，国家机关出台的行政解释和司法解释，不论其是在何种情况中做出的，只要具有确定的法律效力，就应该得到应有的尊重和体现。

3. 京津冀司法协调工作的进展

目前，京津冀司法行政、法院和检察机关已经在相关领域签署了司法协作协议或合作框架，在信息共享、业务协调、队伍建设、联络机构等方面建立了一定的合作机制，京津冀司法协作进入全面对接和深化阶段。

为破解京津冀司法行政工作领域存在的政策规章不对接、管理机制不协调、行业标准不统一、服务民生不便捷、信息交流不畅通等诸多问题，2015 年 9 月 10 日，京津冀三省市司法行政厅（局）在北京签署了司法行政“1+4”合作协议，标志着京津冀司法行政机关深化务实合作、服务协同发展拉开了新的序幕。①

京津冀司法行政“1+4”合作协议包括《司法行政工作服务京津冀协同发展框架协议》《京津冀监狱工作协同发展合作协议》《京津冀法治宣传教育工作区域合作协议》《京津冀公证工作协同发展合作协议》《京津冀加强律师代理重大敏感案（事）件协调指导工作合作协议》等5个合作框架协议。其中，《司法行政工作服务京津冀协同发展框架协议》为宏观指导性框架协议，其余4个协议为先行启动的4个合作领域。根据协议，京津冀三地将在4方面11类重点领域开展合作。②

在管理协同方面，三地将建立健全沟通协调工作机制，共同加强对律师事务所和律师代理重大敏感案（事）件的指导协调；加强监狱戒毒和安置帮教工作联动协作，延伸帮教绿色通道，为跨省市开展延伸帮教活动提供便利；加强社区矫正工作协调配合，不断提高三地非监禁刑执行的科学化水平；深化区域矛盾纠纷排查调处合作，为区域发展提供安全稳定的社会环境。

在服务协作方面，三地将着力构建法律服务绿色通道，积极探索公证办理协作互助制度，组建区域专项法律服务团，为区域协同发展进程中涉及的政府决策、企业发展、民生事务等提供法律服务；共同搭建法治宣传平台，联合开展法治宣传活动，加强依法治理和法治创建的区域合作，不断提高区域社会治理法治化水平。

在司法行政队伍建设方面，依托三地优势资源，实施人才联合培养工程，深化三省市司法行政干警和律师、公证、司法鉴定、基层法律服务工作者等社会法律服务人才联合培养培训工作；探索建立统一开放的法律服务人才市场，推动法律服务人才合理流动。

---

① 陈一诺:《京津冀三地司法局签署“1+4”协议合作协同发展》，人民网2015年9月10日。

② 王昊男、施怡文:《京津冀签订司法行政领域协议将在11类重点领域开展合作》，《人民日报》2015年9月11日。

在司法行政信息共享方面，探索建立基础数据互通机制，建立以行政执法信息、法律服务管理信息为主的基础信息数据库和数据应用系统，促进基础信息横向动态流动；健全工作信息交流机制，加强工作简报、重要文件和内部刊物等政务信息交流和行业发展信息交流，共同研究行业发展问题，共享行业发展成果经验；畅通突发应急信息通报渠道，建立监狱服刑人员和强制隔离戒毒人员脱逃、跨区域重大矛盾纠纷、社区服刑人员跨地域流动等突发事件或应急响应事件的信息通报渠道，实现快速协查、联动联解。

此外，为确保三地协同发展事宜稳步落实，三省市司法厅局联合成立“京津冀司法行政协同发展”工作协调领导小组，领导小组下设办公室，作为常设性工作机构，由三省市司法厅（局）分别确定一个部门具体负责；由三省（市）监狱管理局、戒毒局（教育矫治局）、司法厅（局）职能业务处室成立若干专项小组负责研究制定和推动落实相关领域的协同发展具体任务。此外，还建立了工作协作联席会议制度，以确保京津冀三地司法行政领域合作不断深化。

2016 年 11 月 17 日，京津冀三省市司法厅（局）在天津举行司法行政合作协议签字仪式，联合签署了《京津冀人民调解合作联调机制框架协议》《京津冀司法鉴定工作协同发展合作协议》《京津冀社区矫正和安置帮教协同发展区域合作框架协议》《京津冀一体化法律援助协同发展实施协议》等四个司法合作协议。这次签订的四项协议，是在 2016 年 9 月在北京联合签订“1+4”合作协议的基础上，三地继续加强对接、全面合作的工作成果，标志着京津冀司法行政深化务实合作、服务协同发展，向着更高水平、更深层次、更宽领域迈进。①

其中，《京津冀人民调解合作联调机制框架协议》强调，建立统筹协调、信息互通、业务研讨、联排联调、培训交流等机制，积极打造三地人

① 宁晓雪、李全:《京津冀三地司法部门再签协议协同发展纵深推进》，河北长城网 2016 年 11 月 18 日。

民调解合作平台，在跨区域重大矛盾纠纷联合调解、突发群体性事件协同处置方面紧密合作，共同维护京津冀社会和谐稳定。

《京津冀司法鉴定工作协同发展合作协议》强调，建立行业准入培训联动机制、行业数据信息共享机制、行业自律管理协同机制、行业标准规范互通机制和行业学术研究合作机制，充分利用各方优质资源，全面提升三地司法鉴定协同发展水平。

《京津冀社区矫正和安置帮教协同发展区域合作框架协议》指出，加强京津冀社区矫正和安置帮教合作与交流，健全三地协调沟通机制，搭建合作平台，定期召开联席会议、举办学习研讨，建立健全联管联教机制和信息协作交换机制，全面深化社区矫正执法合作，实现交流学习互动、信息资源互享、执法协作互助、监管措施互联，共同提高社区矫正和安置帮教工作水平。

《京津冀一体化法律援助协同发展实施协议》明确了三地跨区域法律援助申请、认定、承办的具体细则，建立三地法律援助联席会议制度，定期组织经验交流、业务培训及学习研讨活动，实现三地法律援助资源共享和优势互补，努力为社会困难群众提供更加便捷高效的法律服务。

随着京津冀区域一体化的推进，三地经济、交通等方面关联日渐增多，原本地理位置相互临近，区域人员往来、区域经济活动更加频繁，法律纠纷也越来越多，执行案件中人、财、物等因素跨区域分布的情况更加普遍。为了破解“执行难”问题，早在2015年3月11日，京津冀三地高级人民法院共同签署了《北京、天津、河北法院执行工作联动协作协议书》，明确委托调查（查询）、查封（冻结）、扣划存款、登记型财产过户等法律文书的送达以及拘留等强制措施作为三地法院协作执行事项，执行法院均可委托被执行人财产所在地或被执行人住所地法院办理。对于在三地辖区内已查明的被执行人的财产处分中的财产审计、评估、拍卖、过户等执行事项，可专项委托被执行人财产所在地法院协助执行。另外，今后三地法院执行员赴京津冀地区异地执行时，不再需要高院开具介绍信，只要带齐本院介绍信、工作证、执行公务证和相关生效法律文书，协助配合法院应当优先提供支持。[①] 为促进执法保障，三地法院还成立京津冀执行协作工作领导小组，在各高级法院执行指挥中心设立日常办事机构。

此外，河北环京津部分中基层法院与京津有关法院还开展了积极对接工作。廊坊11个基层法院与京津8个基层法院于2015年12月25日共同签署了《北京、天津、河北（廊坊）19家毗邻法院执行事项委托及异地执行协助运行及操作细则》，三地法院将实行执行信息共享，逐步打造融事项联络、案件通报、案件材料交换、异地调研等具体工作为一体的共享平台和工作机制，积极拓展执行委托范围，逐步实现京津冀范围内执行办案的“同城效应”。据统计，在2015年北京法院审结的案件中，至少一方当事人住所地在河北的案件有38616件，一方当事人在天津的有6502件。[②] 因此，迫切需要三地法院在送达、调查和执行等方面加强协作。

2016年2月3日，《最高人民法院关于为京津冀协同发展提供司法服务和保障的意见》（法发〔2016〕5号）发布。意见指出，坚持能动司法、协同司法、创新司法理念，不断改革和完善适应京津冀协同发展的司法体制机制。建立由最高人民法院召集的京津冀三地法院联席会议机制，联席会议下设日常工作机构，负责三地法院日常沟通、协调、会商、联动等工作，重点研究和解决京津冀协同发展中的重大司法事项、司法需求、司法政策和重大疑难法律适用问题，促进司法裁判尺度的统一。此外，还提出加强京津冀三地法院在信息化软件开发、平台建设和大数据应用等方面的合作，进一步推动并不断完善京津冀法院执行联动协作、积极探索特定类型案件集中管辖或专门管辖（包括进一步推进京津冀设立跨行政区划法院集中审理跨区划重大民事案件、行政案件试点工作，充分运用指定管辖、异地管辖、提级管辖制度，积极破解司法难题），建立健全京津冀三地法院人员培训和法官任职交流机制，建立京津冀三地法院常态化调研协调机制等方面的意见。

---

① 杨凤临：《京津冀执行案将实现三地联动》，《京华时报》2015年3月13日。

② 王梦遥：《京津冀法院首次联席会，有什么新动向》，《新京报》2016年6月1日。

最高人民法院出台意见后，京津冀三地在法院执行联动、立案一体化、环境司法、教育培训等方面进行了广泛协作，三地司法协作驶上了快车道。2016年5月31日，京津冀法院联席会议第一次会议在最高法召开，明确将建立网上统一立案机制，建立跨区域的重大案件会商机制，对重大案件统一研判。2016年9月22日，最高法院在河北召开了京津冀环境资源审判联席会议，京津冀三地高院签署了《京津冀环境资源审判协作框架协议》，三地将实现司法信息共享、优势互补，统一裁判标准和尺度，标志着京津冀环境资源审判协作机制初步形成。2017年8月4日，京津冀法院召开首次环境资源审判协作工作会，计划适时出台《京津冀法院环境资源审判服务保障北京冬奥会筹建相关问题的纪要》和《京津冀法院环境资源审判服务保障雄安新区生态文明建设的实施意见》，为北京冬奥会筹建和雄安新区的建设提供优质高效的司法服务和保障。①

2017年3月，河北省法院、省检察院、省公安厅、省环保厅召开了生态环保执法司法第一次联席会议，就多项议题达成共识，并讨论通过了《关于联动办理破坏环境资源违法犯罪案件有关问题的暂行规定》；联合开展打击大气污染犯罪专项活动，制定下发《省检察院、省法院、省公安厅、省环保厅打击大气污染犯罪专项活动实施方案》；联合制定了《关于加强环境保护行政执法与刑事司法衔接工作的实施意见》；共同组建了环境鉴定修复司法咨询专家库。

探索京津冀三地法院跨域立案服务一体化对促进三地法院立案标准的统一、便利当事人诉讼具有重要的现实意义。2017年4月，京津冀三地法院在河北唐山召开京津冀法院立案一体化座谈会，研究制定京津冀立案一体化工作办法。北京第三中级法院、北京朝阳区法院、天津第一中级法院、天津武清区法院、河北唐山中院、河北唐山路北区法院和河北唐山丰润区法院被列为7家试点法院。2017年9月8日，京津冀三地高级人民法院在沧州签订了共享社会鉴定资源协议书。主要内容包括：三地法院确

① 杜震：《京津冀法院召开首次环境资源审判协作工作会》，央广网2017年8月4日。

立统一的社会鉴定资源备案标准，建立统一的社会鉴定机构评价体系；建立常态化信息共享机制，及时共享本地社会鉴定资源资质、人员变动及奖惩信息；完善对外委托信息管理平台，实现网上备案、网上委托，使三地社会鉴定机构能够跨平台接受法院委托。今后，对资产评估、工程造价、破产清算等支撑审判、执行的技术鉴定，三地将打破地域壁垒，实现鉴定资源共享，这将有效破解鉴定资源分布不均和司法案件需求之间的矛盾。

为进一步加强京津冀三地法院的司法合作，2017 年 7 月 7 日，“京津冀中基层法院司法合作”签约仪式暨合作论坛在北京召开，三地十五家法院共同签署了《京津冀中基层法院司法合作协议》，围绕司法服务和保障功能，不仅打通了异地立案、送达、审判、执行全流程合作，而且开放了三地司法合作平台，其他未在合作协议规范范围内的法院均可在后续发展中加入。此外，建立健全了包括跨区域案件识别、统一指导管理机制，委托送达机制，跨区域重大、敏感案件的协调、会商机制，异地财产保全协助机制，执行联动协作机制，业务人才交流培养机制等重要工作机制，以更好地为京津冀协同发展提供有力的司法服务和司法保障。

2017 年 8 月 10 日，京冀 20 家法院共同签署了《京冀基层法院执行联动协议》。执行联动协议围绕各法院间相互提供司法服务与司法保障的宗旨，就各法院之间畅通日常沟通联络、线上线下办理委托手续、地区性银行与不动产等被执行人财产信息的委托调查、执行法律文书的委托送达、执行信息互通共享、执行警务协助、完善执行争议解决方案等一系列事项达成了一致意见。协议涵盖了全方位的执行合作内容与多层次的执行合作方式，有助于继续深化京冀两地间跨区域执行案件的协作力度、大大提高执行案件的办理效率、解决异地执行难问题。

总的来看，京津冀法院之间已经建立了网上立案、执行联动、环境资源审判等协作机制。三地法院相互签署各种形式的司法协作框架协议，内容涵盖文书送达、调查取证、重大事项和疑难案件会商等多个方面。2017 年 6 月 8 日，天津蓟州法院联合北京平谷、河北兴隆、河北遵化三家法院开展了首次“联合出击——京津冀法院跨区域联合执行活动”，对 11 名

“躲藏赖”的重点被执行人进行联合强制执行，成功执行案件10起，到位款项近30万元，形成了三地联合威慑效应。①

相对而言，京津冀三地检察机关开展的司法合作启动较晚。2016年3月30日，三地检察机关在京签署《关于京津冀检察机关服务和保障京津冀协同发展的合作框架意见》。三地检察机关将在信息资源共享和司法办案工作通报、调查取证、职务犯罪案件协查地市级院直接对接新机制建设、追逃追赃协作等工作中加强协作，并建立日常联络、省级院检察长会晤、职务犯罪侦查协作常设机构等一系列协作交流机制。② 意见决定由三地省级检察院负责总体协调，以京津分院、区县院和河北省下辖市、县院为主体，构建资源共享、优势互补、协调发展的工作格局，充分发挥检察机关在京津冀协同发展总体布局中的作用。

2016年11月，京津冀三地检察机关根据《京津冀检察机关服务和保障京津冀协同发展的合作框架意见》，出台了《京津冀检察机关依法履行预防职务犯罪职能服务和保障京津冀协同发展的指导意见》。意见提出三地检察机关加强预防协作的总体思路，确定了重点工程项目专项预防、跨区域职务犯罪案件分析、行贿犯罪档案查询协作和预防队伍建设等六方面的工作重点，建立了资源共享、研讨交流、相邻检察院协作和铁路系统预防专项统筹等工作机制。③

此外，三地检察系统通过研讨会、推进会就服务保障京津冀协同发展进行了合作交流。2016年5月26日，北京东城、石景山、大兴、天津武清、河北保定等地检察院召开预防部门服务协同发展经验交流会，就精准发挥预防职务犯罪职能保护、加强对跨地域经营企业的司法保护、预防资源共享和人才交流等问题进行了探讨。下一步要围绕重大项目建设、重大

① 张家民:《京津冀四家法院联合出击破解“躲藏赖”执行难案件》,《每日新报》2017年6月10日。

② 黄洁:《京津冀检察加强司法协作》,《法制日报》2016年3月31日。

③ 杨永浩、王玲:《京津冀检察：重点项目行贿犯罪档案将可跨省市查询》,《检察日报》2016年11月19日。

政策落实，积极探索创新预防工作跨区域协作模式，实现跨区域合力，为京津冀协同发展提供坚强的法治保障。

2016年8月11日，京津冀检察机关在河北承德举行了协同发展论坛，7名检察长针对构建区域协同发展信息共享机制、加强跨区域检务合作等内容作主旨发言；检察官就公诉引导侦查、以审判为中心的诉讼制度改革等热点问题进行交流；北京市平谷区检察院、密云区检察院，天津市河东区检察院、蓟州区检察院，与兴隆县检察院签署了《关于服务和保障京津冀协同发展协作机制的实施意见》。

2016年11月10日，河北省检察院牵头召开了"京津冀生态环境保护领域执法司法协作专题研讨会"，京津冀三地检察院、法院和环保、公安部门有关负责人以及专家参加研讨。会议围绕推进京津冀"环保一体化"，提升京津冀地区生态环境保护领域执法司法协作水平进行了研讨交流。

2017年7月12日，最高人民检察院在贵阳召开大检察官研讨班，强调密切关注雄安启动区征迁、重点片区安置、交通生态工程建设等重点领域，依法惩治扰乱项目建设秩序犯罪，严肃查处索贿受贿、截留挪用、失职渎职等破坏投资环境的职务犯罪，妥善解决搬迁腾退中因土地征用、房屋征收、移民安置等引发的矛盾纠纷。

2017年9月28日，京津冀检察机关未成年人检察工作协同发展推进会在河北易县召开，会上签订了《京津冀未成年人检察工作协同发展协议》，京津冀三地代表就未检工作的开展情况进行了交流发言。

4. 京津冀政府协同司法协调的完善机制

在推进京津冀协同发展过程中，法治是重要保障，司法的作用不可或缺。随着京津冀一体化进程加快，各行为主体发生经济摩擦、诉诸法律渠道的概率随之增大，加强三地司法协作成为不容回避的新课题。"区域经济发展需要协调的方面很多，从产业布局到环境保护，从人力资源到基础设施，从工商管理到行政管理，如果仅仅以以往的会议协调、合作声明等非制度化的方式显然不是长久之计，唯有以法制协调的方式作为区域协调的基础，才能将以往非制度化的协调转向制度化的协调，从而实现区域经济的可持续发展。”[①]因此，适应京津冀协同发展的战略，京津冀司法机关应该积极与政府部门进行沟通，了解区域发展的思路定位，对区域司法工作作出研判，建立司法协调工作机制，为京津冀协同发展保驾护航。

一是统一司法标准。近年来，最高人民法院和最高人民检察院对司法统一标准较为关注，特别是区域一体化后逐渐暴露的“同案不同判”“同名不同价”现象严重危害了司法公正和司法权威，受到了广泛质疑。司法标准不统一，看似是立法机关的问题，但是在问题尚未解决之前影响的是司法机关在案件定罪量刑等方面的处理，也一定程度上影响到地方经济和社会发展以及政府各部门的行政执法情况。

统一司法标准可以通过以下方式进行：(1）在京津冀区域内统一司法适用标准。尽管统一司法标准主要通过立法和司法解释来实现，但区域共同体可以基于实际提出司法解释建议，由有权机关或上级法院作出统一解释，达到适用标准的统一。[②]2017 年 4 月最高人民法院发布 10 个近年来人民法院为京津冀协同发展提供司法服务和保障的参考性案例，其中有“进京务工者遇车祸同命同偿”的典型案例，就有很好的示范效应。最高人民法院 2017 年知识产权司法保护宣传周新闻发布会，提出继续做好知识产权行为诉前保全、商标侵权、专利授权确权、技术调查官以及著作权侵权等相关司法解释工作，这也是维护知识产权司法统一的重要方式。

(2）建立京津冀区域司法鉴定协作机制。通过签订合作协议的形式，实现鉴定机构、司法人员鉴定人员职业资格和鉴定过程的统一标准化管理，在司法鉴定机构的等级、管理、监督方面进行资源整合，做到鉴定标准一致、鉴定结论互认、鉴定信息互通。2016 年，司法部、环保部联合印发《关于规范环境损害司法鉴定管理工作的通知》，就环境损害司法鉴定工作实行统一化、规范化管理。《京津冀司法鉴定工作协同发展合作协

---

① 王鹏:《中原经济区司法协调机制建立的必要性》,《经济研究导刊》2013 年第 29 期。

② 曾鹏:《论区域经济一体化下区域行政执法合作》，广东教育出版社 2015 年版，第 240—241 页。

议》的签订推进了区域司法鉴定工作的标准化和规范化。2017年6月30日，京津冀司法鉴定管理工作协同事项联席会议在河北省召开，会议在建立京津冀司法鉴定人继续教育互联互认机制、建设统一环境损害司法鉴定机构登记评审专家库、《道路交通事故受伤人员伤残评定》与《人体损伤致残程度分级》的衔接适用、规范司法鉴定机构登记管理等方面达成共识。此次联席会议的成功召开，标志着京津冀三地司法鉴定工作协同发展获得突破性实质进展。

（3）统一证据公开标准。实现证据公开的对象、范围以及途径的统一，对于保障司法公正、制约权力滥用、保障当事人的合法权益具有非常重要的价值。当前，统一证据标准，主要的争议是个体证据的采信。对于个体证据，我国刑事诉讼法走的是证据表现形式法定化的路线，即规定证据的法定种类。但实践中的情形是，非法定种类的证据依然在使用，比如侦查人员出具的情况说明（办案说明）。这些说明材料往往以侦查机关的名义作出，甚至加盖公章，侦查人员则签署自己的姓名。这类说明材料的内容往往五花八门，对这些情况说明如何采用目前也没有规定，但检察机关在办理案件中仍使用并认可这类说明材料。然而，在庭审阶段，律师经常对情况说明的证据能力和证明力提出异议。一方面，情况说明的证据形式与刑事诉讼法的规定不相符，另一方面，被大量采信却没有统一的采信规则，这种矛盾在法律文书公开后会进一步凸显。因此，从维护司法公信力的角度出发，对非法定形式证据的使用和采信亟待统一规则。①

二是完善紧密型政府主导的司法协调工作模式。所谓紧密型模式是指司法协调在主体关系上联系紧密、协调程序上衔接得当、协调行动上步调一致的协调工作模式。政府主导的司法协调模式是指政府根据实际情况认为需要加强行政工作与司法工作衔接时，由其牵头主动联系司法机关协调处理相关事项和问题的工作模式。② 建立政府主导模式的初衷是因为行政

① 王云光、周治成：《统一办案标准要解决三个问题》，《检察日报》2015年4月15日。

② 潘高峰：《区域经济一体化中政府合作的法制协调研究》，人民出版社2015年版，第274—275页。

机关处于执法工作的第一线，对于区域一体化建设中存在的矛盾和问题感受最深，对区域发展战略的重点和难点掌握信息最多，更容易把握区域发展战略轻重环节，但仅仅依靠政府自身权限又无法妥善解决相关案件或问题，所以建立政府主导的司法协调工作模式更易实现最终的目的。尽管随着法治的不断建设，司法模式不断发展和健全，但是从某种意义上来说，政府主导与司法机关主导并不矛盾，都是为了妥善解决区域发展中出现的各种问题。

现有的地方司法协调一般是靠司法机关内部的协调机制，或者由地方政法委牵头，通过召开公检法部门联席会议的形式对相关问题进行协调或处理，紧密型司法协调模式需要在政府和司法机关之间建立起专门协调机构和专门程序，有明确的协调原则、内容、方式和目标。因此，建立强有力的专门协调机构是司法协调的必然要求。

考虑到区域法治建设是一个整体，为了避免出现法治的碎片化的现象，可考虑设立京津冀区域法制协调委员会，统一对区域的立法、执法、司法工作进行协调。同时，为了发挥政府在委员会中的积极作用，可以把委员会办公室设在北京市政府法制办。与京津冀区域法制协调委员会相对应，省级人大、法院和检察院分别设立相应的法制协调办公室。此外，为了推动地方法制协调的规范化，发挥地方政府在法制协调中的作用，建议全国人大或国务院在全国范围内制定《区域合作法制协调程序法》或《政府参与区域法制协调程序条例》。在上位法不能及时出台的情况下，京津冀省级人大可以联合制定《京津冀区域合作法制协调程序条例》或《京津冀政府参与人大立法协调程序条例》，省级政府之间可以联合制定《京津冀区域行政立法协调程序规定》《京津冀区域行政执法协调程序规定》。在司法协调方面，京津冀省级政府和司法机关可以联合发布《京津冀司法协调程序规定》或《京津冀司法协调有关办法》等规范性文件，对目前京津冀司法机关已经启动和开展的区际协作和联动工作程序和法律责任进一步明确和规范。

主要参考文献

1. 中文文献

图书类

宋蕴璞:《天津志略》，民国二十年排印本。

金良骥等:《清苑县志》，民国二十三年排印本。

元殿元等:《静海县志》，民国二十三年重排印本。

范鉴古等:《大名县志》，民国二十三年排印本。

赵鼎铭等:《清河县志》，民国二十三年排印本。

孙承泽:《天府广记》，北京古籍出版社 1984 年版。

来新夏:《天津近代史》，南开大学出版社 1987 年版。

李庆泽:《河北省经济地理》，新华出版社 1988 年版。

郭蕴静:《天津古代城市发展史》，天津古籍出版社 1989 年版。

刘娟、李建平、毕惠芳:《北京经济史资料——近代北京商业部分》，北京燕山出版社 1990 年版。

罗澍伟:《近代天津城市史》，中国社会科学出版社 1993 年版。

陈栋生:《区域经济的实证研究》，内蒙古文化出版社 1993 年版。

彭云鹤:《明清漕运史》，首都师范大学出版社 1995 年版。

方彪:《北京简史》，北京燕山出版社 1995 年版。

俞可平:《治理与善治》，社会科学文献出版社 2000 年版。

齐大芝、任安泰:《北京商业纪事》，北京出版社 2000 年版。

尹钧科:《北京郊区村落发展史》，北京大学出版社 2001 年版。

张可云:《区域大战与区域经济关系》，民主与建设出版社 2001 年版。

侯仁之、邓辉：《北京城的起源与变迁》，中国书店 2001 年版。

俞可平：《全球化：全球治理》，社会科学文献出版社 2003 年版。

丁四保等：《区域经济学》，高等教育出版社 2003 年版。

何一民：《近代中国城市发展与社会变迁（1840—1949）》，科学出版社 2004 年版。

潘开灵等：《管理协同理论及其应用》，经济管理出版社 2006 年版。

于刃刚等：《京津冀区域经济协作与发展：基于河北视角的研究》，中国市场出版社 2006 年版。

李长晏：《迈向府际合作治理：理论与实践》，中国台湾元照出版有限公司 2007 年版。

汤正仁：《"泛珠三角"区域合作的经济学分析：统筹区域协调发展新举措》，中国经济出版社 2008 年版。

朱贵昌：《多层治理理论与欧洲一体化》，山东大学出版社 2009 年版。

程卫东：《欧洲市场一体化：市场自由与法律》，社会科学文献出版社 2009 年版。

王诗宗：《治理理论及其中国适用性》，浙江大学出版社 2009 年版。

叶必丰、何渊等：《行政协议——区域政府间合作机制研究》，法律出版社 2010 年版。

刘彩虹：《整合与分散：美国大都市区地方政府》，华中科技大学出版社 2010 年版。

高文杰、邢天河、王海乾等：《城市规划学》，中国城市出版社 2010 年版。

肖金成等：《京津冀区域合作论——天津滨海新区与京津冀产业联系及合作研究》，经济科学出版社 2010 年版。

周肇光：《长三角区域经济一体化政府协调与服务研究》，安徽大学出版社 2010 年版。

张军涛、刘建国：《区域经济发展与区域公共管理》，北京师范大学出版社 2011 年版。

文魁、祝尔娟：《京津冀区域一体化发展报告 · 2012》，社会科学文献出版社 2012 年版。

李国平、陈红霞等：《协调发展与区域治理：京津冀地区的实践》，北京大学出版社 2012 年版。

付承伟：《大都市经济区内政府间竞争与合作研究——以京津冀为例》，东南大学出版社 2012 年版。

孔繁斌：《公共性的再生产：多中心治理的合作机制建构》，江苏人民出版社 2012 年版。

程永林：《区域合作、制度绩效与利益协调》，人民出版社 2013 年版。

张慧芝：《天子脚下与殖民阴影：清代直隶地区的城市》，上海三联书店 2013 年版。

曾凡军:《基于整体性治理的政府组织协调机制研究》，武汉大学出版社 2013 年版。

陈俊:《区域一体化进程中的地方立法协调机制研究》，法律出版社 2013 年版。

汪伟全:《地方政府合作》，中央编译出版社 2013 年版。

马海龙:《京津冀区域治理协调机制与模式》，东南大学出版社 2014 年版。

陈光:《区域立法协调机制的理论建构》，人民出版社 2014 年版。

文魁、祝尔娟:《京津冀发展报告: 2014 城市空间优化与质量提升》，社会科学文献出版社 2014 年版。

公丕祥:《变革时代的区域法治发展》，法律出版社 2014 年版。

张可云等:《生态文明的区域经济协调发展战略》，北京大学出版社 2014 年版。

罗月领:《城市治理创新研究》，清华大学出版社 2014 年版。

王春业:《区域合作背景下地方联合立法研究》，中国经济出版社 2014 年版。

俞惠煜、廖明、唐亚林:《长三角经济社会协同发展与区域治理体系优化》，复旦大学出版社 2014 年版。

陶希东:《全球城市区域跨界治理模式与经验》，东南大学出版社 2014 年版。

陈瑞莲、杨爱平:《地方政府与区域功能管理研究文选》，中山大学出版社 2015 年版。

娄成武等:《中国社会转型中的政府治理模式研究》，经济科学出版社 2015 年版。

胡家勇等:《政府职能转变与政府治理转型》，广东经济出版社 2015 年版。

高轩:《当代中国政府组织协同问题研究》，上海三联书店 2015 年版。

赖先进:《论政府跨部门协同治理》，北京大学出版社 2015 年版。

许可:《国家主体功能区战略协同的绩效评价与整体性治理机制研究》，知识产权出版社 2015 年版。

潘高峰:《区域经济一体化中政府合作的法制协调研究》，人民出版社 2015 年版。

曾鹏:《论区域经济一体化下区域行政执法合作》，广东教育出版社 2015 年版。

齐子翔:《京津冀协同发展机制设计》，社会科学文献出版社 2015 年版。

谢辉、魏勃、张晓凤:《京津冀区域协同发展的法律保障》，知识产权出版社 2015 年版。

马树强等:《河北经济蓝皮书: 河北省经济发展报告 (2015)》，社会科学文献出版社 2015 年版。

文魁、祝尔娟:《京津冀发展报告 · 2015 : 协同创新研究》，社会科学文献出版社 2015 年版。

叶堂林等:《京津冀协同发展的基础与路径》，首都经济贸易大学出版社 2015 年版。

徐静：《欧盟多层级治理与欧盟决策过程》，上海交通大学出版社 2015 年版。

刘洪旺：《区域立法与区域治理法治化》，法律出版社 2016 年版。

蒋敏娟：《中国政府跨部门协同机制研究》，北京大学出版社 2016 年版。

周佑勇：《区域政府间合作的法治原理与机制》，法律出版社 2016 年版。

李国平：《京津冀区域发展报告（2016）》，科学出版社 2016 年版。

侯永志、张永生、刘培林等：《区域协同发展：机制与政策》，中国发展出版社 2016 年版。

王浦劬、臧雷振：《治理理论与实践：经典议题研究新解》，中央编译出版社 2017 年版。

祝合良、叶堂林、张贵祥等：《京津冀发展报告（2017）》，社会科学文献出版社 2017 年版。

陈璐：《京津冀协同发展报告（2017）》，社会科学文献出版社 2017 年版。

彭秀良、魏占杰：《幽燕六百年：京津冀城市群的前世今生》，北京大学出版社 2017 年版。

白易彬：《京津冀区域政府协作治理模式研究》，中国经济出版社 2017 年版。

［美］黄宗智：《华北的小农经济与社会变迁》，中华书局 1986 年版。

［美］布坎南：《自由、市场和国家》，平新乔等译，北京经济学院出版社 1988 年版。

［德］H. 哈肯：《高等协同学》，郭志安等译，科学出版社 1989 年版。

［法］皮埃尔·热尔贝：《欧洲统一的历史与现实》，丁一凡等译，中国社会科学出版社 1989 年版。

［法］让-莫内：《欧洲第一公民——让·莫内回忆录》，孙慧双译，成都出版社 1993 年版。

［美］道格拉斯· C. 诺思：《制度、制度变迁与经济绩效》，陈郁、罗华平等译，上海三联书店 1994 年版。

世界银行《1997 年世界发展报告》编写组：《1997 世界发展报告：变革世界中的政府》，中国财经出版社 1997 年版。

［德］赫尔曼·哈肯：《协同学——大自然构成的奥秘》，凌复华译，上海译文出版社 2001 年版。

［德］贝阿特·科勒—科赫、托马斯·康策尔曼、米歇勒·克诺特：《欧洲一体化与欧盟治理》，顾俊礼等译，中国社会科学出版社 2004 年版。

［印］哈斯·曼德、穆罕默德·阿斯夫：《善治：以民众为中心的治理》，国际行动援助中国办公室编译，知识产权出版社 2007 年版。

［美］罗伯特·阿格拉诺夫、迈克尔·麦圭尔：《协作性公共管理：地方政府新战

略》，李玲玲等译，北京大学出版社 2007 年版。

[法]让-皮埃尔・戈丹：《何谓治理》，钟震宇译，社会科学文献出版社 2010 年版。

[瑞典] 斯文・赫定：《帝王之都——热河》，赵清译，中央编译出版社 2011 年版。

[美] 理查德・C. 菲沃克：《大都市治理——冲突、竞争与合作》，许源源、江胜珍译，重庆大学出版社 2012 年版。

期刊论文

张善儒：《日本工业布局政策及其对经济发展的作用》，《日本研究》1985 年第 1 期。

许树立：《试论京津冀地区横向经济联合的发展》，《河北学刊》1986 年第 4 期。

梁勇：《浅论明代河北的卫所和军屯》，《河北师范大学学报》（哲学社会科学版）1987 年第 2 期。

王爱春：《港口经济与京津冀的联合及发展》，《经济论坛》1995 年第 4 期。

胡光明：《清末民初京津冀城市化快速发展的历史探源与启示》，《河北大学学报》（哲学社会科学版）1997 年第 1 期。

侯蕊玲：《论中国近代城市发展中的几个特点》，《云南民族学院学报》（哲学社会科学版）1997 年第 2 期。

于刃刚、戴宏伟：《生产要素流动与区域经济一体化的形成及启示》，《世界经济》1999 年第 6 期。

张康之：《建立引导型政府职能模式》，《新视野》2000 年第 1 期。

钱智、季任钧、陈和平：《论冀京津合作中的问题、机遇、方针和措施》，《中国软科学》2000 年第 8 期。

闫娟：《21 世纪政府、市场与公民社会的三足鼎立——来自治理理论的启示》，《成都行政学院学报》（哲学社会科学）2002 年第 1 期。

何增科：《治理、善治与中国政治发展》，《中共福建省委党校学报》2002 年第 3 期。

王亭亭：《区域体制改革：京津冀区域经济一体化的关键》，《中国经贸导刊》2002 年第 7 期。

戴宏伟、马丽慧：《借势与造势——京津冀产业梯度转移与河北产业结构优化》，《经济论坛》2002 年第 18 期。

马彦琳、郝寿义：《经济全球化背景下区域经济研究的若干趋势》，《华中科技大学学报》（人文社会科学版）2002 年第 4 期。

吴志成、李客循：《欧洲联盟的多层级治理：理论及其模式分析》，《欧洲研究》2003 年第 6 期。

李风华：《治理理论：渊源、精神及其适用性》，《湖南师范大学社会科学学报》2003 年第 5 期。

谢守红：《美国大都市区发展的特点与趋势》，《天津师范大学学报》（社会科学版）2003 年第 6 期。

邹军、王兴海、张伟、陈小卉：《日本首都圈规划构想及其启示》，《国外城市规划》2003 年第 2 期。

孙群郎：《美国大都市区政治的巴尔干化与政府体制改革》，《史学月刊》2003 年第 6 期。

纪良纲、晓国：《京津冀产业梯度转移与错位发展》，《河北学刊》2004 年第 6 期。

罗思东：《美国大都市区政府理论的缘起》，《厦门大学学报》（哲学社会科学版）2004 年第 5 期。

刘君德：《中国转型期凸现的"行政区经济"现象分析》，《理论前沿》2004 年第 10 期。

张可云：《京津冀都市圈合作思路与政府作用重点研究》，《地理与地理信息科学》2004 年第 4 期。

李长晏、詹立伟：《跨域治理的理论与策略途径之初探》，《中国地方自治》（中国台湾）2004 年第 57 卷第 3 期。

艾娟、张晓春：《"京津冀"合作需要什么样的协调机制》，《中国改革》2004 年第 7 期。

胡联合等：《贫富差距对违法犯罪活动影响的实证分析》，《管理世界》2005 年第 6 期。

刘文秀、汪曙申：《欧洲联盟多层次治理的理论与实践》，《中国人民大学学报》2005 年第 4 期。

蓝玉春：《欧盟多层级治理：论点与现象》，《政治科学论坛》（中国台湾）2005 年第 24 期。

北京市社会科学院经济研究所课题组：《京津冀经济圈区域协调发展的思路与对策》，《前线》2005 年第 11 期。

张洪河、胡梅娟、孙晓胜：《重塑京津冀协作机制》，《瞭望新闻周刊》2006 年第 32 期。

王绍光：《中国公共政策议程设置的模式》，《中国社会科学》2006 年第 5 期。

崔和瑞：《京津冀区域经济一体化可行性分析及发展对策》，《技术经济与管理研究》2006 年第 5 期。

樊如森：《天津——近代北方经济的龙头》，《中国历史地理论丛》2006 年第 2 期。

魏然、李国梁：《京津冀区域经济一体化可行性分析》，《经济问题探索》2006 年第 12 期。

朱贵昌：《走向"多层治理"的欧洲与民族国家的未来》，《南开学报》（哲学社会科学版）2007年第1期。

孙翠兰：《区域经济一体化与京津冀区域经济合作》，《环渤海经济瞭望》2007年第3期。

武建奇、母爱英：《京津冀都市圈管治问题探讨》，《经济与管理》2007年第6期。

郑巧、肖文涛：《协同治理：服务型政府的治道逻辑》，《中国行政管理》2008年第7期。

孙久文、邓慧慧、叶振宇：《京津冀区域经济一体化及其合作途径探讨》，《首都经济贸易大学学报》2008年第2期。

徐静：《欧洲联盟多层级治理体系及主要论点》，《世界经济与政治论坛》2008年第5期。

严强：《公共行政的府际关系研究》，《江海学刊》2008年第5期。

伍贻康：《欧盟治理模式的特征和发展态势》，《世界经济研究》2008年第5期。

刘建芳：《美国大都市化进程中的地方政府体制"碎片化"及其影响》，《宁夏大学学报》（人文社会科学版）2008年第6期。

陈春良、易君健：《收入差距与刑事犯罪：基于中国省级面板数据的经验研究》，《世界经济》2009年第1期。

王再文、李刚：《区域合作的协调机制：多层治理理论与欧盟经验》，《当代经济管理》2009年第9期。

王晓星：《从"Cassis de Dijon"案件透视欧洲统一市场的形成》，《当代经济》2009年第24期。

刘晓春、白婕：《京津冀区域经济一体化的主要问题和对策》，《安徽农业科学》2009年第21期。

张可云：《欧盟区域政策的制度基础与中国区域政策未来方向》，《湖湘论坛》2010年第3期。

母爱英、王叶军、单海鹏：《后经济危机时代京津冀都市圈发展的路径选择》，《城市发展研究》2010年第12期。

易承志：《集中与分散：美国大都市区政府治理的历程分析》，《城市发展研究》2010年第7期。

吴群刚、杨开忠：《关于京津冀区域一体化发展的思考》，《城市问题》2010年第1期。

韩利红、母晓萌：《京津冀区域经济协调发展问题研究》，《求索》2010年第5期。

文峰：《欧洲一体化进程中的欧盟治理》，《暨南学报》（哲学社会科学版）2010年第3期。

张浚：《"开放式协调方法"和欧盟推进全球治理的方式：以救援政策为例》，《欧洲研究》2010 年第 2 期。

解艳波、陆建康:《长三角地区一体化发展思路研究》,《江苏社会科学》2010 年第 2 期。

李伯谕:《跨域公共事务的管理逻辑:治理演化的类型分析》,《文官制度季刊》(中国台湾)2010 年第 2 卷第 4 期。

谭康林:《欧盟独立机构与欧洲治理模式的变迁》,《武汉大学学报》(哲学社会科学版)2011 年第 4 期。

李龙、陈阳:《中国视域下能动司法的内涵辨析》,《武汉大学学报》(哲学社会科学版)2011 年第 3 期。

崔晶:《大都市区跨界公共事务运行模式:府际协作与整合》,《改革》2011 年第 7 期。

邴兴国:《京津冀区域经济合作的政府协调机制研究》,《环渤海经济瞭望》2011 年第 7 期。

陈红霞、李国平、张丹:《京津冀区域空间格局及其优化整合分析》,《城市发展研究》2011 年第 11 期。

刘伟忠:《我国协同治理理论研究的现状与趋向》,《城市问题》2012 年第 5 期。

姬兆亮、戴永翔、胡伟:《政府协同治理:中国区域协调发展协同治理的实现路径》,《西北大学学报》(哲学社会科学版)2013 年第 2 期。

张慧芝、冯石岗:《京师·口岸·腹地:京津冀一体化的历史地理学解读》,《河北学刊》2013 年第 1 期。

孙萍、闫亭豫:《我国协同治理理论研究述评》,《理论月刊》2013 年第 3 期。

张晓兰、朱秋:《东京都市圈演化与发展机制研究》,《现代日本经济》2013 年第 2 期。

马海龙:《京津冀区域协调发展的制约因素及利益协调机制构建》,《中共天津市委党校学报》2013 年第 3 期。

范恒山:《关于深化区域合作的若干思考》,《经济社会体制比较》2013 年第 4 期。

石佑启、潘高峰:《论区域经济一体化中政府合作的执法协调》,《武汉大学学报》(哲学社会科学版)2014 年第 1 期。

赵弘:《京津冀协同发展的核心和关键问题》,《中国流通经济》2014 年第 12 期。

陈咏梅:《论法治视野下区域府际合作机制的创新》,《江汉大学学报》(社会科学版)2014 年第 1 期。

袁刚、张小康:《政府制度创新对区域经济发展的作用》,《行政与法》2014 年第 8 期。

靳亮:《我国城市圈治理的"三步走"路径选择——基于美国大都市区治理的经验》,

《安徽师范学院学报》2014 年第 2 期。

邢华：《我国区域合作治理困境与纵向嵌入式治理机制选择》，《政治学研究》2014 年第 5 期。

刘建芳：《区域主义：美国大都市区治理的理论与实践》，《东南大学学报》（哲学社会科学版）2014 年第 5 期。

崔晶：《都市圈地方政府协同治理：一个文献综述》，《重庆社会科学》2014 年第 4 期。

锁利铭：《我国地方政府区域合作模型研究》，《经济体制改革》2014 年第 2 期。

贾康：《京津冀一体化：政府与市场——基于高水平规划及政府行为优化实施投融资支持》，《行政管理改革》2014 年第 10 期。

杨开忠：《打造国家区域治理现代化首善区——关于京津冀协同发展机制的研究与建议》，《国家治理》2014 年第 19 期。

李建平：《珠三角区域一体化协同发展机制建设研究》，《南方建筑》2015 年第 4 期。

朱春奎、申剑敏：《地方政府跨域治理的 ISGPO 模型》，《南开学报》（哲学社会科学版）2015 年第 6 期。

曹堂哲：《政府跨域治理协同分析模型》，《中共浙江省委党校学报》2015 年第 2 期。

薄文广、陈飞：《京津冀协同发展：挑战与困境》，《南开学报》（哲学社会科学版）2015 年第 1 期。

曹海军：《新区域主义视野下京津冀协同治理及其制度创新》，《天津社会科学》2015 年第 2 期。

杨开忠：《京津冀协同发展的探索历程与战略选择》，《北京联合大学》（人文社会科学版）2015 年第 4 期。

程恩富、王新建：《京津冀协同发展：演进、现状与对策》，《管理学刊》2015 年第 1 期。

陈琴：《京津冀税收："分"与"享"》，《新理财》（政府理财）2015 年第 8 期。

耿云：《新区域主义视角下的京津冀都市圈治理结构研究》，《城市发展研究》2015 年第 8 期。

曹海军、刘少博：《京津冀城市群治理中的协调机制与服务体系构建的关系研究》，《中国行政管理》2015 年第 5 期。

巩潇泫：《欧盟气候治理中的跨国城市网络》，《国际研究参考》2015 年第 1 期。

曹德军：《嵌入式治理：欧盟气候公共产品供给的跨层次分析》，《国际政治研究》2015 年第 3 期。

王者洁：《欧盟环评立法对治理一体化京津冀环境的启示》，《天津法学》2015 年第 3 期。

王凯、周密：《日本首都圈协同发展及对京津冀都市圈发展的启示》，《现代日本经济》2015 年第 1 期。

王喆、周凌一：《京津冀生态环境协同治理研究——基于体制机制视角探讨》，《经济与管理研究》2015 年第 7 期。

屈站：《国家、市场与社会三重视角下公共治理机制的生成逻辑——基于长三角经济区公共治理实践的分析》，《领导科学》2015 年第 29 期。

赵聚军：《行政区划调整如何助推区域协同发展——以京津冀地区为例》，《经济社会体制比较》2016 年第 2 期。

孙久文：《京津冀协同发展的目标、任务与实施路径》，《经济社会体制比较》2016 年第 2 期。

刘浩、马琳、李国平：《1990s 以来京津冀地区经济发展失衡格局的时空演化》，《地理研究》2016 年第 3 期。

王宝治、张伟英：《京津冀协同立法的困境与出路》，《河北师范大学学报》（哲学社会科学版）2016 年第 5 期。

伍欣：《京津冀社会组织：构筑协同发展的命运共同体》，《中国社会组织》2016 年第 9 期。

李妙然、彭青：《河北省社会组织管理体制创新研究——基于京津冀协同发展视角》，《河北经贸大学学报》（综合版）2016 年第 2 期。

李大庆：《政府间税收利益协调的法律机制——以京津冀协同发展税收收入分配政策为例》，《税收经济研究》2016 年第 4 期。

范恒山：《京津冀协同发展五大政策指向》，《瞭望》2016 年第 26 期。

熊菁华：《京津冀人大立法协同在路上》，《北京人大》2017 年第 3 期。

刘一玮：《京津冀区域大气污染治理利益平衡机制构建》，《行政与法》2017 年第 10 期。

京津冀三地党刊联合课题组：《京津冀协同发展的工作成果与未来展望》，《前线》2017 年第 9 期。

李峰、赵怡虹：《建设京津冀协同创新示范区的路径与保障机制研究》，《当代经济管理》2017 年第 3 期。

2. 外文文献

Lawrence Susskind &Jeffrey Cruikshank，*Breaking the impasse: Consensual approaches to resolving public disputes*，New York: Basic Books，1987.

B.Gray，*Collaboration: Finding Common Ground for Mutli-Party Problems*，San

Francisco, CA: Jossey-Bass, 1989.

David Rusk, *Cities without Suburbs*, Washington, D.C.: Woodrow Wilson Center Press, 1995.

Chris Huxham, *Collaboration and Collaborative Advantage*, In Chris Huxham (ed.), Creating Collaborative Advantage, London: Sage, 1996.

Green, A.Matthias, *Non-governmental organizations and health in developing countries*, London: Macmillan Press Ltd., 1997.

European Commission Working Group, *Multi-level Governance: Linking and Networking the Various Regional and Local Level* , Report by Governance-Working Group 4a, European Commission, 2001.

David Straus, *How to Make Collaboration Work*, San Francisco : Berrett-koehler Publisher, Inc., 2002.

Agranoff Robert & Michael McGuire, *Collaborative Public Management: New Strategies for Local Governments*, Washington, DC: Georgetown University Press, 2003.

J.Kooiman, *Governaning as Governance*, London: Sage, 2003.

Rosemary O'Leary, Catherine Gerard and Lisa Blomgren Bingham, "*Intorduction to the Symposium on Collaborative Public Management*", Public Administration Review, Vol. 66 (Supplement s1), 2006.

Shane Carmody, *What works and why: collaborating in a crisis. In Collaborative governance: a new era of public policy in Australia?* In Janine O'Flynn & John Wanna (Eds.), ANU Press, 2008.

T.Dennis R.Yong, "*Consolidation and Diversity: Choices in the Structure of Urban Governmance*", American Ecfonomic Review, Vol. 66(2), 1976.

Janet A. Weiss, "*Pathways to Cooperation among Public Agencies*", Journal of Policy Analysis and Management, Vol. 7 (1), 1987.

R.A.W. Rhodes & David Marsh, " *New Directions in the Study of Policy Networks*", European Journal of Political Research, Vol. 21, 1992.

L.L.Cummings & Philip Bromiley, "*The Organizational Trust Inventory (OTI) :Development and Validation*", In R.M.Kramer & T.R.Tyler (Eds.), *Trust in Organizations:Frontier of Theory and Research*, Thousand Oaks : Sage Publications, 1996.

G.Marks, L.Hooghe & Blank K, "*European Integrationfrom the1980s: State-Centric v. Multi-level Governance*", Journalof Common Market Studies, Vol. 34 (3), 1996.

Simon Hix, "*The Study of the European Union II: the'New Governance' Agenda and*

Its Rival", Journal of European Public Policy, 5 (1), 1998.

Jeffery C, " Sub-National Mobilization and European Integration : Does it Make *Any Difference*?", Journal of Common Market Studies, Vol. 38 (1), 2000.

Thomas G. Weiss, " *Governance, good governance and global governance: conceptual and actual challenges*", Third World Quarterly, Vol. 21 (5), 2000.

Fritz W. Scharpf, " *Notes toward a Theory of Multilevel Governance in Europe*", MPIFG Discussion Paper 00/5, 2000.

Markus Jachtenfuchs, " *The Governance Approach to European Integration*", Journal of Common Market Studies, Vol. 39 (2), 2001.

J. Neyer. *Discourse and order: On the Conditions of governance in Non-hierarchial Multi-level system*, http://www.arena.uio.no/publications/working-papers2002/papers/02_09.xml.

Goldfrank, " *The fragile flower of local democracy: A case study of decentralization/participation in Montevideo*", Politics and Society, Vol. 30 (1), 2002.

Marks Hooghe and Gary Marks, " *Unraveling the Central State, but How? Types of Multi-governance* ", American Politics Science Review, Vol. 97 (6), 2003.

Mary Tschirhart, Robert K.Christensen and James L. Perry, " *The Paradox of Branding and Collaboration*", Public Performance Management Review, Vol. 29 (1), 2005.

S. Lee & S. Yang, " *The study of the accountability of non-governmental organizations and the role of government*", Korea Association of Public Administration, review of summer conference, 2007.

责任编辑：赵圣涛
封面设计：王欢欢
责任校对：吕　飞

图书在版编目（CIP）数据

京津冀政府协同治理机制创新研究 / 王凤鸣 等著 . — 北京：人民出版社，2018.7
ISBN 978 – 7 – 01 – 019513 – 1

I. ①京…　II. ①王…　III. ①地方政府 – 行政管理 – 机制创新 – 研究 – 华北地区
IV. ① D625.2

中国版本图书馆 CIP 数据核字（2018）第 154682 号

京津冀政府协同治理机制创新研究
JINGJINJI ZHENGFU XIETONG ZHILI JIZHI CHUANGXIN YANJIU

王凤鸣　袁 刚　等 著

人民出版社 出版发行
（100706　北京市东城区隆福寺街 99 号）

北京中科印刷有限公司印刷　新华书店经销

2018 年 7 月第 1 版　2018 年 7 月北京第 1 次印刷
开本：710 毫米 ×1000 毫米 1/16　印张：17.5
字数：310 千字

ISBN 978 – 7 – 01 – 019513 – 1　定价：59.00 元

邮购地址 100706　北京市东城区隆福寺街 99 号
人民东方图书销售中心　电话（010）65250042　65289539